人事・賃金コンサルティング入門

河合克彦 著

コンサルタントになるための必須知識

日本法令

はじめに

　最近NHKのBSで「ちりとてちん」という朝ドラが再放送されていました。落語がテーマになっていますが、落語というのは、人から人へ伝えられていく、落語家の共有財産ということのようです。そのため、1人の落語家がそのノウハウを秘蔵し、限られた弟子にしか伝えないというようなことはないそうです。

　私は35年近くコンサルタントをやっていて、それなりの蓄積はあると思っています。この体験やノウハウを私の中だけに留めておくのではなく、次の世代に伝えることが古稀を迎えようとしている私の役割ではないかと思い、本書を執筆した次第です。

　人事コンサルタントには、**図表―1**に示すように、「経営に関する基本的知識」「人事管理に関する基本的知識」「コンピュータに関する基本的知識」といった基本的知識をベースに、「人事理論に関する知識」「人事コンサルティングの進め方に関する知識」が必要であると思います。「経営に関する基本的知識」「人事管理に関する基本的知識」といった基本的知識は、中小企業診断士、社会保険労務士の試験科目になっていますので、そこでしっかり勉強していただき、本書は、その基本的知識を踏まえたうえで「人事理論に関する知識」「人事コンサルティングの進め方に関する知識」を修得するための本と位置づけています。

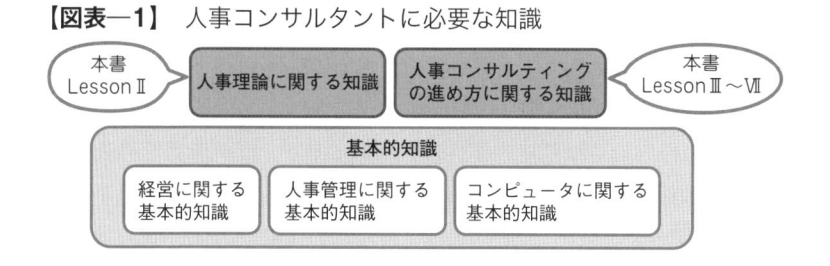

【図表―1】 人事コンサルタントに必要な知識

| 本書 Lesson Ⅱ | 人事理論に関する知識 | 人事コンサルティングの進め方に関する知識 | 本書 Lesson Ⅲ～Ⅶ |

基本的知識
| 経営に関する基本的知識 | 人事管理に関する基本的知識 | コンピュータに関する基本的知識 |

まず、「人事理論に関する知識」は、Lesson Ⅱ「提案する人事システムの理論」で述べています。ここでは私が提唱する「トライアングル人事システム」を紹介しています。これは人事の基本ファクターである「役割」「能力」「成果」の３つの特質を生かし、バランスさせる人事システムです。現在一般的に行われている「役割主義」「能力主義」「成果主義」はこの３つの人事の基本ファクターの１つを強調した人事制度ですが、様々な問題が指摘されています。人事の基本ファクターは３つあるのですから、１つを強調するというのではなく、その特質を生かし、バランスさせるという発想で人事制度を組み立てるべきだというのが「トライアングル人事システム」です。

　次に、「人事コンサルティングの進め方に関する知識」は、Lesson ⅢからLesson Ⅶで展開しています。

　Lesson Ⅲは、「人事コンサルティングのプロセス」というタイトルで、営業、コンサルティングニーズの聴き取りとコンサルティング構想、企画書、契約、コンサルティングの実施、請求といったコンサルティングの流れを一通り述べています。具体的なコンサルティングの内容については、Lesson Ⅳ以降で詳しく述べます。

　Lesson Ⅳは、「予備診断」について述べています。先方の会社をしっかり理解してからコンサルティングに取り組むということは重要なことです。ここではインタビューのやり方、予備診断報告書の書き方を学んでいただきます。

　Lesson Ⅴは、「人事制度再構築」について述べています。ここはコンサルティングの中核を成すところで、通常はプロジェクトチームを組んで行います。プロジェクトの各回に何を行うかを詳しく述べています。小規模・零細企業の場合は、プロジェクトチームを組成せずに、こぢんまり行いますので、そのような場合にも対応して、思い切って簡略化した人事制度も紹介しています。

　Lesson Ⅵは、「役割能力要件表の構築」です。役割能力要件表は人事制度の核となるものであり、業務の実態に即したものを構築する必要があります。プロジェクトでの作業もこの役割能力要件表の構築がメインになります。

Lesson Ⅶは、「説明会・研修・運用指導・ソフト開発」です。構築された人事制度の運用について述べています。人事制度は運用されて初めて意味があります。ところが、人事制度構築に精力を使い果たしてしまい、運用のことは何も考えていないコンサルタントもいるようです。私がコンサルタントになった頃もそのような状態でした。あまり運用についての経験も知識もないため、先方会社に任せていたような状況だったのです。今では運用が最も大切なところで、最もコンサルティングの「うま味」を得るところであると考えています。説明会・研修・運用指導・ソフト開発についての経験を積み、様々な引き出しを数多く持っていることがコンサルタントの強みです。研修については、管理職向け、一般社員向けの様々な研修を紹介していますので、参考になるでしょう。

　本書では、私が蓄積してきたノウハウをよくここまでオープンにしたなと思っていただけるほど、詳細な内容を盛り込みました。私の経験を伝えたいという思いからこのようになったわけですが、それでも書き足りないところがあります。例えば、ケースに基づく評価者研修は大変重要なことですが、ケースの作り方、会社としての評価（いわば解答）の作り方までは記述できませんでした。さらに細かいところを知りたいということであれば、私の著書を読んでいただきたいと思います（**図表―2**）。

　それでは、本に書いてあることをマスターすればそれだけで人事コンサルタントになることができるかというと、それは難しいと言わざるを得ません。なぜなら、コンサルティングというのは、こうした知識をベースに、実際の会社で経験を積むことが必要であるからです。その場合、よい師を見つけ、その師に教えを仰ぐことが重要ではないかと思います（**図表―3**）。

【図表―2】 もっと知りたいと思ったとき読む本

もっと知りたいこと	関連ページ	書 名	出版社	著 者
新しい評価観について	72	「評価者になったら読む本」改訂増補版	日本生産性本部	河合克彦
		「被評価者のための評価の基礎知識」	日本生産性本部	河合克彦
仕事を特性に合わせて3つに分類し、その得意分野で業績を把握することについて	67	「役割目標によるマネジメント」	日本生産性本部	河合克彦 石橋薫
個人目標について	82〜91	「一次評価者のための目標管理入門」	日本経済新聞出版社	河合克彦 石橋薫
部門業績評価について	91〜99	「賃金決定のための部門業績評価」	経営書院	河合克彦
総額人件費管理について	21 227	「要員・総額人件費マネジメント」	社会経済生産性本部	河合克彦

【図表―3】 人事コンサルタントになるには

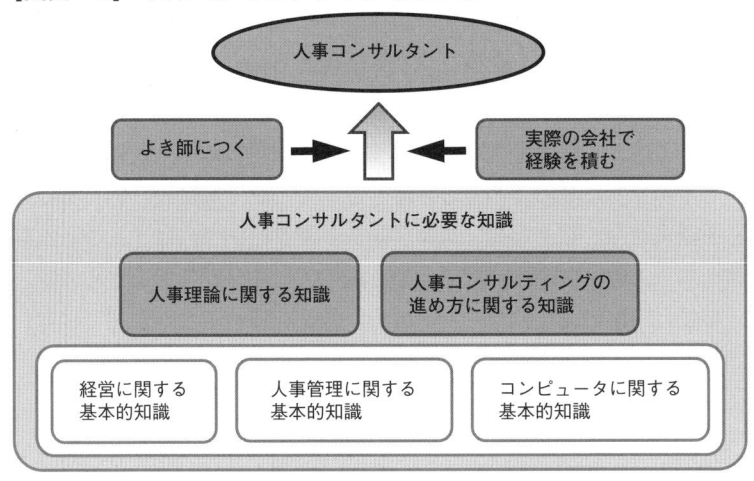

人事コンサルタント

よき師につく → ⬆ ← 実際の会社で経験を積む

人事コンサルタントに必要な知識

- 人事理論に関する知識
- 人事コンサルティングの進め方に関する知識

- 経営に関する基本的知識
- 人事管理に関する基本的知識
- コンピュータに関する基本的知識

さらに、コンサルタントにとって重要なことは、「コンサルティングが好きだ」という感覚です。コンサルティングは努力の割に報われないことがあります。その時、人を動かすものは「好き」という感覚です。「好き」だから「楽しくできる」ということです。「好き」でなければコンサルタントになることはやめたほうがよいでしょう。ぜひコンサルティングを好きになっていただき、コンサルタントの門を叩いてください。

　最後に、本書執筆にあたっては、株式会社日本法令の小原絵美氏にはひとかたならぬご尽力を賜りました。ここに心から厚く御礼申し上げます。

2014年7月12日
河合克彦

目 次

はじめに……………………………………………………………………… *1*

Lesson I
人事コンサルタントを目指す人に　19

1 人事コンサルティングの領域は広い ────── *20*
　（1）人事コンサルティングの中核をなすもの……………………*20*
　（2）人事制度構築の川上……………………………………………*21*
　（3）人事制度構築の川下……………………………………………*22*
　（4）人事コンサルティング以外の活動……………………………*24*
　　　①セミナー講師…………………………………………………*24*
　　　②著作・DVD の監修…………………………………………*24*
　　　③ e ラーニングの添削…………………………………………*26*
　　　④インストラクター・マニュアル……………………………*26*

2 私がコンサルタントになった経緯 ────── *27*

3 人事コンサルタントに必要な知識 ────── *29*

4 開業社労士が人事コンサルティングの知識・
　　ノウハウを身につけると事務所を格段に強化できる
　　──────────────────────── *31*
　（1）うまくいっていないケース〜 A さんの場合…………………*31*
　（2）うまくいっているケース〜 B さんの場合……………………*33*
　（3）うまくいっているケースの分析………………………………*35*

5 人事コンサルタントを目指す人が留意すること
　　──────────────────────── *37*
　（1）一気通貫した理論性を持った人事制度を学ぶこと…………*37*
　　　①学ぶべき人事制度は人事制度全部であること……………*37*
　　　②学ぶべき人事制度は 1 つの理念に貫かれており、

　　　　かつ理論的であること ………………………………… *38*
　(2) よき師のもとでコンサルティングの実践を積むこと …… *38*
　(3) ノウハウとして蓄積すること ………………………………… *38*
　(4) 「人事」という狭い視点から見るのではなく広い視点で
　　　見ること …………………………………………………………… *38*
　(5) コンサルティングが好きになること ………………………… *39*

Lesson Ⅱ
提案する人事システムの理論　　41

1 トライアングル人事システムのコンセプト ──── *42*

2 役割・能力・成果を明確にする ─────────── *45*
　(1) ステージ制度 …………………………………………………… *45*
　(2) 役割能力要件表 ………………………………………………… *46*
　(3) 役割能力要件表の読み方 ……………………………………… *48*
　　　① 「期待される役割」の読み方 ……………………………… *48*
　　　② 「必要とされる知識技能」の読み方 ……………………… *49*
　(4) 役割能力要件表と各種評価との関係 ………………………… *50*
　(5) バランスの取れた評価制度 …………………………………… *51*
　(6) 役割能力要件は人事制度の核 ………………………………… *53*
　(7) 成果とは ………………………………………………………… *54*
　(8) 管理職の成果 …………………………………………………… *55*
　　　①部門業績責任者 ……………………………………………… *55*
　　　②部門活性化推進者 …………………………………………… *56*
　　　③管理職の成果をどう捉えるか ……………………………… *60*
　(9) 一般社員の成果 ………………………………………………… *64*

3 評価システム ──────────────────── *66*
　(1) 業績評価 ………………………………………………………… *66*

①得意とするところで把握 ………………………………… *67*
　　　②業績評価項目とウェイト ………………………………… *67*
　　　③役割期待評価 …………………………………………… *70*
　　　④加点・減点 ……………………………………………… *74*
　　　⑤業績評価得点の計算 …………………………………… *77*
　　　⑥評価期間 ………………………………………………… *78*
　　　⑦一次評価・二次評価 …………………………………… *80*
　　(2) 個人目標 …………………………………………………… *82*
　　　①目標管理の強み ………………………………………… *82*
　　　②目標管理の強みを生かす ……………………………… *87*
　　　③個人目標の評価 ………………………………………… *89*
　　　④個人目標の評価得点の計算 …………………………… *90*
　　(3) 部門業績 …………………………………………………… *91*
　　　①部門業績とは …………………………………………… *91*
　　　②部門業績評価制度構築のステップ …………………… *92*
　　　③部門業績評価項目・ウェイト表、部門業績の把握方法、
　　　　評価基準 ………………………………………………… *94*
　　　④部門業績評価得点の計算 ……………………………… *98*
　　(4) チャレンジ加点 …………………………………………… *99*
　　　①プロジェクト加点 ……………………………………… *100*
　　　②パーソナル加点 ………………………………………… *101*
　　　③エクセレント加点 ……………………………………… *103*
　　　④評価委員会 ……………………………………………… *103*
　　(5) 能力評価 …………………………………………………… *104*
　　　①役割能力要件と能力評価の関係 ……………………… *104*
　　　②職務の評価 ……………………………………………… *104*
　　　③知識技能力評価 ………………………………………… *112*
　　　④昇格可能性の評価 ……………………………………… *116*

4 処遇システム ―――――――――――――――― *117*

　　(1) 昇　格 ……………………………………………………… *117*

①昇格基準１ ─ 業績評価 ……………………………… *119*
　　　②昇格基準２ ─ 能力評価 ……………………………… *121*
　　　③昇格基準３ ─ 審　査 ………………………………… *122*
　　　④降　格 ……………………………………………………… *123*
　(2) 賃金構成 …………………………………………………………… *124*
　　　①役割給 ……………………………………………………… *124*
　　　②ステージ手当 ……………………………………………… *135*
　　　③職位手当 …………………………………………………… *136*
　　　④賃金組替 …………………………………………………… *137*
　(3) 昇　給 ……………………………………………………………… *142*
　　　①賃金表によらない昇給計算の仕組み …………………… *142*
　　　②若年層の昇給 ……………………………………………… *148*
　　　③昇給原資の配分 …………………………………………… *148*
　　　④昇給計算の実際 …………………………………………… *150*
　(4) 賞　与 ……………………………………………………………… *150*
　　　①賞与計算の仕組み ………………………………………… *150*
　　　②賞与計算の実際 …………………………………………… *153*
　　　③賞与計算の実際のまとめ ………………………………… *156*
　(5) 退職金 ……………………………………………………………… *156*

5　トライアングル人事システムの全体像 ──── *159*

Lesson Ⅲ
人事コンサルティングのプロセス　165

1　人事コンサルティングのプロセスの概観 ──── *166*

2　営　業 ───────────────────── *167*
　(1) 現在のつながり ……………………………………………………… *167*
　(2) 紹介・口コミ ………………………………………………………… *167*

(3) 人　脈 ·· *168*
  (4) セミナー ·· *168*
  (5) 著　作 ·· *169*
  (6) 営業スタッフ ·· *169*

3 **コンサルティングニーズの聴き取りとコンサルティング構想** ──────────── *170*
  (1) コンサルティングニーズの聴き取り ··············· *170*
  (2) コンサルティング構想 ···································· *170*

4 **企画書** ──────────────────── *172*
  (1) 表　紙 ·· *172*
  (2) 背　景 ·· *173*
  (3) 目　的 ·· *174*
  (4) 人事制度の再構築・導入・定着化のスケジュール ········ *174*
  (5) コンサルティング・ステップ ······················· *175*
  (6) 内　容 ·· *175*
  (7) スケジュール ·· *178*
  (8) 費　用 ·· *178*
  (9) 担当者 ··· *179*

5 **契約・コンサルティングの実施・請求** ──────── *180*
  (1) 契　約 ·· *180*
  (2) コンサルティングの実施 ································ *180*
    ①予備診断 ··· *180*
    ②人事制度の再構築 ·· *180*
    ③説明会・研修・運用指導・ソフト開発 ·········· *181*
  (3) 請　求 ·· *181*

Lesson Ⅳ 予備診断　　183

1 事前に提供してもらう資料 ─────────── 184
2 インタビューの進め方、留意点 ─────────── 186
　（1）インタビューの人数 ························· 186
　（2）インタビューの時間 ························· 186
　（3）インタビューの場所 ························· 186
　（4）インタビューの人選 ························· 187
　（5）インタビューのスケジュール表 ··············· 188
　（6）インタビューの案内状 ······················· 188
　（7）インタビューの時に気をつけること ··········· 190
　　　①インタビューの最初に話すこと ············· 190
　　　②話の順序 ································· 191
　　　③聴く時に留意すること ····················· 191
3 インタビューのまとめ方 ─────────── 192
4 予備診断報告書 ─────────── 194
　（1）調査概要 ··································· 194
　（2）経営課題 ··································· 195
　（3）課題解決の施策 ····························· 198
　（4）新人事制度の基本構想 ······················· 200
　（5）現行人事制度の分析 ························· 201
　　　①社員構成 ································· 202
　　　②等級と職位の関係 ························· 203
　　　③昇格 ····································· 205
　　　④人事考課 ································· 207
　　　⑤教育研修制度 ····························· 209
　　　⑥賃金制度 ································· 210

- ⑦昇　給 ———————————————————— 215
- ⑧賞　与 ———————————————————— 217
- ⑨賃金水準 ——————————————————— 218
- ⑩モデル別賃金・年収の推計 ———————————— 221
- ⑪退職金 ———————————————————— 223
- (6) 財務分析 —————————————————————— 227

5　報告会 ———————————————————————— 231

Lesson V　人事制度再構築　233

1　プロジェクトチームを組成して行うか、こぢんまり行うか ———————————————————————— 234
- (1) 会社の実態に合った人事制度が再構築できる ————— 234
- (2) 役割能力要件表の作成がスムーズにできる —————— 234
- (3) 再構築した人事制度の運用がスムーズにできる ———— 234
- (4) 労働組合の理解が得やすい ———————————— 235

2　プロジェクトチームを組成して行う場合 ——— 236
- (1) プロジェクトの組成 ———————————————— 236
  - ①プロジェクトの人数は何人がよいか ————————— 236
  - ②プロジェクトの時間はどうするか —————————— 236
  - ③プロジェクトチームのメンバーをどう選ぶか ————— 237
  - ④経営トップをプロジェクトチームのメンバーに入れるかどうか ————————————————————— 238
  - ⑤プロジェクトチームを公式なものとする ——————— 238
- (2) プロジェクトのスケジュール ———————————— 239
- (3) プロジェクトの具体的進め方・留意事項 ——————— 246
  - ①第1回プロジェクトまでに行うこと ————————— 247
  - ②第1回プロジェクト ———————————————— 248

③第2回プロジェクトまでに行うこと ………………………… *253*
　　　④第2回プロジェクト ………………………………………… *253*
　　　⑤第3回プロジェクトまでに行うこと ………………………… *256*
　　　⑥第3回プロジェクト ………………………………………… *256*
　　　⑦第4回プロジェクトまでに行うこと ………………………… *258*
　　　⑧第4回プロジェクト ………………………………………… *258*
　　　⑨第5回プロジェクトまでに行うこと ………………………… *260*
　　　⑩第5回プロジェクト ………………………………………… *260*
　　　⑪第6回プロジェクトまでに行うこと ………………………… *261*
　　　⑫第6回プロジェクト ………………………………………… *262*
　　　⑬第7回プロジェクトまでに行うこと ………………………… *264*
　　　⑭第7回プロジェクト ………………………………………… *264*
　　　⑮第8回プロジェクトまでに行うこと ………………………… *265*
　　　⑯第8回プロジェクト ………………………………………… *266*
　　　⑰第9回プロジェクトまでに行うこと ………………………… *267*
　　　⑱第9回プロジェクト ………………………………………… *268*
　　　⑲第10回プロジェクトまでに行うこと ……………………… *269*
　　　⑳第10回プロジェクト ………………………………………… *270*
　　　㉑第11回プロジェクトまでに行うこと ……………………… *272*
　　　㉒第11回プロジェクト ………………………………………… *272*
　　　㉓第12回プロジェクトまでに行うこと ……………………… *274*
　　　㉔第12回プロジェクト ………………………………………… *274*
　（4）コンサルタントの役割 ……………………………………… *276*
　　　①プロジェクトの進行役 ……………………………………… *276*
　　　②指導役 ……………………………………………………… *277*
　　　③調整役 ……………………………………………………… *277*
　　　④経営トップとのパイプ役 …………………………………… *277*

3 こぢんまり行う場合 ──────────────── *278*

4 シミュレーションと新人事制度諸規程 ──────── *283*
　（1）シミュレーション …………………………………………… *283*

13

(2) 新人事制度諸規程 284

5 新人事制度解説書 ──────────────── 285

Lesson Ⅵ
役割能力要件表の構築　289

1 役割能力要件表構築のアウトライン ──── 290
 (1) 役割能力要件表構築の基本的スタンス 290
  ①完璧を狙わない 290
  ②職務調査は必ずしも必要ではない 291
  ③実際の運用が大切 291
 (2) 構築推進組織 292
 (3) 構築のステップ 292

2 STEP 1　ステージのイメージを固める ── 293
 (1) ステージの段階をどのくらいにするか 293
 (2) 職掌の設定 294

3 STEP 2　マトリックス表で全職掌共通のものを作る ──────────────── 295
 (1) 全職掌共通・期待される役割マトリックス表 295
 (2) 全職掌共通・必要とされる知識技能マトリックス表
  298
 (3) 全職掌共通・必要とされる知識技能の具体的内容 300

4 STEP 3　マトリックス表で職掌固有のものを作る ──────────────── 304

5 STEP 4　マトリックス表で監督職、管理職、専門職のものを作る ──── 308
 (1) 監督職 308

	(2) 管理職	*309*
	(3) 専門職	*311*
6	**STEP 5　細部を検討・調整する**	*313*
	(1) 横の関係を見る	*313*
	(2) 業績評価項目との整合性をとる	*315*
	(3) 用語を統一する	*315*
	(4) その他の検討、調整	*316*
7	**STEP 6　役割能力要件表にコピーして完成させる**	*317*
	(1) 役割能力要件表を一覧化する	*318*
	(2) 監督職、管理職、専門職の役割能力要件表	*319*
	(3) 役割能力要件表の実際例	*319*

Lesson Ⅶ
説明会・研修・運用指導・ソフト開発　321

1	**人事制度は運用がポイント**	*322*
2	**新人事制度説明会**	*324*
3	**管理職向け研修**	*327*
	(1) 部門重点施策設定研修	*327*
	(2) 評価者基礎研修	*330*
	(3) 評価者実践研修―1	*335*
	(4) 能力評価研修	*340*
	(5) 個人目標設定指導研修	*343*
	(6) 評価者実践研修―2	*348*
4	**一般社員向け研修**	*352*
	(1) 個人目標設定研修	*352*

(2) 被評価者研修 ……………………………………… *359*
　　(3) 能力評価研修 ……………………………………… *364*
　　(4) 個人目標実践研修 ………………………………… *368*

5 運用指導 ────────────────────── *371*

6 運用ソフト ───────────────────── *374*
　(1) 運用ソフトの開発をどうするか ……………………… *374*
　(2) 運用ソフトの概念図 …………………………………… *375*
　　①業績評価 ……………………………………………… *375*
　　②能力評価 ……………………………………………… *376*
　　③社員マスター ………………………………………… *376*
　　④各種設定テーブル …………………………………… *376*
　　⑤昇給計算 ……………………………………………… *377*
　　⑥賞与計算 ……………………………………………… *377*
　　⑦その他 ………………………………………………… *377*
　(3) ワークシート出力ソフトの概念図 …………………… *377*

　豆知識 1 動機づけ＝衛生理論 ― ハーズバーグの研究 …… *58*
　豆知識 2 マズローの欲求5段階説 ……………………… *58*
　豆知識 3 マグレガーのX理論、Y理論 ………………… *85*

　Q&A 1 人事コンサルタントになるための勉強法 ………… *30*
　Q&A 2 どのような人事制度をコンサルティングすべきか
　　　　　　　　　　　　　　　　　　　　　　　　…… *40*
　Q&A 3 新しい評価観 ……………………………………… *72*

　【別表―1】 役割能力要件表　期待される役割（総務部）…… *380*
　【別表―2】 役割能力要件表　必要とされる知識技能（総務部）
　　　　　　　　　　　　　　　　　　　　　　　　…… *381*
　【別表―3】 必要とされる知識技能の具体的内容（全職掌共通）
　　　　　　　　　　　　　　　　　　　　　　　　…… *382*

| 【別表―4】 必要とされる知識技能の具体的内容（総務部）······· 383
| 【別表―5】 役割能力要件表（監督職―係長）······· 384
| 【別表―6】 役割能力要件表（管理職―課長）······· 384
| 【別表―7】 必要とされる知識技能の具体的内容（管理職―課長）······· 384
| 【別紙―1】 部門業績評価表······· 385
| 【別紙―2】 定常業務の質と量評価表······· 386
| 【別紙―3】 他部門への支援度評価表······· 386
| 【別紙―4】 個人目標シート······· 387
| 【別紙―5】 業績評価表（役割期待シート）······· 388
| 【別紙―6】 チャレンジ加点申告書（プロジェクト加点申告書）······· 389
| 【別紙―7】 チャレンジ加点申告書（パーソナル加点申告書）······· 390
| 【別紙―8】 チャレンジ加点申告書（エクセレント加点申告書）······· 391
| 【別紙―9】 能力評価用紙······· 392
| 【別紙―10】 職務の評価　ワークシート······· 393
| 【別紙―11】 知識技能力評価　ワークシート······· 394
| 【別紙―12】 全社員の賃金データ······· 395
| 【別紙―13】 インタビューの案内······· 396
| 【別紙―14】 インタビュースケジュール―1······· 397
| 【別紙―15】 インタビュースケジュール―2······· 398
| 【別紙―16】 議事録······· 399
| 【別紙―17】 業績評価項目とウェイト　ワークシート······· 400
| 【別紙―18】 新規に設定する業績評価項目······· 401
| 【別紙―19】 部門業績評価項目とウェイト　ワークシート······· 401
| 【別紙―20】 部門業績の把握方法　ワークシート······· 402
| 【別紙―21】 部門業績評価基準　ワークシート······· 402
| 【別紙―22】 全職掌共通・期待される役割マトリックス表······· 403

【別紙―23】全職掌共通・必要とされる知識技能マトリックス表 …………………………………………………… *404*
【別紙―24】全職掌共通・必要とされる知識技能の具体的内容 ………………………………………………………… *405*
【別紙―25】職掌固有・期待される役割マトリックス表 …… *406*
【別紙―26】職掌固有・必要とされる知識技能マトリックス表 ………………………………………………………… *407*
【別紙―27】職掌固有・必要とされる知識技能の具体的内容 ………………………………………………………… *408*
【別紙―28】現行人事制度と新人事制度の変更点 …………… *409*
【別紙―29】部門目標分担マトリックス表 …………………… *410*
【別紙―30】目標設定　ワークシート ………………………… *411*
【別紙―31】部門の目的設定　ワークシート（その１）……… *412*
【別紙―32】部門の目的設定　ワークシート（その２）……… *413*

《索　引》………………………………………………………… *414*
《参考文献》……………………………………………………… *420*
《著者紹介》……………………………………………………… *421*

Lesson I

人事コンサルタントを
目指す人に

　人事コンサルタントを目指す人が、どのようにしたらコンサルタントになることができるかを、筆者のコンサルティング経験を踏まえてそのコツを伝授します。
　人事コンサルティングの中核をなすものは人事制度構築ですが、川上、川下が広く、肥沃な大地が広がっています。特に社労士が人事コンサルティングの知識・ノウハウを身につけると事務所を格段に強化できます。

1 人事コンサルティングの領域は広い

（1） 人事コンサルティングの中核をなすもの

　人事コンサルティングの中核をなすものは「等級制度」「評価制度」「賃金制度」の構築です。「等級制度」は、等級・職掌・職位、役割能力要件、昇格がその内容となります。「評価制度」は、業績評価制度（※）、能力評価制度がその内容となり、業績評価制度のサブシステムとして、個人目標制度、部門業績評価制度、チャレンジ加点制度があります。また、「賃金制度」には賃金構成、昇給、賞与、退職金があります。これを図示すると**図表 1―1**の通りです。

【図表 1―1】 人事コンサルティングの中核をなすもの

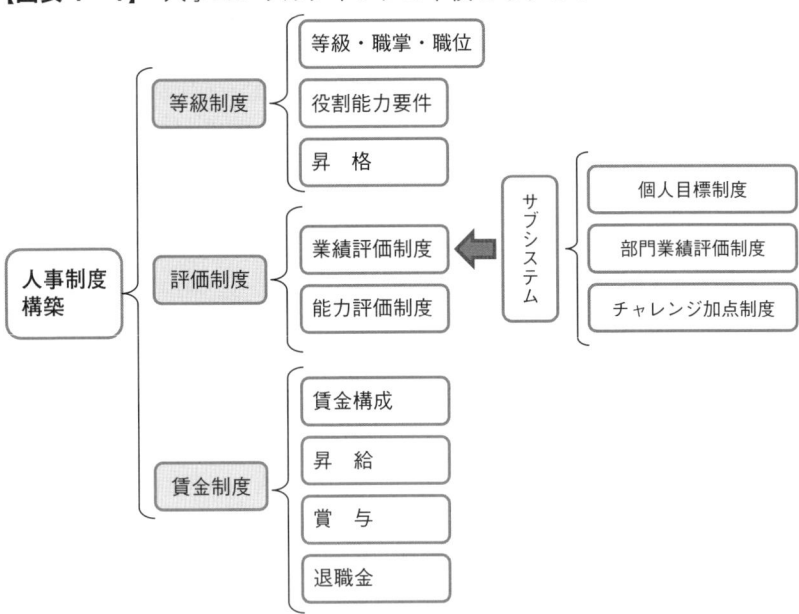

```
                  ┌─ 等級制度 ─┬─ 等級・職掌・職位
                  │            ├─ 役割能力要件
                  │            └─ 昇　格
                  │                                    ┌─ 個人目標制度
人事制度構築 ─────┼─ 評価制度 ─┬─ 業績評価制度 ← サブシステム ─┼─ 部門業績評価制度
                  │            └─ 能力評価制度                     └─ チャレンジ加点制度
                  │
                  └─ 賃金制度 ─┬─ 賃金構成
                               ├─ 昇　給
                               ├─ 賞　与
                               └─ 退職金
```

※　ここでの業績評価、能力評価、役割能力要件等は、皆さんが行っている人事制度とは少し異なっているかもしれません。そのバックにあるのは、私が提唱している『トライアングル人事システム』です。これは、LessonⅡで詳しく述べていきます。

（2）　人事制度構築の川上

　人事コンサルティングには、中核をなす人事制度構築だけではなく、川上、川下があり、広げていくと、かなり広範なコンサルティングになる可能性があります。

　川上では、経営計画、部門目標、個人目標とつながる「目標の連鎖」があります。人事制度をうまく運用するためには、部門目標・個人目標の設定、遂行、達成、達成度評価というプロセスが欠かせません。これをスムーズに行うためのコンサルティングが発生します。部門目標の川上は全社の経営計画です。その上には中期経営計画があります。また、その上にはビジョンや経営理念の策定があります。これらについてもうまく対応すれば、コンサルティングになり得ます。また、昇給・賞与は人件費管理と関係があります。ここに総額人件費管理、要員管理が必要となり、ここでのコンサルティングも発生します。

　このように、人事制度構築という中核をなすものの川上にもコンサルティングの種は多くあります。これを見つけ、育てていけばよいのです。ただし、これは本人の力量次第です。もちろん、これら川上にあるコンサルティングの種に対応できる力量が必要であることは言うまでもありません。

(3) 人事制度構築の川下

　川下は、構築した人事制度の運用です。運用がうまくできなければいかに立派な人事制度を構築しても意味を持ちません。

　運用の第一として、人事制度の説明会があります。構築した人事制度を社員によく理解してもらうために説明会を行う必要があります。説明会は１回で終わりますが、その後にある研修は何回も続きます。管理職には、部門目標設定について学ぶ「部門重点施策設定研修」、評価の基本を修得する「評価者基礎研修」、ケースを活用した「評価者実践研修」、「能力評価研修」、「個人目標設定指導研修」を行うことが必要です。一般社員には、目標設定の基本を教える「個人目標設定研修」、「被評価者研修」、「能力評価研修」、目標ケースに基づく「個人目標実践研修」があります。研修は先方会社の問題意識とニーズを掘り起こしていけば継続して発生します。「新任評価者研修」などは毎年発生し得るものでしょう。

　また、人事制度の運用にはコンピュータの活用が欠かせません。先方会社で開発しない場合は、人事ソフトの開発、その後の運用指導がコンサルティングに加わります。さらに、人事制度を運用するためには、評価用紙の印刷・配付、評価入力、昇給計算、賞与計算がありますので、運用指導を求められればコンサルティングに結びつきます。

　川上、川下を含め人事コンサルティングの全体を表示したのが、**図表１―２**です。このように１つのコンサルティング先に対しても、しっかり、丁寧に対応していけば、相当な量になります。構築後も引き続き何年もコンサルティングが続くことになるのです。人事コンサルティングの分野は収益的にも肥沃な土壌を有しているといえます。

　ここに掲げたのは、フルスペックでコンサルティングを行った場合であり、中小・零細企業では適宜縮小して考えればよいわけです。

【図表1―2】 人事コンサルティングは川上・川下の領域が広い

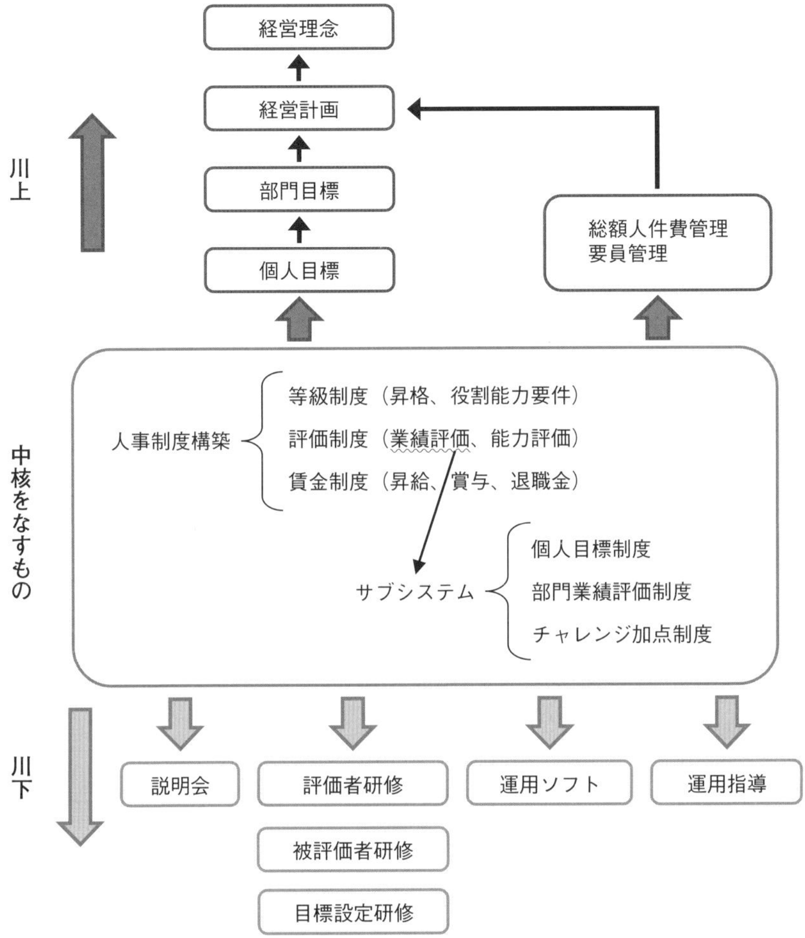

川上

- 経営理念
- 経営計画
- 部門目標
- 個人目標
- 総額人件費管理／要員管理

中核をなすもの

- 人事制度構築
  - 等級制度（昇格、役割能力要件）
  - 評価制度（業績評価、能力評価）
  - 賃金制度（昇給、賞与、退職金）
- サブシステム
  - 個人目標制度
  - 部門業績評価制度
  - チャレンジ加点制度

川下

- 説明会
- 評価者研修
  - 被評価者研修
  - 目標設定研修
- 運用ソフト
- 運用指導

Lesson I　人事コンサルタントを目指す人に

(4) 人事コンサルティング以外の活動

人事コンサルタントが行う人事コンサルティングは上記の通りですが、その他にも**図表1—3**のような活動もあります。ここに掲げるものは筆者が行っている活動であり、コンサルタントによっては、また別の活動もあると思います。人事コンサルタントの仕事にはこのようなものもあるのだと参考程度にご覧ください。

【図表1—3】 人事コンサルティング以外の人事コンサルタントの活動

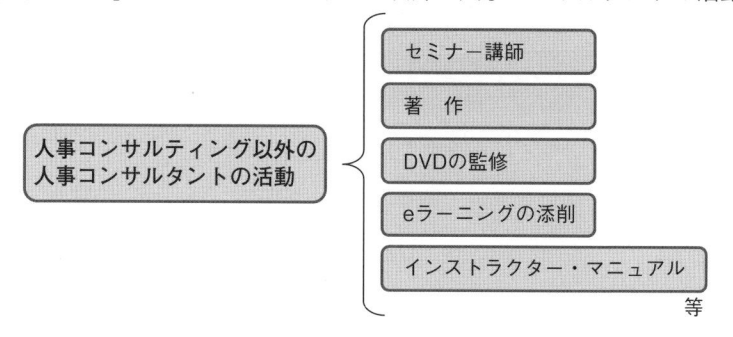

人事コンサルティング以外の人事コンサルタントの活動
- セミナー講師
- 著作
- DVDの監修
- eラーニングの添削
- インストラクター・マニュアル

等

① セミナー講師

筆者は、「トライアングル人事システム」「評価者研修の進め方」「被評価者研修の進め方」「総額人件費管理」「管理部門生産性向上」「役割目標によるマネジメント」等のセミナー講師を行っています。セミナーを継続して受注するためには、セミナーのレパートリーを増やし、内容を充実させていく必要があります。

② 著作・DVDの監修

著作・DVDの監修は人事に絞っていますが、次ページに示す通り「中核をなすもの」「川上」「川下」にわたって幅広く行っています。

a　中核をなすもの

「真実の成果主義」（中央経済社）
「役割・業績・能力基準人事賃金システム」（日本生産性本部）
「業績貢献度別人事活用マニュアル」（経営書院）

b　川　上

「賃金決定のための部門業績評価」
「業績貢献度測定マニュアル」（以上、経営書院）
「管理部門生産性向上システム」
「役割目標によるマネジメント」（以上、日本生産性本部）
「要員・総額人件費マネジメント」（社会経済生産性本部）

c　川　下

「被評価者のための評価の基礎知識」
「評価者になったら読む本　改訂増補版」（以上、日本生産性本部）
「一生懸命やっているのに評価されないと感じたとき読む本」（中央経済社）
DVD「被評価者のための評価面談の基礎知識」
「一次評価者のための目標管理入門」
DVD「一次評価者のための目標管理入門」
「一次評価者のための人事評価入門」
DVD「一次評価者のための人事評価入門」
DVD「【ディスカッション教材】一次評価者のための人事評価」
CD-ROM「一次評価者のための人事評価アシストパック」（以上、日本経済新聞出版社）

③ eラーニングの添削

「動画で学ぶ　一次評価者のための人事評価入門」（日経オンライン講座）のeラーニングの添削を行っています。

④ インストラクター・マニュアル

また、次のような研修のインストラクター・マニュアルの作成と販売も行っています。

> 「被評価者研修インストラクター・マニュアル」
> 「目標管理研修インストラクター・マニュアル」
> 「会社としての評価の進め方・考え方」
> 「一次評価者研修インストラクター・マニュアル」等

著作・DVD・インストラクター・マニュアルは研修ごとに**図表1―4**に示すように体系立って作成しています。これをLesson Ⅶの「管理職向け研修、一般社員向け研修」で活用しています。

【図表1―4】 研修に対応した書籍・DVD・インストラクター・マニュアル

研　修	書　籍	DVD	インストラクター・マニュアル
評価者基礎研修	・「評価者になったら読む本　改訂増補版」（日本生産性本部） ・「一次評価者のための人事評価入門」（日本経済新聞出版社）	・「一次評価者のための人事評価入門」（日本経済新聞出版社）	・「一次評価者研修インストラクター・マニュアル」
評価者実践研修		・【ディスカッション教材】「一次評価者のための人事評価」（日本経済新聞出版社） ・CD-ROM「一次評価者のための人事評価アシストパック」（日本経済新聞出版社）	・「会社としての評価の進め方・考え方」
被評価者研修	・「被評価者のための評価の基礎知識」（日本生産性本部） ・「一生懸命やっているのに評価されないと感じたとき読む本」（中央経済社）	・「被評価者のための評価面談の基礎知識」（日本経済新聞出版社）	・「被評価者研修インストラクター・マニュアル」
目標管理研修	・「一次評価者のための目標管理入門」（日本経済新聞出版社）	・「一次評価者のための目標管理入門」（日本経済新聞出版社）	・「目標管理研修インストラクター・マニュアル」

2 私がコンサルタントになった経緯

　「人事コンサルティング」の中身に関して述べてきましたが、私がコンサルタントになった経緯についても、皆さんが人事コンサルタントを目指す場合、多少は参考になるのではないかと思いますので、以下に述べたいと思います。

　私は富士銀行に入行して、主に融資畑を歩んできました。30歳頃、若手の行員に中小企業診断士資格を取らせる施策があり、1年間の通信教育と2回の研修の後に中小企業診断士試験を受験、資格を取得しました。その頃の銀行の融資課は、融資という梃子を使っていかに預金を獲得するかが期待されていたように思います。しかし、私は担当している企業の経営のほうに関心を持ってしまい、本来期待されている融資・預金には関心が高くなかったように思います。その点、期待される銀行員ではなかったかもしれません。

　そういう素地があったところに、35歳頃富士ナショナルシティ・コンサルティング（FNCC）という富士銀行とシティバンク（その頃はファーストナショナルシティバンクと呼ばれていました）の合弁のシンクタンクに出向になり、経営コンサルティングの世界へ入りました。私は銀行員よりコンサルタントのほうが向いていると思っていましたので、銀行には戻らずコンサルティングを続けたいという希望を銀行の人事部に伝えたところ、それもよいでしょうということで、そのままコンサルティングを続けました。平成元年にFNCCは富士総合研究所に組織替えになりましたが、私は引き続きコンサルティングを行いました。

　銀行系のコンサルティング会社は、銀行の支店長などが取引先の相談に乗っている中で出てきたコンサルティング案件の紹介を受けて行いますが、案件の内容はまちまちです。企業規模、業種も様々で、そのため、様々なコンサルティングを経験することができました。「人事

コンサルティング」はもちろんですが、「経営診断」「経営理念策定」「経営戦略策定」「QCサークル活動指導」「原価計算制度構築」「事務システム改善」「コンピュータシステムの基本構想策定」「人事ソフトの開発」「顧客満足度測定」などです。企業規模も一部上場企業から零細企業まで、業種は製造業、卸・小売業、飲食業、ホテル、病院、学校、学習塾、官公庁、独立行政法人など様々です。

　そして53歳の時、自分の可能性を試してみたいという気持ちもあり、富士銀行（富士総合研究所出向）を退職し、独立しました。独立してからはコンサルティングの効率を考え、一番経験が長かった人事コンサルティングに絞ってコンサルティングを行っています。

　コンサルティングの効率という意味についてお話しすると、FNCC・富士総合研究所時代はサラリーマンコンサルタントでしたので、来たものは何でもやらなければなりませんでした。時間にも余裕がありましたので、新しい案件、新しい業種について勉強して案件に取り組むことができました。ところが、独立してコンサルティングを行うことになると、新しい案件ごとに勉強する時間はあまり取れません。今日の稼ぎがなければ事業を続けていくことができませんので、コンサルティングの効率を考える必要があります。新しい種類のコンサルティングを立ち上げるにはそれ相当の手間がかかりますし、効率を考えれば、以前やったコンサルティングをベースにしたほうが、資料、書式、規程等は効率よく作成することができます。そこで、私は人事コンサルティングに絞ったわけです。そのためには過去に行った資料の整理と保管は欠かせませんので、いつでも必要な時に取り出すことができるようにしておくことが必要です。

　経営コンサルティングは、好きであれば大変楽しい仕事です。しかし、好きでなければ、苦痛でしょう。当時、銀行から出向してきた人の中には、やむを得ずやっていると考えている人もいました。そういう人はコンサルティングが苦痛のようでした。私は経営コンサルティングの仕事が好きですから、水を得た魚のように楽しく仕事をしていました。それは70歳近くなる今も変わりません。

3 人事コンサルタントに必要な知識

　人事コンサルタントとして必要な基本的知識は「経営に関する基本的知識」「人事管理に関する基本的知識」「コンピュータに関する基本的知識」ではないかと思います。

　「コンピュータに関する基本的知識」は Word、Excel、PowerPoint が自在に使える程度の知識技能ということです。予備診断報告書、人事諸規程、解説書、役割能力要件表の作成などでは Word が自在に使えることが必要ですし、賃金分析、昇給・賞与計算、財務分析では Excel が自在に使えることが必要です。VBA でプログラミングできる技術があればさらに良いでしょう。また、説明会、研修、セミナーを実施するときには、PowerPoint で映写しながら説明すればわかりやすくなりますので、自在に使えることが必要です。

　「経営に関する基本的知識」「人事管理に関する基本的知識」は、中小企業診断士、社会保険労務士（以下、「社労士」と呼びます）の試験科目になっています。中小企業診断士試験では、「経済学・経済政策」「財務・会計」「企業経営理論」「運営管理（オペレーション・マネジメント）」「経営法務」「経営情報システム」「中小企業経営・中小企業政策」が該当します。社労士試験では、「労働基準法」「労務管理その他の労働及び社会保険に関する一般常識」が該当します。したがって、人事コンサルタントを目指す人は、中小企業診断士、社労士資格取得を目指して勉強をすればよいということになります。

　これらの基本的知識に加えて、「人事理論に関する知識」「人事コンサルティングの進め方に関する知識」が必要ですが、これについては本書を熟読していただければよいでしょう。

【図表1—5】 人事コンサルタントに必要な知識

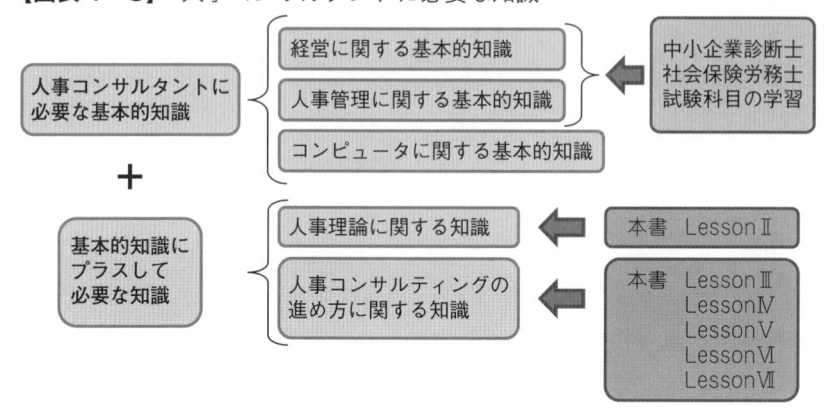

```
                    ┌─ 経営に関する基本的知識 ──┐     ┌──────────────┐
人事コンサルタントに ─┤                        ├─ ◀─ │中小企業診断士  │
必要な基本的知識     │  人事管理に関する基本的知識 │    │社会保険労務士  │
                    └─ コンピュータに関する基本的知識 │試験科目の学習  │
                                                     └──────────────┘
  ＋

                    ┌─ 人事理論に関する知識 ──── ◀─ 本書　LessonⅡ
基本的知識に         │                              ┌─ 本書　LessonⅢ
プラスして          │                              │      LessonⅣ
必要な知識          └─ 人事コンサルティングの ──── ◀─│      LessonⅤ
                       進め方に関する知識            │      LessonⅥ
                                                    └      LessonⅦ
```

Q&A—❶

Q 人事コンサルタントになるにはどのように学んだらよいでしょうか？

A 基本的な人事管理の理論は本を読めば身につけることができますが、本を読んだだけで実際に人事コンサルタントになることは難しいと思います。やはり実際の企業にあたって経験を積む必要があります。会話の受け答え、質問への対応の仕方、文章力を磨く、研修講師等は、実際の経験が必要です。私は、FNCC・富士総合研究所で大藤裕康氏の指導を受け、コンサルティングを学びました。特に地方出張時の夜の居酒屋での特別レッスンは思い出深いものです。コンサルタントは資料が財産です。必要資料をすぐ取り出せるように日頃から整理しておくということも学びました。よい師を見つけ、実際の企業で経験を積むことをお勧めします。

4 開業社労士が人事コンサルティングの知識・ノウハウを身につけると事務所を格段に強化できる

　人事コンサルタントに近い業務を行っているのは、会社の「ヒト」に関する問題にかかわっている社労士でしょう。最近、社労士の方の間で評価・賃金制度等の人事コンサルティングに対する関心が高いようです。なぜ人事コンサルティングに対して関心が高くなっているのでしょうか。

　それは人事コンサルティングの知識・ノウハウを身につけ、人事コンサルティングを行えば、収益が格段に拡大できるからです。人事コンサルティングの報酬が入るのはもちろん、顧問先の信頼が増すことで、顧問料の引上げが可能になるからです。しかし、うまくいくケースばかりではありません。ここでは、私の知り合いの社労士から聞いた話として、人事コンサルティングがうまくいっていないケース、逆にうまくいっているケースをご紹介します。

（1）うまくいっていないケース～Aさんの場合

　Aさんは社労士試験合格後、事務指定講習を受け、すぐに開業しました。2年前のことです。独立後の事業展開は何も考えていませんでしたが、難しい試験にも合格できたのだし、今まで通り頑張れば何とかなるだろう、そんな思いでした。

　独立直後には、異業種交流会に数回参加しました。そこで出会った事業主や税理士と話をすると、経営や数字に関する話がポンポン出てきましたが、社労士試験で勉強してきたこと、自分自身の職歴から体験してきたこととはまるで別世界の話でチンプンカンプンです。これでは社労士の業務以上のアドバイスはできないなと感じました。

そういうわけで、就業規則作成、社会保険手続・給与計算代行をメインに業務展開することにしました。これらは多くの社労士が手がけている仕事で、競合が多いために業務委託料の相場がとても低いことはわかっていましたが、他に何をやってよいかわからなかったため、地道に事業展開することにしたのです。しかし、自分のできる範囲で努力し、頑張りましたが、結局、就業規則作成の単発業務が多く、終わればそれっきりで、社会保険代行など、毎月安定的な収入を得られるような仕事にはなかなか結びつきませんでした。就業規則作成、社会保険手続・給与計算代行の3本柱だけでは他事務所との差別化が難しく、事務所拡大には結びつきにくいのです。

　ある日、相見積の結果、業務委託料の単価をかなり低く抑えて契約した顧問先の社長から呼び出されました。そこで人事制度の相談を受けたのです。「いつも安い業務委託料で社会保険手続と給与計算をやってくれて助かっている。ところで今日は人事制度の相談をしたいんだ。業務が拡大したので社員を増やそうと考えている。今まで人事評価をしたことなかったが、今後はきちんと人事評価をしてあげたいんだ。書店やネットで調べてみたけど目標管理制度なんかどうだろう？」――しかし、相談されたところで知識がないため、適切にアドバイスできるかどうか自信が持てません。最初の相談は何とかうまく取り繕うことができても、次の質問が来たらどうしようもない、あれこれ考えているうちに、ドキドキしながらとっさに出てきた言葉が「それでいいんじゃないですか？」でした。その後、社長から人事制度に関する相談を受けることはありませんでした。

　数日後、人事コンサルタントらしき人がその会社に出入りして、社長と打ち合わせをしているのを目にしました。なーんだ人事コンサルタントと契約できるお金があるんだ、そう感じつつもややこしい話に巻き込まれなくてよかった、とホッとする思いもありました。その後も社会保険手続・給与計算代行のみを忙しく行っていたのですが、ある日、社長から呼び出されて、契約を解除したいという話を受けました。もっと低い単価で業務を引き受ける社労士が見つかったのでそち

らへ切り替えたい、それが理由でした。翻意を促しましたが、社長の決心は固く、結局その会社は契約解除になってしまいました。

頑張って忙しくやっても年間数百万円程度の売上、サラリーマン時代の年収には到底キャッチアップしていません。本当に開業した意味があるのだろうか…そう考える毎日です。

(2) うまくいっているケース～Bさんの場合

Bさんは開業して8年目です。経営や人事に対する関心が高く、人事コンサルティングを熱心に勉強し、取り組んでいます。今では自立して人事コンサルティングができる程度の能力を持っています。

Bさんは人事コンサルティングをうまく活用して、顧問契約等による月々の定額報酬を1年間で3倍に増加させました。なぜそのようなことができたのか、以下、Bさんの成功体験について見てみます。

＜最低水準の顧問料から引上げに成功＞

事務所近くのC社人事部長から、ホームページを見たということで電話が入りました。顧問社労士を探しているということで、Bさんは、事務所としての最低水準の顧問料で、C社と顧問契約を締結することにしました。

ある日、人事部長から「グループ企業と吸収合併をすることになった。ウチが吸収する側なんだが、吸収合併に関するアドバイスをしてほしい」との依頼がありました。もし、Bさんに人事コンサルティングのノウハウがなければ、現状の顧問料を維持して、就業規則や社会保険手続等の一般的アドバイスに終始していたかもしれません。Bさんにはノウハウがありましたので、吸収合併にあたり人事制度をどうするのか等、積極的に関与することができました。

最終的には、吸収合併における人事労務全般のコンサルティング契約を締結することとなり、そのコンサルティングで人事部長、経営企画部長から信頼を得ることができたため、コンサルティング終了後は

顧問料を引き上げることができました。

＜新設子会社への関与をきっかけに顧問契約＞

　以前Ｂさんが関与したＤ社の経営企画部長から、「子会社を新設し、当社の一部門を事業譲渡するのでアドバイスがほしい」と相談があり、事業譲渡に関するコンサルティング契約を締結することになりました。

　もし、Ｂさんに人事コンサルティングのノウハウがなければ、事業譲渡にあたって転籍する社員に不利益変更がないか、転籍にあたり同意書はもらったのか、新会社の就業規則はどうするのか、新会社の社会保険手続はどうするのか、といった一般的な対応に終始していたかもしれませんが、Ｂさんには人事コンサルティングのノウハウがありましたので、「人事制度はどうするのですか？」と質問し、「新会社に最適な人事制度はこれだと思います」と提案して、結果的に人事制度構築に関するコンサルティング契約を締結することになりました。それらのコンサルティング契約が終了するまでに、ＢさんはＤ社から全面的な信頼を受けるようになり、新会社の給与計算を含む社会保険手続全般の業務委託契約を締結することになりました。また、人事労務全般についての顧問契約も締結することとなり、人事制度の運用も含め、何か相談があれば、社長、管理部長、営業部長から直接相談を受ける関係を構築しています。

＜スポット業務から顧問契約へ＞

　顧問先企業の社長から、知人のＥ社の社長が人事制度を構築したいと言っているので、Ｂさんを紹介したいという電話がありました。早速Ｅ社の社長と面会すると、「簡単なもので構わないから人事制度をとりあえず構築してほしい」ということでした。

　もし、Ｂさんに人事コンサルティングのノウハウがなければ、簡単な目標管理シートを作成する等、部分的知識でのアドバイスに終始し、満足させるにはほど遠い状態であったかもしれませんが、Ｂさんには

人事制度コンサルティングのノウハウがありましたので、社長に「人事制度とは何か」から説明し、「貴社に最適な人事制度はこうだと思う」と説得力のある説明をすることができました。これにより信頼を得ることができたBさんは、まず、顧問契約を締結することになり、継続的に人事制度についてアドバイスをすることになりました。やがて、本格的な人事制度を導入したいという話になり、結局、顧問契約はそのままに、さらに人事制度構築に関するコンサルティング契約を締結することとなり、その会社とは強固な関係を築くことができるようになりました。現在は給与計算を含めた業務委託も行っています。

（3） うまくいっているケースの分析

Bさんがうまくいった理由は、大きく分けると2つの手法によるものと思われます。

> ① 顧問契約や業務委託契約（以下、「顧問契約」等という）を締結し、その後関与を深めて、必要な場合は追加でコンサルティング契約を締結する。コンサルティング終了後、交渉して顧問料を引き上げる
> ② まずコンサルティング契約で関与し、契約終了後は顧問契約等の締結につなげる

Bさんの特色は、「人事コンサルティングのノウハウ」をしっかり持っていることと、人事だけにこだわらず広く経営全般に関心を持ち、この面でも積極的に動いていることです。Bさんのような意識を持ち、行動をすれば、①、②の手法で定額報酬を増加させることは十分可能だと思われます。

事業主には「ヒト」に関する悩みは多く、社労士に相談することも多いと思います。そのようなときに、人事コンサルティングを手がけたことがなかったり、きちんと学ぶ機会を持てなかったりした社労士は、インターネットや書籍を読んで得た部分的な人事制度に関する知識で回答することしかできません。しかし、部分的な知識では、事業

主も納得感を持てませんし、また応用も利きづらく、仕事に深みが出ないため、当然事務所の業績アップにつなげることはできないのです。反対に、一気通貫した理論性を持った人事制度を学び、それを継続して実践につなげる努力をしていけば、それがノウハウとして蓄積し、レベルの高いアドバイスが可能となります。当然説得力も増しますし、応用も利きます。このように、人事コンサルティングのノウハウは、社労士の業績拡大のための大きな力となります。これに気づいていただきたいのです。

5 人事コンサルタントを目指す人が留意すること

　人事コンサルタントを目指す人が留意することについて、述べてきましたが、まとめると次の通りです（**図表1—6**）。

【図表1—6】 人事コンサルタントを目指す人が留意すること

(1) 一気通貫した理論性を持った人事制度を学ぶこと

　　① 学ぶべき人事制度は人事制度全部であること
　　② 学ぶべき人事制度は1つの理念に貫かれており、かつ理論的であること

(2) よき師のもとでコンサルティングの実践を積むこと
(3) ノウハウとして蓄積すること
(4) 人事という狭い視点から見るのではなく広い視点で見ること
(5) コンサルティングが好きになること

（1） 一気通貫した理論性を持った人事制度を学ぶこと

　一気通貫とは本来麻雀用語ですが、ここでは一貫性がある、整合性があるという意味で使っています。学ぶ人事制度が「一気通貫である」いうことは、具体的には次の2つの意味があります。

① 学ぶべき人事制度は人事制度全部であること

　人事制度は、等級制度、目標管理制度、評価制度、賃金制度、昇給制度、賞与制度、退職金制度等のパーツから成り立っています。「目標管理制度はよくわかるが、他の制度はよくわからない」というようではダメです。人事制度のすべてを学び、理解することが必要です。

② 学ぶべき人事制度は1つの理念に貫かれており、かつ理論的であること

　人事制度それぞれのパーツには関連性があり、それぞれのパーツの整合性がとれていることが必要です。「等級制度は能力主義、評価制度は成果主義」というようではうまく機能しません。1つの理念に貫かれていることが必要です。理論的であるということは、「これがこうなっているからこのようにしている」と説明できるということです。

（2）　よき師のもとでコンサルティングの実践を積むこと

　人事制度の理論は書籍で一通り学ぶことができますが、これでは畳の上の水練です。書籍でしっかり学び、よき師のもとでコンサルティングの実践を積むことが必要です。

（3）　ノウハウとして蓄積すること

　コンサルティングの実践においては、ただやりっぱなしではなく、常にノウハウとして経験を蓄積することが必要です。作成した資料、規程類、帳票類はこまめに整理し、いつでも必要な時に取り出すことができるようにします。資料、規程類、帳票類の蓄積こそコンサルタントの財産になるものです。

（4）　「人事」という狭い視点から見るのではなく広い視点で見ること

　人事を専門にしているコンサルタントは、人事畑から始めた人が多いせいか、人事面から見るという感じの人が多いと感じます。人事を基盤にするのはよいのですが、これに固執し、垣根を作ってしまう、

垣根の中から見る、垣根から出ようとしないところが見受けられるのです。コンサルタントの拠って立つところは「経営」ですから、「経営」の中に「人事」があることを認識し、視野を広く持つことが必要です。

特に、川上にある「目標管理」「部門業績」「経営計画」「総額人件費管理」等に、あまり関心を示さない人事コンサルタントは多いと感じます。私は様々な分野のコンサルティングを経験してから、人事コンサルティングに絞りましたので、広く経営全般も見えていると思っているのですが、人事コンサルティングから出発したコンサルタントはなかなか経営全般へ目が行かない傾向があるようです。人事管理がすべて、人事管理から外を見てしまうのです。人事管理は経営管理の1つのパーツという感覚を持つことが必要でしょう。

（5） コンサルティングが好きになること

何度も言いますが、コンサルティングが好きでなければ、コンサルタントはできないと思います。やらされているとか、生活のためにやっているという気持ちでは、コンサルティングは苦痛になってきますので、むしろやらないほうがよいでしょう。コンサルタントになろうという人には、コンサルティングが好きになってもらいたいのです。そうすれば新しい風景が開けてくるはずです。

Q&A ─ ❷

Q 先方会社の人事制度が「能力主義」であったり、「役割主義」であったり、「成果主義」であったりとまちまちで、要望される人事制度もまちまちです。そのような場合、A社には能力主義の人事制度を、B社には役割主義の人事制度をコンサルティングするということはできるのでしょうか？「一気通貫した理論性を持った人事制度を学ぶこと」とは少し離れているように思うのですが…。

A 相手のニーズに合わせてコンサルティングを行うと、ご質問のようにA社には能力主義の人事制度を、B社には役割主義の人事制度をコンサルティングするというようなことが起こり得ます。

結論から言えば、私は、このようなコンサルティングは行いません。コンサルティングをして指導するわけですから、能力主義、役割主義、成果主義について相当な勉強が必要ですし、諸規程の内容もそれぞれ作成しなければなりません。解説書も評価制度に合わせて作成しなければなりません。ソフトの開発も様々なタイプのものを開発しなければなりません。要はコンサルティングの効率が悪くなるのです。また、今日はA社で能力主義、明日はB社で役割主義というのでは、頭が混乱してしまいますし、自分が心底思っていないことを話すことは疲れます。これが、私がこのようなコンサルティングを行わない理由です。

ただ、評価者研修については少し異なります。評価者研修を現行の評価制度に基づいて行ってほしいという依頼を受けることはよくありますが、大体はお受けしています。評価者基礎研修の部分は、どのような評価制度であっても共通であるからです。そして、評価者基礎研修を行いながら、現行の評価制度を分析し、その問題点を先方に指摘します。評価制度を再構築すべきという提案をして、次のコンサルティングに結びつけることもできるからです。

Lesson II

提案する人事システムの理論

　人事コンサルタントは、一気通貫の人事理論を持つことが必要です。これがあやふやでは、顧客の信頼は勝ち取ることはできません。

　人事の基本ファクターには役割・能力・成果があり、役割主義、能力主義、成果主義はその中の1つを重視して組み立てたものですが、それぞれ一長一短があります。筆者は3つの基本ファクターの特質を生かし、バランスを取ることが重要だとして"トライアングル人事システム"を提唱しています。このレッスンでは"トライアングル人事システム"の理論を学びます。

1 トライアングル人事システムのコンセプト

　人事の基本ファクターには「役割」「能力」「成果」の3つがあります。「役割主義」「能力主義」「成果主義」はその中の1つを重視して人事制度を組み立てたものですが、それぞれに一長一短があります。
　「役割主義」は、役割を中心とした人事制度です。等級は役割のレベルに基づいて設定され、賃金は等級に対応しています。役割のレベルが違うから等級も賃金も違うのだと説明でき、理論的です。しかし、組織変更や異動の際には運用に苦労します。また、評価は目標管理（個人目標）と行動評価で行うため、バランス良く行動や結果を評価できる仕組みになっていますが、ルーチンワークの仕事の結果を評価する項目がないこと、能力を評価する仕組みがないことが問題点として挙げられます。
　次に、「能力主義」は、能力を中心とした人事制度です。等級は能力の発展段階と定義されます。評価は能力評価が中心で、賃金は等級・号俸の職能給と年齢給が中心です。能力主義では能力が高まれば等級が上がります。賃金体系・昇給も生活への配慮が行き届いたものが実現でき、社員が安心して働くことができる、成長経済にフィットした大らかな人事制度です。社員は等級でしっかり守られており、組織変更や異動によって役割が変わっても、役割主義のようにそれですぐ社内ステータスや賃金が変わることはありません。組織変更や異動も柔軟にできる人事制度です。しかし、能力を評価することは難しいため、評価にあまり差がつかず、昇格や昇給が年功化しやすいことが問題点として挙げられます。また、能力主義の下での関心は個人に向きますので、経営全般、経営管理への関心が薄くなり、それが経営計画、部門業績、個人目標といったところへの関心の薄さ、人件費管理に対する関心の薄さにつながっています。
　最後に、「成果主義」は、成果を中心とした人事制度です。成果を上

げた社員には成果に見合った報酬を出して、社員の行動を成果中心にしてモチベーションを高め、会社の業績をアップさせようとするものです。ただ、成果の捉え方が目標管理（個人目標）に偏重しているところに問題があると思われます。目標とは仕事の一部を特定化したものですが、それを仕事全体と思い込んでしまうところがあります。また、目標に掲げられているものについての「達成＝成果」と認識するため、部下の育成、人事評価、コミュニケーション等の管理職としての必須項目が目標に挙がっていなければ、成果と認識されません。それら管理職としての必須項目が抜け落ちていることが往々にしてあります。また、目標も短期目標に重点を置き、長期的な目標はおざなりになってしまうことや、処遇を意識した評価になるのも問題でしょう。

　このように、能力主義、役割主義、成果主義には一長一短があります。1つの人事ファクターを中心に人事制度を運用することは、限界に来ているといえるでしょう。多くの会社は、役割主義、能力主義、成果主義の問題点を認識しながら、その後に来る人事制度を模索しているのですが、これといった決め手はなく悩んでいるというのが現状ではないでしょうか。

　そこで、筆者は役割主義、能力主義、成果主義の次に来る人事制度として、「トライアングル人事システム」を提唱しています。人事の基本ファクターは役割・能力・成果であることは間違いありません。その役割・能力・成果の特質を生かし、バランスさせる人事システムがトライアングル人事システムです。トライアングル（三角形）の三角をなすものが、役割、能力、成果の3つです（次ページ**図表2―1**）。

【図表2—1】 トライアングル人事システムのコンセプト

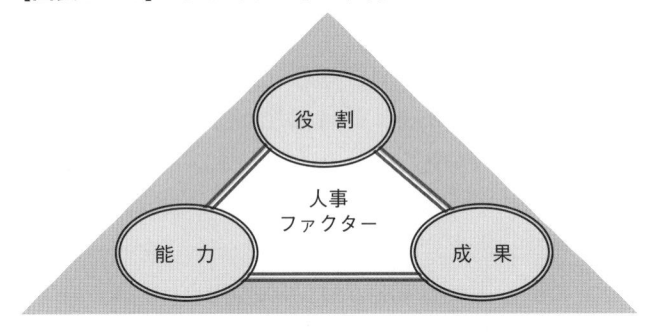

（役割・能力・成果を頂点とし、中央に「人事ファクター」を配置した三角形の図）

　そのように考えると、そもそも役割、能力、成果とは何かを明確にする必要があります（**図表2—2**）。以下でこれら役割、能力、成果を明確にしていきましょう。

【図表2—2】 役割・能力・成果に応じた処遇

（役割・能力・成果 → 処遇（昇格・昇給・賞与・退職金）／役割・能力・成果とは？ の図）

2　役割・能力・成果を明確にする

まず、役割、能力を明確にしていきましょう。

（1）　ステージ制度

　能力主義では等級を能力の発展段階として、能力と関連づけています。一方、役割主義では等級を役割と関連づけています。組織運営上は能力主義のほうが弾力的なのですが、能力が上がれば定員なしで昇格させていくというのも現実的ではありませんし、役割との関連づけも行う必要があります。そこで、トライアングル人事システムでは、等級を役割と能力の両方に関連づけました。「等級」は能力と関連づけている言葉ですので、ここでは「ステージ」と名づけます。**図表2―3**に示す通り、ステージは役割・能力に対応する区分となります。役職が変わっても役割主義のようにステージは変えず、ステージは能力で保持されると考え、ステージの運用は安定的に行われます。また、昇格は本人の役割、能力、成果を判定して厳密に行います。また、役割が変わってもステージは変えません。役割との関係は弾力的に行い、組織変更や異動を弾力的に行えるようにします。これをステージと職

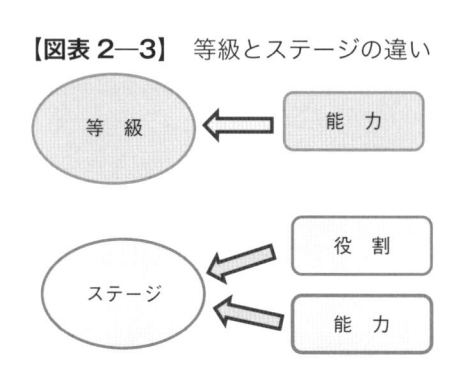

【図表2―3】　等級とステージの違い

掌・職位の関係表で表したものが**図表2—4**になります。

【図表2—4】 ステージと職掌・職位の関係表のイメージ（例）

ステージ	一般社員	監督職	管理職			専任職	専門職
Ⅷ					本部長	担当部長	シニアエキスパート
Ⅶ				部長			
Ⅵ			課長			担当課長	エキスパート
Ⅴ							
Ⅳ		リーダー					
Ⅲ	営業職　技術職　事務職						
Ⅱ							
Ⅰ							

（2） 役割能力要件表

　役割と能力を明確化したものが、「役割能力要件表」です。役割能力要件表の構成は**図表2—5**に示す通りです。役割能力要件表は職掌、部門ごとに「期待される役割」「必要とされる知識技能（※）」が一覧できるようになっており、社員は自分の職掌と部門をめくれば、この1枚ですべて見ることができるようになっています。

※　一般に能力としては、「知識技能力」「堅確業務遂行力」「コミュニケーション力」「指導・統率力」「折衝力」等が挙げられます。能力は直接評価することは難しいため、行動を見て、その行動から推測して「このような能力を保有しているだろう」と評価する方法を取ります。ただ、その中でも「知識技能力」（例えば、「就業規則他社内ルールの知識」「会社概要」

「問題発見・解決技法」「OA機器操作技能」等)は、保有しているかどうか評価することは、何とか可能です。「知識技能力」以外の能力は、回りくどく行動から能力を評価するのではなく、直接、行動を評価(業績評価)すればよいのです。直接、評価できるかということから「役割能力要件表」では能力を「知識技能力」に限定しています(**図表2—6**)。

【図表2—5】 役割能力要件表の構成

ステージ	(職掌)	事務職		
	(部門)	総務部		
	期待される役割		必要とされる知識技能	
Ⅳ	A列	B列	C列	D列
Ⅲ				
Ⅱ				
Ⅰ				

【図表2—6】 役割能力要件表では能力を知識技能力に限定

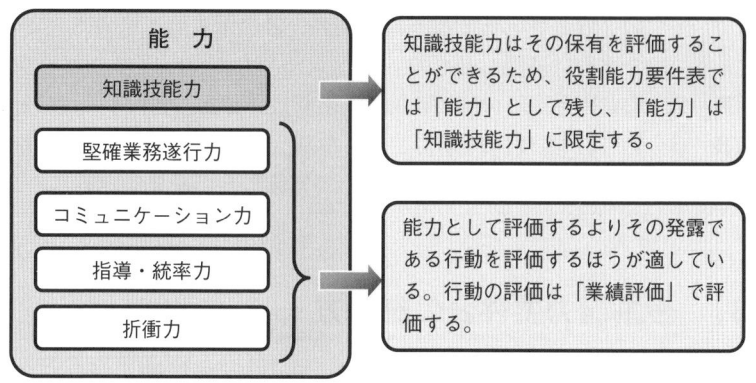

能力
- 知識技能力 → 知識技能力はその保有を評価することができるため、役割能力要件表では「能力」として残し、「能力」は「知識技能力」に限定する。
- 堅確業務遂行力
- コミュニケーション力
- 指導・統率力
- 折衝力

→ 能力として評価するよりその発露である行動を評価するほうが適している。行動の評価は「業績評価」で評価する。

役割能力要件表の構成は「期待される役割」「必要とされる知識技能」になり、それぞれ2列に分かれます。**図表2—5**のA列は全職掌共通で「期待される役割」で、どの部門でどのような仕事をしていても共通に期待される役割です。B列は職掌固有（この例では事務職、総務部）で期待される役割です。「必要とされる知識技能」も同様で、C列は全職掌共通で「必要とされる知識技能」で、どの部門でどのように仕事をしていても共通に必要とされる知識技能、D列は職掌固有（この例では事務職、総務部）で必要とされる知識技能です。

役割能力要件表の実際例は**別表—1～7**に掲げていますので、380～384ページをご参照ください。

別表—1…一般社員（ステージⅠ～Ⅳ）の「期待される役割」
別表—2…一般社員（ステージⅠ～Ⅳ）の「必要とされる知識技能」
別表—3…一般社員（ステージⅠ～Ⅳ）の「必要とされる知識技能の具体的内容（全職掌共通）」。全職掌共通の必要とされる知識技能は**別表—2**で示されているが、これを詳細に展開したもの
別表—4…一般社員（ステージⅠ～Ⅳ）の「必要とされる知識技能の具体的内容（職掌固有—ここでは事務職　総務部）」。職掌固有の必要とされる知識技能は**別表—2**で示されているが、これを詳細に展開したもの
別表—5…監督職（係長）の「期待される役割」と「必要とされる知識技能」
別表—6…管理職（課長）の「期待される役割」と「必要とされる知識技能」
別表—7…管理職（課長）の「必要とされる知識技能の具体的内容」

（3）　役割能力要件表の読み方

① 「期待される役割」の読み方

「期待される役割」の読み方は**図表2—7**に示す通りです。本人のステージがⅡであるとき、ステージⅡに展開されている「期待される

役割」は、「やらねばならない」ということです。本人のステージよりも下、つまりステージⅠに展開されている「期待される役割」は、ステージⅠに展開されている「期待される役割」がきちんとできた者がステージⅡに昇格していることから、「やって当たり前」ということです。本人のステージよりも上、つまりステージⅢやステージⅣに展開されている「期待される役割」は、「やってもよい」、積極的に挑戦すべき役割と捉えることが期待されています。

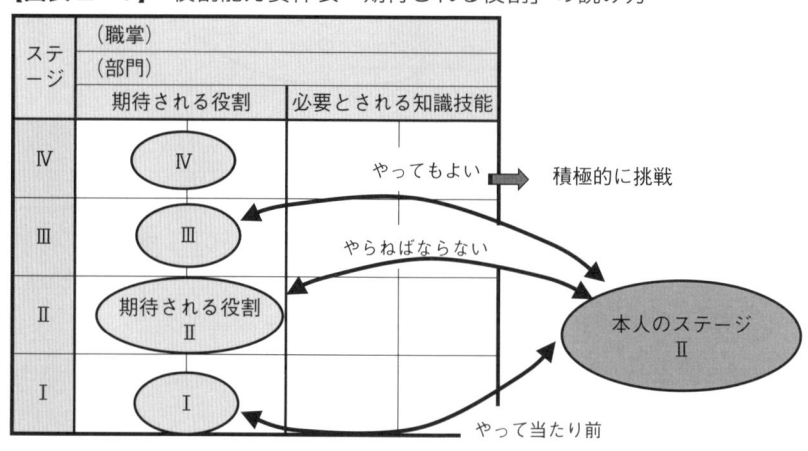

【図表2―7】 役割能力要件表「期待される役割」の読み方

② 「必要とされる知識技能」の読み方

「必要とされる知識技能」についても同様です。本人のステージがⅡであったとき、ステージⅡに展開されている「必要とされる知識技能」は、「保有しなければならない」ということです。本人のステージよりも下、つまりステージⅠに展開されている「必要とされる知識技能」は「すでに保有している」と考えられます。本人のステージよりも上、つまりステージⅢやステージⅣに展開されている「必要とされる知識技能」は、「勉強してもよい」、積極的に挑戦すべきものと捉えることが期待されているのです（次ページ**図表2―8**）。

【図表2―8】 役割能力要件表「必要とされる知識技能」の読み方

ステージ	（職掌） （部門）	
	期待される役割	必要とされる知識技能
Ⅳ		Ⅳ　勉強してもよい ➡ 積極的に挑戦
Ⅲ		Ⅲ　保有しなければならない
Ⅱ		知識技能Ⅱ　→ 本人のステージⅡ
Ⅰ		Ⅰ　すでに保有している

（4） 役割能力要件表と各種評価との関係

　役割能力要件表と各種評価制度の関係を図示すれば、**図表2―9**のようになります。

　本人のステージがⅡであった場合、「役割能力要件表」のステージⅡに展開されている「期待される役割」「必要とされる知識技能」はきちんと果たしたり保有したりする必要があります。これを評価するのが「業績評価」「知識技能力評価」です。

　上位に展開されている「期待される役割」はやってはならないということではなく、むしろ積極的に行うことを期待しています。本人が行っている仕事を見れば、ステージⅢレベルの仕事をすでにやっているかもしれません。どのレベルの仕事を行っているかを評価するのが「職務の評価」です。

　このように考えると、役割能力要件表との関係から、評価は「業績評価」「知識技能力評価」「職務の評価」の3つが必要であることがわかります。

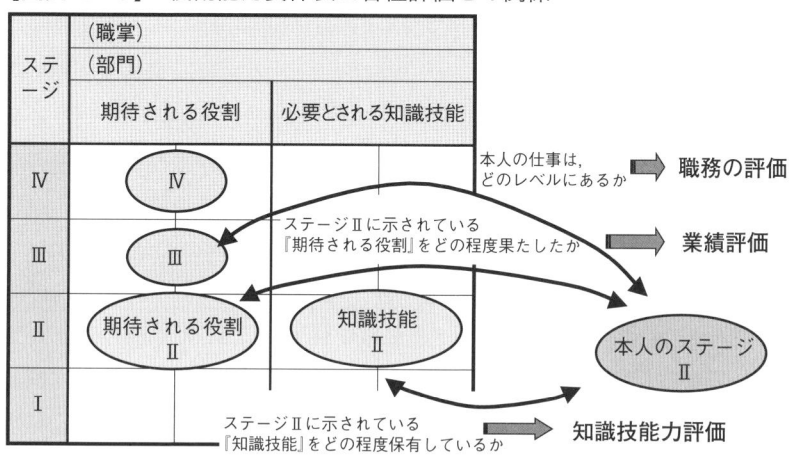

【図表2—9】 役割能力要件表と各種評価との関係

ステージ	（職掌）（部門）	
	期待される役割	必要とされる知識技能
Ⅳ	Ⅳ	
Ⅲ	Ⅲ	
Ⅱ	期待される役割Ⅱ	知識技能Ⅱ
Ⅰ		

本人の仕事は、どのレベルにあるか ⇒ 職務の評価

ステージⅡに示されている『期待される役割』をどの程度果たしたか ⇒ 業績評価

本人のステージⅡ

ステージⅡに示されている『知識技能』をどの程度保有しているか ⇒ 知識技能力評価

（5） バランスの取れた評価制度

トライアングル人事システムは、**図表2—10**に示すように、人事の基本ファクターである役割・能力・成果をバランス良く評価するシステムといえます。

【図表2—10】 役割・能力・成果の3つをバランス良く評価する

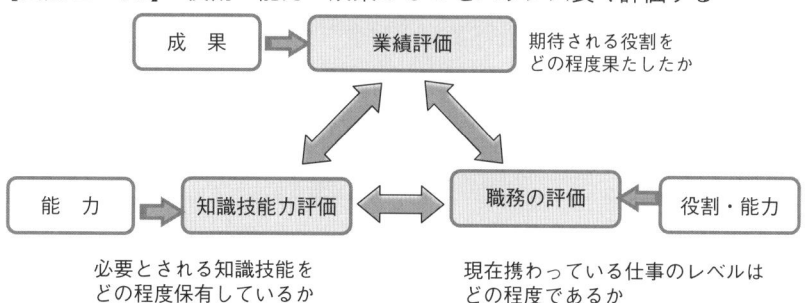

- 成果 → 業績評価：期待される役割をどの程度果たしたか
- 能力 → 知識技能力評価：必要とされる知識技能をどの程度保有しているか
- 役割・能力 → 職務の評価：現在携わっている仕事のレベルはどの程度であるか

これら評価を処遇に関連づけることが必要となります。**図表2—11**は評価制度と処遇制度の関係を示したものです。

「賞与」は、成果性を重視して「業績評価」を反映させます。

「昇給」は、毎年積み上がっていくものですので、成果だけでなく能力の要素も加味し「業績評価」と「知識技能力評価」を8：2の割合で反映させます。

「昇格」は、「業績評価」「知識技能力評価」「職務の評価」のすべてを反映させます。これは**図表2—9**（51ページ参照）で、本人のステージがⅡであった場合、Ⅲに上がる要件を考えればよいのです。ステージⅡに「期待される役割」はやらねばなりませんが、その役割をしっかりやったかどうかを評価するのが「業績評価」であり、これが一定レベル以上であることが必要です。同様に、ステージⅡの「知識技能」についても、「知識技能力評価」において、一定レベル以上であることが必要です。また、上の役割ができるか、すでにやっている者を昇格させるべきであり、「職務の評価」が、そのように評価されていることが必要です。このように考えると、「昇格」には「業績評価」「知識技能力評価」「職務の評価」のすべてが必要であることがわかるでしょう。

ここで注意していただきたいのは、評価は処遇を決めるためだけに行うものではないということです。**図表2—12**のように「賞与評価」「昇給評価」と呼んで、「賞与評価」は賞与を決めるために賞与の直前

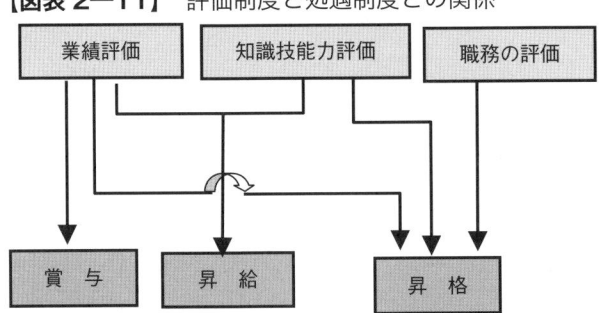

【図表2—11】 評価制度と処遇制度との関係

【図表2—12】 評価は処遇を決めるためだけに行うものではない

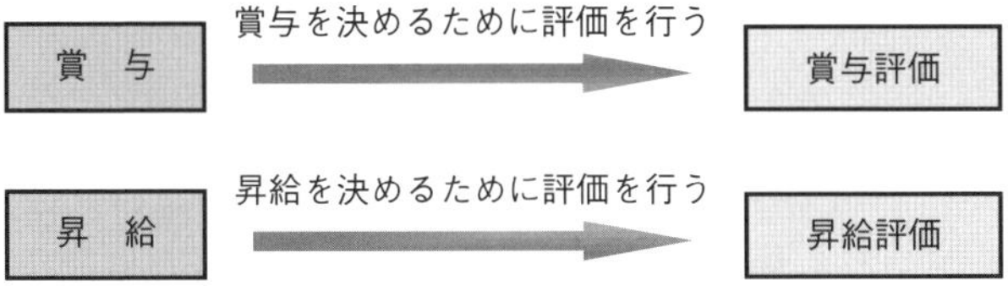

賞与 →(賞与を決めるために評価を行う)→ 賞与評価

昇給 →(昇給を決めるために評価を行う)→ 昇給評価

に行い、「昇給評価」は昇給を行うために昇給の直前に行う会社もあります。そうではなくて、**図表2—11**に示すように、評価は評価の理論と体系に基づいて整然と行い、これを処遇に反映させるには、処遇の性格を考えて、どの評価が適切かを選定すればよいのです。

（6） 役割能力要件は人事制度の核

　役割能力要件は、次ページ**図表2—13**に示すように人事制度の「核」になりますので、この役割能力要件を中心として各システムは機能しています。

　「個人目標」は「期待される役割」を意識しながら設定し、「必要とされる知識技能」を保有していなければ保有するように目標を設定します。また、「業績評価」は「期待される役割」をいかに果たしたかということですし、「知識技能力評価」は「必要とされる知識技能」をきちんと保有しているかどうかを評価することです。「職務の評価」は「本人の仕事がどのレベルにあるか」ということですので、「役割」と関係します。「能力開発システム」は「必要とされる知識技能」を保有させるためのシステムですので、「知識技能」が関係します。「昇格」は「業績評価」「知識技能力評価」「職務の評価」と関係します。また、「中途採用社員の格付け」も「期待される役割」「必要とされる知識技能」がどの段階であるかによって格付けされます。

　このように、各システムは役割能力要件を中心に回っていると見ることができます。

【図表 2―13】 役割能力要件と各システムとの関係

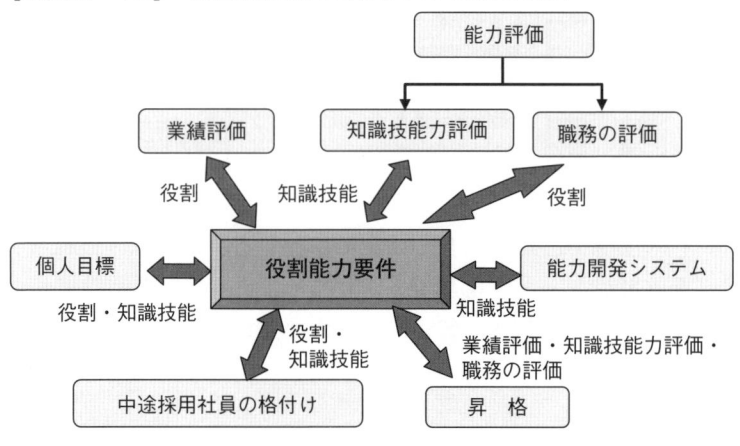

```
                            能力評価
                    ┌──────────┼──────────┐
              業績評価    知識技能力評価   職務の評価
                   ↑ 役割  ↑ 知識技能   ↑ 役割
                   │      │           │
     個人目標 ←→  役割能力要件  ←→ 能力開発システム
    役割・知識技能    ↓            知識技能
                   役割・        業績評価・知識技能力評価・
                   知識技能       職務の評価
           中途採用社員の格付け    昇　格
```

（7）　成果とは

　次に成果を明確にします。成果とは「やるべきこと」を「どれだけやったか」です。部門のやるべきことは「部門の目的」、個人のやるべきことは「期待される役割」です。したがって、「部門業績」は「部門の目的」をいかに果たしたか、「個人業績」は「期待される役割」をいかに果たしたかになります（**図表 2―14**）。

【図表 2―14】　「成果」「部門業績」「個人業績」とは

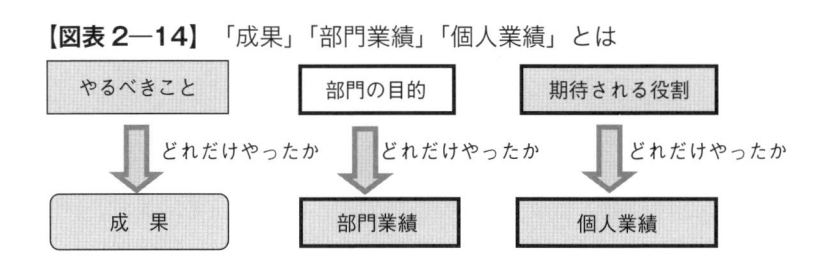

やるべきこと	部門の目的	期待される役割
↓どれだけやったか	↓どれだけやったか	↓どれだけやったか
成　果	部門業績	個人業績

　ちなみにここでは「成果」と言ったり「業績」と言ったりしていますが、本書では「成果」と「業績」は同じ意味で使っています。文脈によって使い分けており、「役割・能力・成果」という場合や、「成果

主義」という場合は「成果」を使っています。評価に関係する場合や、「部門」「個人」という言葉が付く場合は、業績評価、部門業績、個人業績と「業績」を使っています。

(8) 管理職の成果

例えば、管理職の成果を考えてみましょう。個人業績は「期待される役割をいかに果たしたか」ということであり、役割をどのように考えるかが重要になってきます。筆者は、管理職に期待される役割を**図表2—15**に示すように「部門業績責任者」「部門活性化推進者」の2つであると考えています。

【図表2—15】 管理職に期待される役割

```
      管理職に期待される役割
         ／        ＼
  部門業績責任者    部門活性化推進者
```

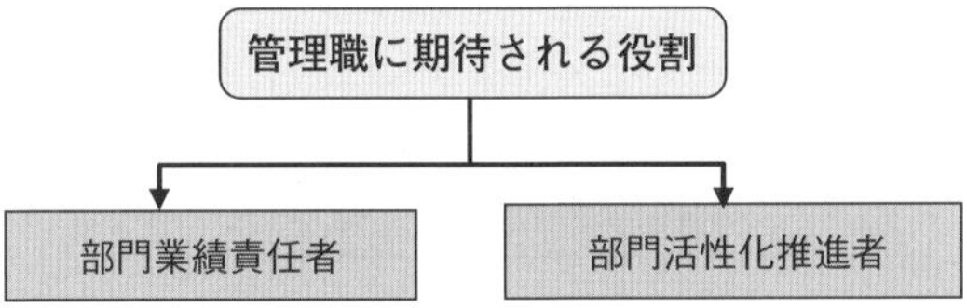

① 部門業績責任者

部門業績とは「部門の目的をいかに果たしたか」ですから、管理職はそれぞれに責任を与えられた部門の目的をきちんと果たすことが求められます。営業所長であれば、営業所の売上目標、利益目標を達成することが求められます。部門業績責任者としての役割を果たすということは、責任を与えられた部門の目的をきちんと果たすことに他なりません。求められる行動としては「リーダーシップ（明確な自分の意思に基づいて、的確な指示・説得で部下を動かし、部門に期待される業績を達成する）」と「サポート（部下に仕事を任せ、部下がやりたいことを支援しながら、部門に期待される業績を達成する）」です。

② 部門活性化推進者

　管理職の役割として「部門業績責任者」はわかりやすいのですが、「部門活性化推進者」というのはわかりづらいのではないかと思います。まず、部門活性化推進者という言葉の前半部分の「部門活性化」について考えてみることにします。「部門活性化」は一般的には「組織活性化」という言葉が使われており、部門も1つの組織と考えればそのような考えも成り立ちます。それでは「組織活性化」とはどういう状態をいうのでしょうか。

　筆者は、次の3つの状態になっていることが「組織が活性化している状態」といえるのではないかと考えています。「変化している」「やる気に満ち溢れている」「コミュニケーションが良い」の3つです（**図表2―16**）。

【図表2―16】　組織活性化している状態

組織が活性化している状態
変化している
やる気に満ち溢れている
コミュニケーションが良い

a　変化している

　企業および部門を取り囲む外部の環境は刻々と変化しています。変化のスピードに対応して企業および部門は自ら変化することの必要性を認識し、変化を実現していくことが求められています。そのため、活性化している組織の1つの特徴としては「変化している」ということになります。逆に「変化していない組織」は淀んでおり、不活性な組織であるといえます。いわゆる「ぬるま湯状態」がこれに当たります。

管理職は組織活性化を推進する者としての役割があります。「変化させる」ことを推進する行動としては、必要な情報を感度良く収集・分析し、問題を発掘して、課題形成を行い、的確で機会損失の少ない部門計画を策定し、実現していくことが求められます(**図表2—17**)。

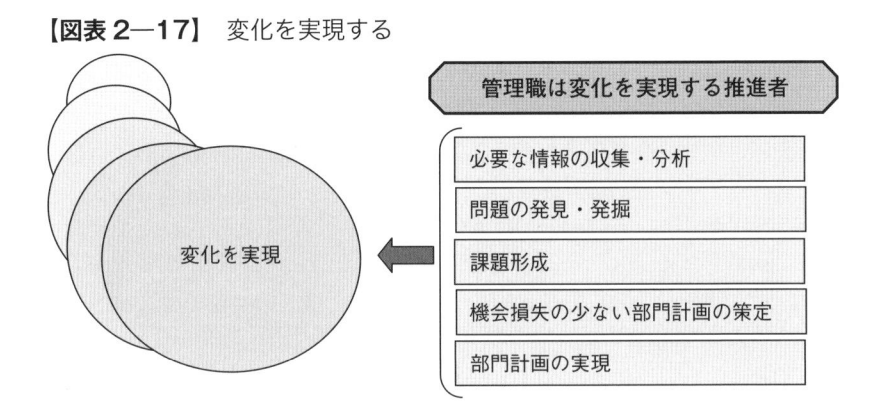

【図表2—17】 変化を実現する

管理職は変化を実現する推進者
- 必要な情報の収集・分析
- 問題の発見・発掘
- 課題形成
- 機会損失の少ない部門計画の策定
- 部門計画の実現

→ 変化を実現

b　やる気に満ち溢れている

　部門の構成員がやる気に満ち溢れている状態も「組織活性化」の1つの表れと見ることができます。活性化している組織はやる気に満ち溢れています。それでは「やる気」はどういうことで生じるのでしょうか。これはハーズバーグの「動機づけ要因」(次ページ 豆知識 1 参照)がそれに当たり、「職務の内容」「目標の達成」「達成の評価」などです。やる気が起こる要因としては、「自分が行ったことが公正に評価される」「自己実現の欲求を満たす」ということが挙げられます。

　まず、「自分が行ったことが公正に評価される」ことを実現するために、管理職が行う行為としては、「部下の評価を公正に行う」ということになります。

豆知識―1　動機づけ＝衛生理論―ハーズバーグの研究

　ハーズバーグは、組織が与えることのできるインセンティブには2種類のものがあることを主張した。第1は、それを与えても、人々は満足を高めないが、それが与えられなければ不満を感じるというインセンティブである。会社の方針と管理様式、監督者や同僚との関係、給与や物的な作業条件などがそれである。このようなインセンティブは衛生要因と呼ばれる。衛生要因をいくら改善しても、人々の満足は向上しない。
　第2は、それを与えられることによって、人々の満足が高まるようなインセンティブである。職務の内容、職務の達成、達成の評価などがこれにあたる。これらは動機づけ要因（モチベーター）と呼ばれる。人々の満足を高めるには、動機づけ要因を与えなければならないのである。この理論は、人々の欲求に質的な違いがあり、現在の社会では人々は低次の欲求を充足するインセンティブによっては満足しないということを主張したものであると解することもできる。
　　　　（参考：F. ハーズバーグ『仕事と人間性』東洋経済新報社）

豆知識―2　マズローの欲求5段階説

　「自己実現欲求」はマズローの欲求5段階説の一番上位に位置づけられる欲求である。
　アメリカの心理学者のマズローは、人間の欲求には5つの段階があり、低次の欲求が満たされると、またそれが満たされたときに限って、1段階上の欲求が出現するという。欲求階層説は実験や観察によって科学的に確かめられているわけではないが、人々に直感的にアピールするものを持っている。
　　5　自己実現欲求（self-actualization）
　　4　尊厳欲求（esteem）
　　3　愛情欲求（love）
　　2　安全欲求（safety）
　　1　生理的欲求（physiological）
　　　（参考：A. H. マズロー『人間性の心理学』産業能率大学出版部）

次に、「自己実現の欲求」（豆知識 2 参照）とは、マズローの欲求5段階説の一番上位に位置づけられている欲求です。それは自分が何をできるかを確かめ、その限界を広げ、自己を実現するという欲求です。つまり、自分のやりたい仕事ができる、それを達成する、そのことを通じて自分がもう一回り大きくなっているのが実感できる——このような自己実現を実感することがやる気につながる、というものです。

自己実現は、自分がもう一回り大きくなることを実感することであり、自分を高め、自分の能力を開発するということになります。「部下の自己実現の欲求を満たす」ことを実現するために管理職が行う行為としては、「部下の育成を行う」ということになります（**図表2―18**）。

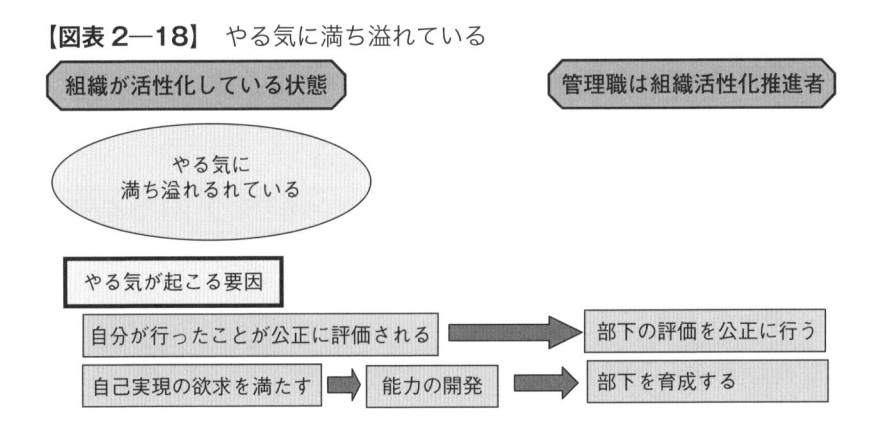

【図表2―18】 やる気に満ち溢れている

組織が活性化している状態		管理職は組織活性化推進者

やる気に満ち溢れている

やる気が起こる要因

自分が行ったことが公正に評価される	→	部下の評価を公正に行う
自己実現の欲求を満たす	→ 能力の開発 →	部下を育成する

c　コミュニケーションが良い

組織が活性化している現象として、最後に挙げられるのは「組織内のコミュニケーションが良い」ということです。トップに逆らえず、言いたいことが言えないようでは活性化している組織とはいえません。風通しが良く、何でも議論でき、自由闊達な組織風土になっていることが、活性化している組織であるといえます。

管理職は、対上司、対部下、対他部門といったコミュニケーションの結節点ですので、コミュニケーションを良くするという行動が求め

られます。その具体的行動としては、「適切な指示・連絡・会議」「部下・上司との円滑なコミュニケーション」「他部門との連携・調整」ということになります（**図表2—19**）。

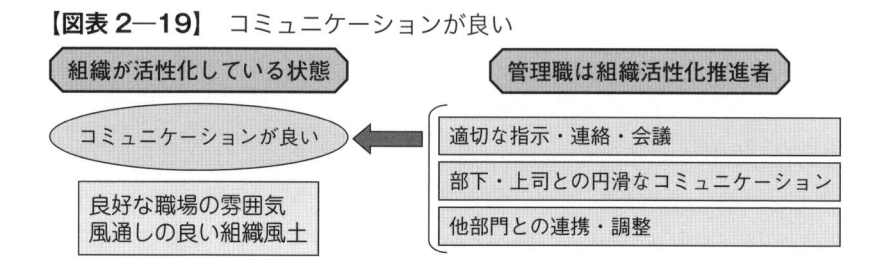

【図表2—19】 コミュニケーションが良い

組織が活性化している状態	管理職は組織活性化推進者
コミュニケーションが良い ←	適切な指示・連絡・会議
	部下・上司との円滑なコミュニケーション
良好な職場の雰囲気 風通しの良い組織風土	他部門との連携・調整

組織活性化推進者として管理職に期待される役割をまとめて示したのが**図表2—20**です。

【図表2—20】 組織活性化推進者としての役割

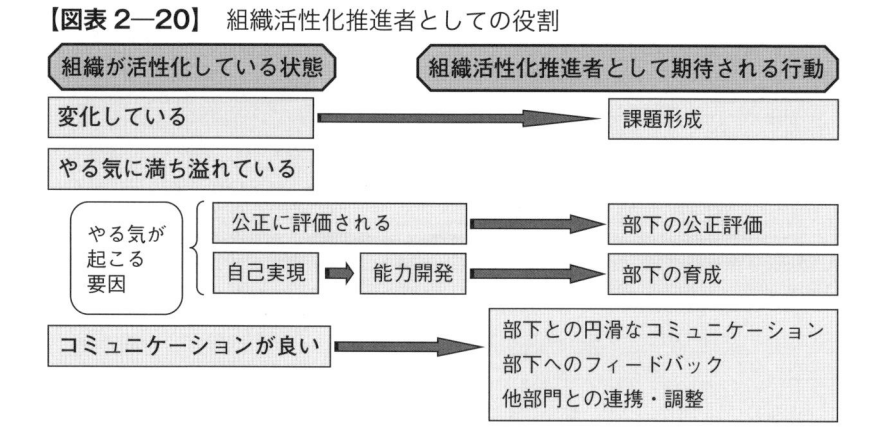

組織が活性化している状態	組織活性化推進者として期待される行動
変化している →	課題形成
やる気に満ち溢れている	
やる気が起こる要因 { 公正に評価される →	部下の公正評価
自己実現 → 能力開発 →	部下の育成
コミュニケーションが良い →	部下との円滑なコミュニケーション 部下へのフィードバック 他部門との連携・調整

③　管理職の成果をどう捉えるか

　管理職には部門業績責任者、部門活性化推進者の役割があり、これをきちんと果たしたかどうかが管理職の成果ということになります。管理職の成果は「部門業績」が中心となりますが、決してそれだけで

はありません。部門活性化の諸活動も管理職の成果ということができます（**図表 2—21**）。

【**図表 2—21**】 管理職の成果—1

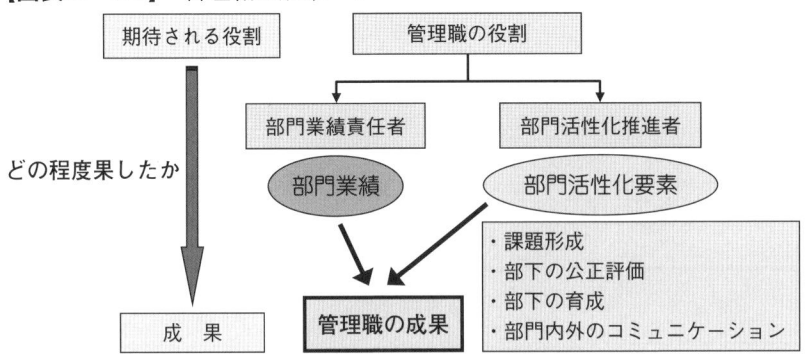

```
                        管理職の役割
       期待される役割        │
            │          ┌────┴────┐
            │      部門業績責任者  部門活性化推進者
            │          │          │
どの程度果したか         部門業績   部門活性化要素
            │          │          │        ・課題形成
            ▼          │          │        ・部下の公正評価
          成 果         └──→ 管理職の成果 ←──┤ ・部下の育成
                                              ・部門内外のコミュニケーション
```

ただ、管理職は部門の管理をしていればよいということはでなく、個人でも仕事を持っているのが通常です。プレイングマネジャーとして自ら担当を持ち、営業活動をしている場合もありますし、全社的な改善プロジェクトに参加している場合もあります。このような行動も本人の成果として把握する必要があります。つまり、個別の管理職の業績は**図表 2—22** に示すように、管理職としての成果と個人としての成果の 2 つを総合したものになります。

【**図表 2—22**】 管理職の成果—2

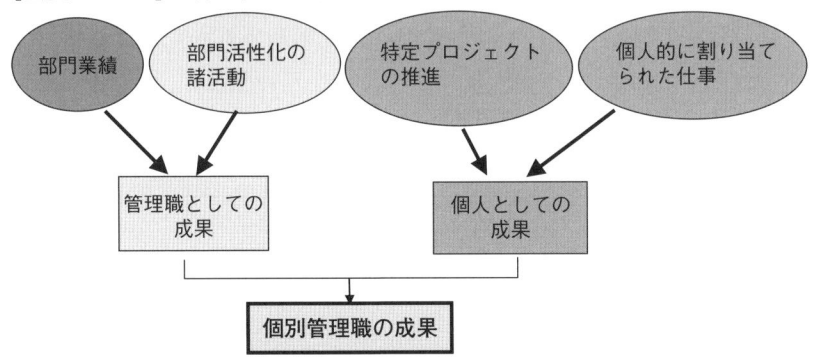

```
  部門業績   部門活性化の    特定プロジェクト  個人的に割り当て
             諸活動           の推進            られた仕事
     │         │                │                │
     └────┬────┘                └───────┬────────┘
          ▼                              ▼
    管理職としての                   個人としての
        成果                             成果
          └──────────────┬──────────────┘
                         ▼
                   個別管理職の成果
```

管理職の業績を業績評価項目に沿って捉えると、**図表2—23**の通りになります。部門業績責任者としての役割は、別途「部門業績評価制度」で評価された「部門業績」で捉えます。「管理職個人としての成果」である「特定プロジェクトの推進」「個人的に割り当てられた仕事」は、個人目標で捉えることになります。部門活性化要素の評価項目としては「人材育成」「人事管理」「組織運営」「課題形成」等があります。

【図表2—23】 管理職の成果（業績）—3

```
┌──────────┐  ┌──────────────────┐      ┌──────────┐
│部門業績責任者│  │特定プロジェクトの推進│      │部門活性化要素│
│          │  │個人的に割り当てられた仕事│    └──────────┘
└──────────┘  └──────────────────┘      ┌──────────────┐
┌──────────┐  ┌──────────────────┐      │人材育成、人事管理│
│  部門業績  │  │      個人目標     │      │組織運営 課題形成 等│
└──────────┘  └──────────────────┘      └──────────────┘
                        ↓
            ┌────────────────────┐
            │ 管理職の（個人）業績評価 │
            └────────────────────┘
```

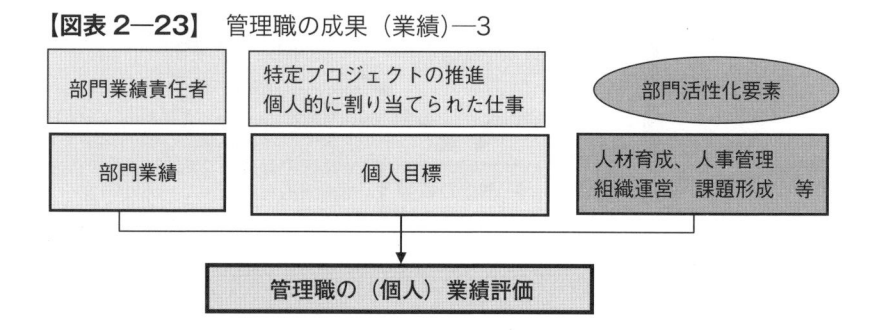

　図表2—24は、このようにして捉えた管理職の成果（業績）を評価する仕組みを業績評価項目とウェイトに展開したものです。

　世間一般で管理職の成果といえば、「部門業績」を指すのではないでしょうか。成果を「期待される役割をいかに果たしたか」と定義すれば、管理職に期待される役割には部門業績責任者としての役割だけでなく、部門活性化推進者としての役割があり、部門活性化推進者としての役割をしっかり果たすのも管理職の成果といえます。つまり、部下を育成すること、部下の人事評価をしっかり行うこと、コミュニケーションをとること、機会損失の少ない部門目標を策定することも管理職の成果といえます。

【図表2—24】 管理職の業績評価項目とウェイトの例

業績評価項目	ウェイト	業績評価項目の内容	
部門業績	50%	部門業績責任者としての役割を果たしたかを評価する項目	
個人目標	10%	プレイングマネジャーとしての役割をどの程度果たしたか、個人的に割り当てられた仕事や特定プロジェクトの推進をどの程度行ったかを評価する項目	
人材育成	10%	部門活性化推進者	部下の能力・適性をよく掌握し、部下の能力開発に実績を上げたかを評価する項目
人事管理	10%		仕事の割当、目標設定時の指導、観察記録等を的確に行い、部下の業績・能力を公正に評価したか、評価結果のフィードバックを的確に行ったかを評価する項目
組織運営	10%		適切な業務上の指示、部下とのコミュニケーション、他部門との連携・調整を行って円滑な部門運営を行い、部門を活性化させたかを評価する項目
課題形成	10%		会社および部門の運営、自分の業務について、常に問題意識を持って当たっているか、必要な情報は感度良く収集・分析しているか、問題を発掘し課題形成を積極的に行っているか、機会損失の少ない部門計画や提案を行っているかを評価する項目

（9） 一般社員の成果

　一般社員に期待される役割は、「個人に割り当てられた仕事の達成」「部門業績への貢献」「部門活性化への貢献」が挙げられます。本人に「期待される役割」は、ステージ・職掌ごとに「役割能力要件表」によって示されています。これを各評価項目との関連で示すと、**図表2―25**の通りになります。

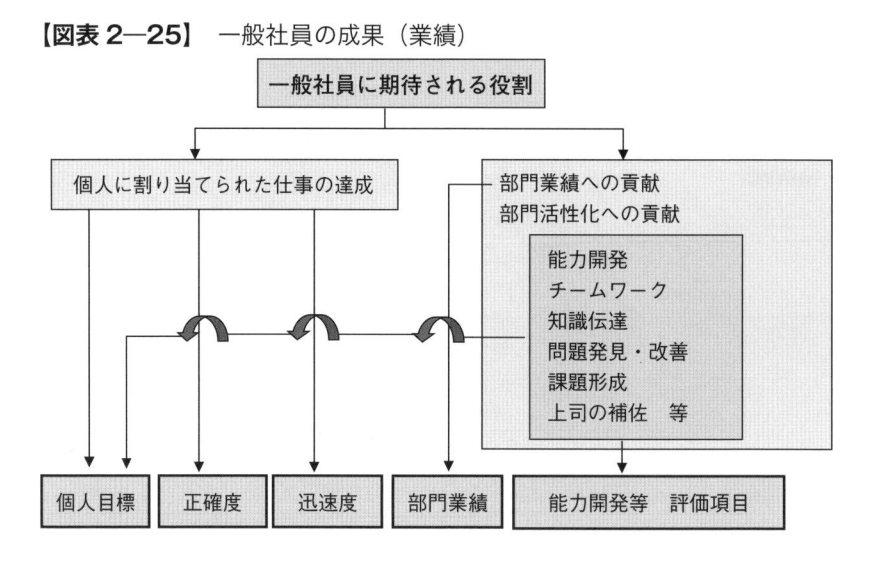

【図表2―25】 一般社員の成果（業績）

```
              一般社員に期待される役割
         ┌──────────┴──────────┐
 個人に割り当てられた仕事の達成      部門業績への貢献
                                     部門活性化への貢献
                                   ┌─────────────┐
                                   │ 能力開発      │
                                   │ チームワーク  │
                                   │ 知識伝達      │
                                   │ 問題発見・改善│
                                   │ 課題形成      │
                                   │ 上司の補佐 等 │
                                   └─────────────┘
  ↓       ↓       ↓         ↓          ↓
個人目標  正確度  迅速度   部門業績   能力開発等   評価項目
```

　個人に割り当てられた仕事の達成については、個人目標、正確度（本人に割り当てられた仕事をミスなく行ったか）、迅速度（本人に割り当てられた仕事はテキパキと行ったか）で評価します。また、部門業績への貢献は、部門業績評価制度によって評価された「部門業績」という評価項目で評価し、部門活性化への貢献は、「能力開発」「チームワーク」「知識伝達」「問題発見・改善」「課題形成」「上司の補佐」等の評価項目で評価します。これらは個人目標に展開することも可能です。

　例えば、ステージⅠの役割能力要件の「期待される役割（全職掌共

通）」が**図表2—26**の通りであったとします。成果（業績）とは「期待される役割」をどのくらい果たしたかですから、ステージⅠの「期待される役割（全職掌共通）」に対応して業績評価項目とウェイトを設定する必要があります。この関係を表したのが**図表2—27**です。「期待される役割（全職掌共通）」と業績評価項目がほぼ対応していることがわかると思います。

【図表2—26】 ステージⅠの役割能力要件の「期待される役割（全職掌共通）」

① 設定した個人目標を達成する
② 上長からの具体的指示および定められた業務手順に従い、定型業務を確実・迅速に遂行する
③ チームの一員として、円滑な人間関係を構築し、上司・同僚と協調・協働してチームワークに貢献する
④ 情報の共有と「報告・連絡・相談」を適時・適切に行う
⑤ 業務遂行に必要な基礎的知識・技能を修得する
⑥ 自己の職責を果たし、部門業績に貢献する
⑦ 社会的責任を自覚し、関係法令や就業規則他社内諸規程を遵守して職務を遂行する

【図表2—27】 ステージⅠの業績評価項目とウェイトの例

業績評価項目	ウェイト	業績評価項目に対応する「期待される役割（全職掌共通）」
個人目標	15%	① 設定した個人目標を達成する
部門業績	5%	⑥ 自己の職責を果たし部門業績に貢献する
正確度	30%	② 上長からの具体的指示および定められた業務手順に従い、定型業務を**確実**・迅速に遂行する
迅速度	20%	② 上長からの具体的指示および定められた業務手順に従い、定型業務を確実・**迅速**に遂行する
報告連絡相談	10%	④ 情報の共有と「報告・連絡・相談」を適時・適切に行う
チームワーク	10%	③ チームの一員として、円滑な人間関係を構築し、上司・同僚と協調・協働してチームワークに貢献する
能力開発	10%	⑤ 業務遂行に必要な基礎的知識・技能を修得する

※ 「⑦ 社会的責任を自覚し、関係法令や就業規則他社内諸規程を遵守して職務を遂行する」は、減点項目の「職場規律」で評価します。

3 評価システム

(1) 業績評価

　業績評価には部門の業績評価と個人の業績評価がありますが、単に業績評価と言う場合は、個人業績評価を指します。部門の場合は部門業績評価と頭に「部門」を付けます。

　個人の成果（個人業績）は、**図表2—28**に示すように「期待される役割」をいかに果たしたかと定義され、「期待される役割」は役割能力要件表に示されています。この関係は**図表2—29**に示す通りです。

【図表2—28】　個人の成果（個人の業績）

```
期待される役割
     ↓ いかに果たしたか
個人の成果（個人の業績）
```

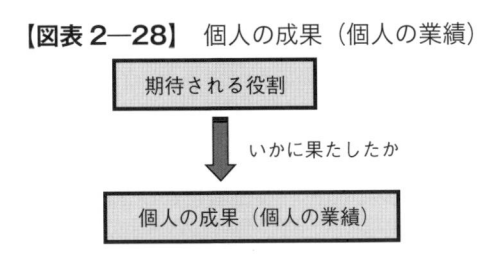

【図表2—29】　役割能力要件表と業績評価との関係

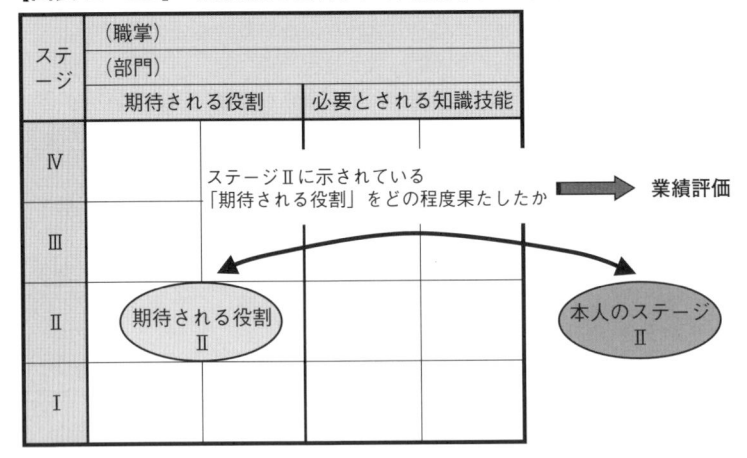

ステージ	（職掌）	
	（部門）	
	期待される役割	必要とされる知識技能
Ⅳ		
Ⅲ	ステージⅡに示されている「期待される役割」をどの程度果たしたか　→　業績評価	
Ⅱ	期待される役割Ⅱ	本人のステージⅡ
Ⅰ		

① 得意とするところで把握

　個人業績は、それを把握するのが得意とするツールで漏れなく把握します。**図表2―30**に示すように変化、前進、向上、改善、完成させるような特定業務、売上・利益等数値化できる業務は「個人目標」で、部門業績に関する業務は「部門業績」で、定常業務・基本業務・必須業務（※）は「役割期待」で把握するようにします。

【図表2―30】　仕事を特性に合わせて3つに分類し、その得意分野で業績を把握する

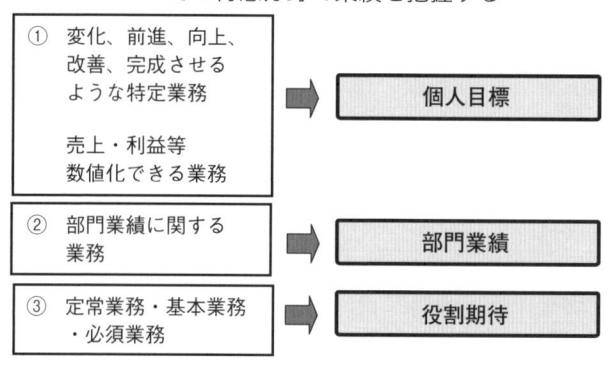

分類	→	把握ツール
① 変化、前進、向上、改善、完成させるような特定業務 売上・利益等数値化できる業務	→	個人目標
② 部門業績に関する業務	→	部門業績
③ 定常業務・基本業務・必須業務	→	役割期待

※　「定常業務」とは、日常繰り返し行う業務で「ルーチンワーク」と呼ばれている業務です。これはミスなくやってもらわなければならない重要な業務です。通常「正確度」「迅速度」「仕事の質と量」等の評価項目で評価されます。

　「基本業務」とは、仕事を行ううえで基本となる行動です。「チームワーク」「報告・連絡・相談」等がこれに当たります。

　「必須業務」とは、基本業務の上位に相当する業務です。管理職にとって必須の業務である「部下育成」「人事評価」等がこれに当たります。

② 業績評価項目とウェイト

　ステージ・職掌ごとに「期待される役割」は「役割能力要件表」に示されています。その「期待される役割」に基づいて業績評価項目を

選択し、重要度に従ってウェイト付けしたものが**図表2−31**に示す「業績評価項目とウェイト」の表です。

【図表2−31】 業績評価項目とウェイトの例

【基本項目】

ステージ	職掌	個人目標	部門業績	計	正確度	迅速度	顧客満足性	報告連絡相談	チームワーク	能力開発	達成志向性	知識伝達	課題形成	人材育成	人事管理	組織運営	計
Ⅴ Ⅵ	管理職	10	50	60									10	10	10	10	40
Ⅶ Ⅷ	専門職	40	20	60							10	20	10				40
Ⅳ	営業職	35	20	55	5	10			5		10	10	5				45
Ⅳ	事務職	30	20	50	5	10		5	5		10	10	5				50
Ⅳ	技術職	30	20	50	5	10		5	5		10	10	5				50
Ⅲ	営業職	30	15	45	5	10	10	5		5	10	10					55
Ⅲ	事務職	25	15	40	10	10	10	5		5	10	10					60
Ⅲ	技術職	25	15	40	10	10	10	5		5	10	10					60
Ⅱ	営業職	25	10	35	15	15	5	5	10	5	5	5					65
Ⅱ	事務職	20	10	30	20	15	5	5	5	5	5	5	5				70
Ⅱ	技術職	20	10	30	20	15	5	5	5	5	5	5	5				70
Ⅰ	営業職	15	5	20	30	20			10	10	10						80
Ⅰ	事務職	15	5	20	30	20			10	10	10						80
Ⅰ	技術職	15	5	20	30	20			10	10	10						80

【加点項目】

チャレンジ加点		A	B	C
	プロジェクト加点	10点	5点	3点
	パーソナル加点	10点	5点	3点
	エクセレント加点	10点	5点	3点

【減点項目】 職場規律

規律違反の程度	職場規律
他に悪影響を及ぼす等、重大な問題があり、再三の注意にも関わらず改まらなかった	−10点
軽微な問題があり、注意は受け入れるが、また再発する等して改まらなかった	−5点
特に問題なし	0点

【図表2—32】 役割期待評価項目の例

役割期待 評価項目	定　義
正確度	本人に与えられた職務を遂行し、その結果は正確で、ミスがなく、出来映えも期待通りであり、信頼が置けたかを評価する項目
迅速度	テキパキと仕事をこなし、準備手筈、段取りが期待通りであるか等、仕事の能率を評価する項目
顧客満足性	社内外の顧客に明るく対応して好印象を与えており、またそれらの人々のニーズを的確に把握し、質の高いサービス（顧客の期待を上回るサービス、提案、素早いリアクション等）を提供して、顧客の満足を得ていたかを評価する項目
報告連絡相談	指示事項の結果報告は適時、適切に行われていたか、業務上の連絡は適時、適切に行われていたか、適時の相談があったかを評価する項目
チームワーク	円滑な人間関係をベースに、上司・同僚と協調・協働し、仕事の隙間を埋めたり、他のメンバーを助けたり、カバーしたりして、組織の構成員として組織業績達成に積極的に貢献しているかを評価する項目
能力開発	職務関連知識・技能の開発を自主的に行い、これを自らの仕事に生かし、職務拡充したかを評価する項目
達成志向性	個人目標の設定において、チャレンジングな目標を設定し、それを最終的に達成するまで諦めずに粘り強く取り組み、様々な方法を駆使して質的あるいは量的に目標以上の成果を目指して取り組んでいるかを評価する項目
知識伝達	自ら得た知識・技能を自分だけのものとしまい込んでしまわないで、積極的に部門内外の者に伝達し、組織全体の知識蓄積・知識向上に貢献したかを評価する項目
リーダーシップ	率先して業務を遂行し、部下への仕事の割当、仕事の指示、他部門との調整、スケジュール管理を的確に行い、会社の方針や部門の目標を、部下を動かして実現しているかを評価する項目
上司の補佐	所属部門の運営に関して、上司と協調・協働し、部門業績達成、部門活性化に向けて、積極的に上司の補佐をしていたかを評価する項目
課題形成	会社および部門の運営、自分の業務について、常に問題意識・当事者意識を持って当たり、問題を発見・発掘しているか、必要な情報は感度良く収集・分析しているか、機会損失のない部門計画や提案を行っているかを評価する項目
人材育成	部下の能力・適性をよく掌握し、部下の能力開発に実績を上げたかを評価する項目
人事管理	目標設定時の指導、観察記録等を的確に行い、部下の業績・能力を公正に評価したか、評価結果のフィードバックを的確に行ったかを評価する項目
組織運営	適切な指示・連絡・会議、部下・上司とのコミュニケーション、他部門との連携・調整を行って、円滑な組織運営を行ったかを評価する項目

③ 役割期待評価

a 役割期待評価項目

役割期待評価項目は、会社で独自に設定すればよいのですが、代表的なものは前ページ**図表2—32**に示す通りです。

b 役割期待評価項目の評価基準

役割期待評価項目の評価基準は、**図表2—33**に示す通りです。評価基準は評価項目の定義（意味）と評価の段階から成り立っています。

評価項目の定義（意味）は、会社の経営理念や社員に期待する行動指針に基づいて、よく吟味して作成することが肝要です。

評価の段階は5段階とし、「5」を期待水準とする絶対評価で行います。

【図表2—33】 役割期待評価項目　評価基準の例

チームワーク	円滑な人間関係をベースに、上司・同僚と協調・協働し、仕事の隙間を埋めたり、他のメンバーを助けたり、カバーしたりして、組織の構成員として組織業績達成に積極的に貢献しているかを評価する項目
5	まったく期待通りで、申し分なかった
4	ほぼ期待通りであった
3	期待通りとはいえないが、業務に支障を来すことはなかった
2	期待通りでないことが時々あり、業務に支障を来すことがあった
1	期待からはほど遠く、しばしば業務に支障を来した

（評価項目の定義（意味）／評価の段階）

c 役割期待評価項目の評価用紙

役割期待評価項目の評価用紙は、**別紙—5**（388ページ参照）業績評価表（役割期待シート）に示す通りです。**図表2—34**に示す通り、「業績評価表（役割期待シート）」を介して「やることの確認」「やっていることの確認」「やったことの確認」を行い、評価者と被評価者の協

働を重視します。

【図表2—34】 業績評価表（役割期待シート）を介しての評価者と被評価者の協働を重視する

```
企業組織 | 評価者 |        評価者と被評価者の協働
                                やることの確認
                                    ↕ 協働
           狭義の評価
                    フィードバック ↔ 業績評価表
                         協働    （役割期待シート）
                                協働         協働
  処遇 ← 評価
        （狭義）   やったことの確認    やっていることの確認

                        評価のプロセス

                        広義の評価
```

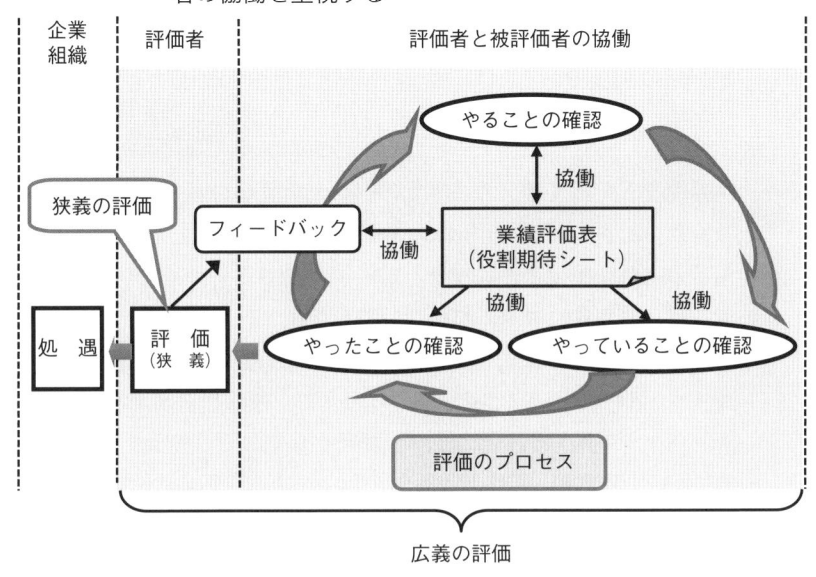

　図表2—34をよく見ると、現在一般的に行われている評価と少し異なっていることに気づかれると思います。現在一般的に行われている評価は、評価者が評価して処遇に反映させるというものです。これを「狭義の評価」と呼んでいます。評価は納得性が重要ですので、納得性を高めるためには、評価を狭く捉えるのではなく、もっと広く捉えることが必要です。「やることの確認」「やっていることの確認」「やったことの確認」「フィードバック」といったPDCAを回す部分も評価と捉えることが必要です。このPDCAを回す部分を「評価のプロセス」と呼びます。この「評価のプロセス」では評価を受ける人、つまり、被評価者は評価の当事者になります。「評価のプロセス」での「評価者と被評価者の協働」が重要ということです。「評価者と被評価者の協働」を担うものが「業績評価表（役割期待シート）」というわけです。

実は、個人目標では、この「評価のプロセス」での「評価者と被評価者の協働」は行われているのです。役割期待評価も個人目標と同じように行うということです。それは「見える化」を通じて「評価の納得性向上」を図るためです。

Q&A ― ❸

Q 「評価を広く捉える」や「評価のプロセスでの評価者と被評価者の協働」などは、これまであまり聞いたことのない言葉であり、考え方のように感じます。現在一般的に行われている評価に対する考え方と大分違うように思われるのですが…。

A 「評価を広く捉える」「評価のプロセスでの評価者と被評価者の協働」は、これまでにない新しい評価観です。被評価者研修（359～364ページ参照）の箇所にも説明がありますのでご参照ください。ちなみに旧評価観（現在、ほとんどの人が持っている評価観）と新評価観を対比させると次の通りになります。詳しくは拙著『評価者になったら読む本　改訂増補版』（日本生産性本部）、『被評価者のための評価の基礎知識』（日本生産性本部）をご参照ください。

項　目	旧評価観	新評価観
評価は何のために行うのか	処遇を決めるため	処遇を決めるためということに加え、評価にはパワーがあることを認識し、これを生かす
被評価者の意識	被評価者は「評価は受けるもの」という意識	被評価者は「評価のプロセスを評価者と協働して評価を作り上げるもの」という意識
評価の定義	［狭義の評価］ 評価者の行う評価に限定	［広義の評価］ 評価のプロセスを含める
被評価者に評価の知識は必要か	被評価者には人事評価の知識は必要ない	被評価者にも人事評価の知識は必要である

d　役割期待評価項目の運用

評価のプロセスにおける評価者と被評価者の協働の具体的行動は、**図表2—35**に示す通りです。

【図表2—35】 役割期待シートを介しての評価のプロセスでの協働

評価の プロセス	行　動	具体的行動
やることの 確認	役割期待評価項目の 意味の確認	役割期待評価項目の定義（意味）には、期待するところが表示されている。これを評価者・被評価者が確認する
	特に期待するところ を伝える	当該役割期待評価項目の中で特に期待する点を役割期待シートの「上司が期待すること」に記入し、被評価者に伝える
	周辺情報の交換	被評価者が仕事を進めるうえで必要となる情報の伝達、被評価者の希望・意見の聴取を行う
	合　意	やることの確認を合意したら役割期待シートの「本人確認」欄にサインする
やっている ことの確認	役割期待評価項目ご とに遂行状況を確認	被評価者は役割期待シートの「中間時進捗状況」欄に遂行状況を記入し、評価者が確認する
	特に期待するところ の遂行状況確認	特に期待するところについても遂行状況を確認する
	周辺情報の交換	被評価者が仕事を進めるうえで必要となる情報の伝達、被評価者の希望・意見の聴取を行う
やったこと の確認	役割期待評価項目ご とに遂行結果を確認	被評価者は役割期待シートの「結果」欄に遂行結果を記入し、評価者が確認する
	特に期待するところ の遂行結果を確認	特に期待するところについても遂行結果を確認する
	被評価者の自己評価	被評価者は役割期待評価基準に基づいて役割期待シートの「自己評価」欄に5段階で自己評価を行い、記入する
フィード バック	役割期待評価項目の 評価結果を確認	一次評価者は被評価者に対して役割期待評価項目の評価結果を伝え、確認する
	次期に期待する点を 確認	一次評価者は被評価者に対して次期に期待する点を伝え、確認する

e 役割期待評価項目の評価

　役割期待評価は、**図表２—36**に示すように仕事全体の中で、評価項目の定義（意味）に関連する行動・結果をその評価項目で評価します。「上司が特に期待するところ」は、評価項目の定義（意味）に関連する行動・結果の中にあり、二重構造になっています。それでは、評価はどのように行えばよいかというと、「上司が特に期待するところ」だけで評価するのではないということです。あくまで当該評価項目の定義（意味）に従って評価し、「上司が特に期待するところ」は、その中でも重点を置いて評価するということです。ここが個人目標と異なるところです。個人目標は、**図表２—37**に示すように本人の仕事の中の特定部分を目標にしたもので、その評価は、目標としたところについてその達成度を評価するものです。

④　加点・減点

　業績評価は、本人の行動や成し遂げたことを漏れなく把握する必要があります。業績評価で把握しきれないところを加点・減点で補います。

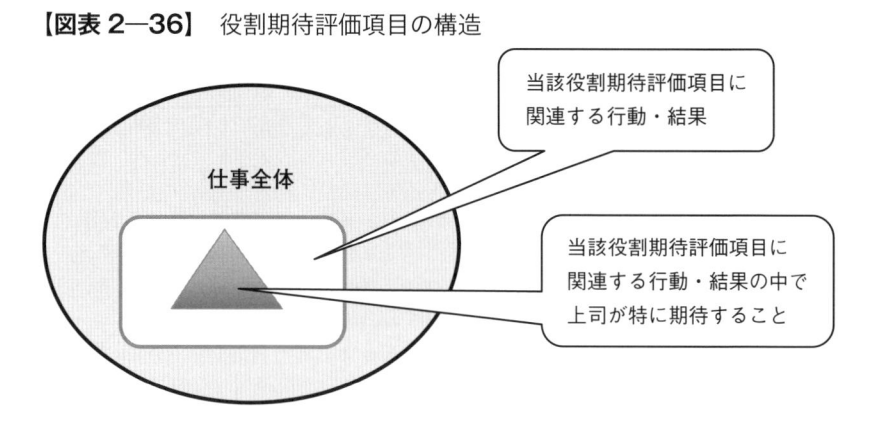

【図表２—36】　役割期待評価項目の構造

- 仕事全体
- 当該役割期待評価項目に関連する行動・結果
- 当該役割期待評価項目に関連する行動・結果の中で上司が特に期待すること

a 加 点

　上司が参加していないプロジェクトで高い貢献をした、目標に掲げていること以外で高い貢献をした、特許、著作、講演で高い貢献をした、営業で売上目標・利益目標を大幅に上回って達成した等は、通常の業績評価ではなかなか把握しづらいものです。これらについても目標に設定して評価すればよいではないかと思われますが、目標に設定してしまうと、達成しなければ達成率が低くなり減点となります。やることが義務ではなく、何もないのが当たり前であるが、やったら評価されるべきという項目については加点式にしたほうがよいのです。チャレンジ加点はこのような考えに基づいています。チャレンジ加点については、項を改めて詳しく説明します（(4) チャレンジ加点（99〜104ページ）参照）。

b 減 点

　職場規律は社員に守ってもらわなければならないもので、守るのが当たり前です。守ったことに対して「期待通り」として「5」と評価するのは、少し違和感があります。ある会社では、職場規律の評価は「3」までで「4」「5」は付けないとしていました。これも少し不自然でしょう。

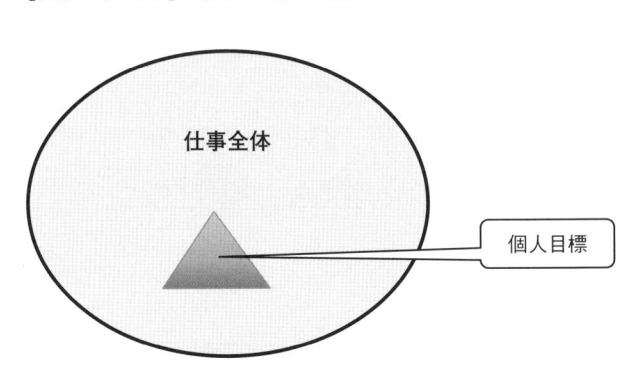

【図表 2—37】　個人目標の構造

むしろ守って当たり前であるため、何も評価せず、守らなければ減点とするほうが、この種の評価項目にはピッタリくるでしょう。
　職場規律を減点とする場合は、**図表2—38**のような評価基準とします。

【図表2—38】 減点項目　職場規律

規律違反の程度	職場規律
他に悪影響を及ぼす等、重大な問題があり、再三の注意にも関わらず改まらなかった	−10点
軽微な問題があり、注意は受け入れるが、また再発する等して改まらなかった	−5点
特に問題なし	0点

　そして職場規律で守るものを**図表2—39**のように定めておきます。

【図表2—39】　職場規律で守るべき点

項　目	具体的内容
出退勤	欠勤、遅刻、早退
連絡・届出	欠勤・遅刻・早退・有給休暇・私用外出等の連絡・届出
身だしなみ	制服着用、制服洗濯、化粧、装飾品　等
時　間	集合時間、休憩時間　等
挨　拶	朝の挨拶、帰りの挨拶、外来者への挨拶
言葉づかい	上司・先輩・後輩・顧客に対する正しい言葉づかい
整理・整頓・清掃	職場の整理・整頓・清掃
公私混同	事務消耗品、私用電話　職場設備（車両、パソコン、コピー等）の無断借用
執務中の私語・喫煙・飲酒	執務中の私語、喫煙場所以外での喫煙、執務中の飲酒
その他	その他、就業規則の制裁条項を参照のこと

⑤ 業績評価得点の計算

業績評価得点は次のように計算します。業績評価項目とウェイトが68ページ**図表2―31**のように設定されている会社であった場合の実際の計算例は**図表2―40**に示す通りです。

【図表2―40】 業績評価得点　計算方法の例　ステージⅠの場合

《基本項目》

評価項目		ウェイト	評　価	計算方法	評価得点
個人目標		15	80	$15 \times \dfrac{80}{100}$	12
部門業績		5	76	$5 \times \dfrac{76}{100}$	3.8
役割期待	正確度	30	4	$30 \times \dfrac{4}{5}$	24
	迅速度	20	3	$20 \times \dfrac{3}{5}$	12
	報告連絡相談	10	5	$10 \times \dfrac{5}{5}$	10
	チームワーク	10	3	$10 \times \dfrac{3}{5}$	6
	能力開発	10	4	$10 \times \dfrac{4}{5}$	8
計		100			75.8

《加点項目》　　　　　　　　　《減点項目》
チャレンジ加点　　10点　　　　職場規律　　0点

《業績評価得点》
　《業績評価得点》《基本項目》《加点項目》《減点項目》
　　　85.8点　＝　75.8点　＋　10点　－　0点

a　個人目標・部門業績

$$\text{業績評価項目別ウェイト} \times \frac{\text{個人目標得点・部門業績得点}}{100}$$

b 役割期待評価項目

$$業績評価項目別ウェイト \times \frac{役割期待評価項目別の評価結果}{5}$$

c チャレンジ加点

チャレンジ加点の点数をそのまま加算する。

d 職場規律

職場規律の減点の点数をそのまま減算する。

e 業績評価得点の計算

$$業績評価得点＝個人目標・部門業績得点＋役割期待評価項目得点\\＋チャレンジ加点得点－職場規律減点$$

⑥ 評価期間

業績評価の期間は半年単位にします。これは賞与が半年ごとに支給されるのに対応させています。また、評価期間は決算期に合わせて設定します。これは経営計画が決算期単位で策定され、部門業績・個人目標がこれに連動しているためです。

図表2—41に示すように3月期決算の会社であれば上期（4月～9月）の業績評価結果は冬の賞与に反映させ、下期（10月～3月）の業績評価結果は夏の賞与に反映させます。昇格、昇給を4月に行う場合は、年度業績評価得点は下期・上期の業績評価得点の平均とし、9月末時点で能力評価（能力評価については104～116ページ参照）を行うようにすれば、半年の作業期間があるため十分余裕を持って運用することができます。

【図表2—41】 評価と処遇の関係（下期、上期タイプ）

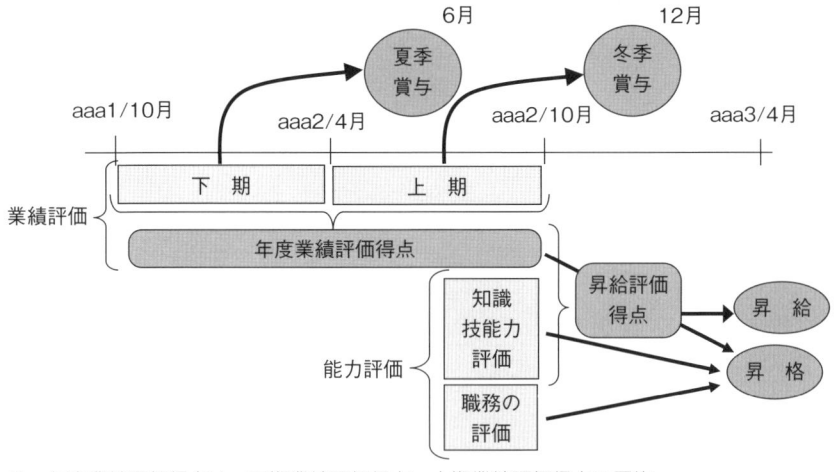

※ 年度業績評価得点は、下期業績評価得点・上期業績評価得点の平均です。
※ 昇給評価得点は、年度業績評価得点80％、知識技能力評価得点20％の割合で算出する。

【図表2—42】 評価と処遇の関係（上期、下期タイプ）

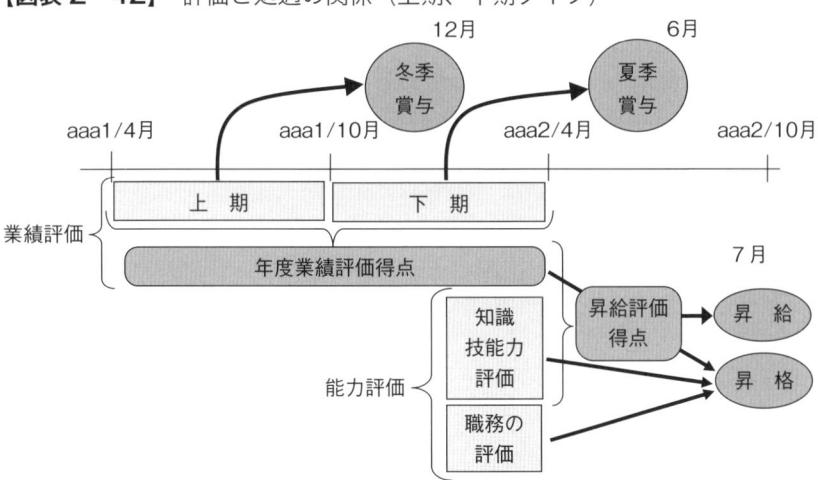

年度業績評価得点を上期・下期の業績評価得点の平均とする場合は、**図表2—42**に示すように3月末時点で能力評価を行うことにし、昇

格・昇給は7月にします。

⑦ 一次評価・二次評価

評価は、指示・報告の関係にある直属の上司（一次評価者）が行うのが最適ですが、それでも次のようなリスクがあります。

a　直属上司（一次評価者）の性格、甘辛

厳格な性格で辛い評価をする者か、部下に迎合して甘い評価をするタイプなのか、評価を軽んじていい加減な評価をする者なのか、評価者が一次評価者だけであれば、そのような一次評価者の評価が最終決定になってしまいます。

b　直属上司（一次評価者）の評価能力

評価基準をしっかり理解しているか、期初のやることの確認でしっかり期待を伝えているか、観察記録を付けて事実に基づいて評価しているか、部下の話をよく聴き、コミュニケーションはしっかり取っているか、「職務行動の選択」「評価項目の選択」「評価段階の選択」の評価の進め方に沿って評価を行っているか、評価で陥りやすいエラーに陥っていないか等、評価者の評価能力によって評価が歪むこともあり、これが是正できずに最終評価になる恐れがあります。

c　直属上司（一次評価者）と本人の人間関係

直属上司と本人の人間関係が極端に悪い場合、極端に悪い評価になってしまう恐れがあります。部下は「この上司の下にいる限り浮かばれない」と考え、モチベーションが低下します。

これらを是正するために二段階評価制を取り入れている会社もあります。中には三段階、四段階の会社もあります。二段階で評価を行う場合、二次評価者の評価を最終評価とする会社が多く見られます。一次評価者が5段階評価の「4」、二次評価者の評価が「3」とした場合、二次評価者の評価「3」が採用されるわけです。このように、一次、二

次の評価が異なる場合は、意見交換を十分に行い、一次評価者が納得することが重要です。フィードバックは一次評価者が行いますので、一次評価者が納得していなければ納得的なフィードバックができません。「自分は"4"と評価したのだが、上が"3"と評価したんだ。ごめんね」ではフィードバックにならないからです。

【図表2—43】 二次評価制

```
                              ┌─────────┐
                              │ 二次評価者 │  上位職位者
                              └─────────┘   最終評価
       ┌─────────┐                │
       │ 一次評価者 │  直属上司      │ 評価
       └─────────┘                │
           │ 評価                 ▼
           └──────────→ ( 被評価者 )
```

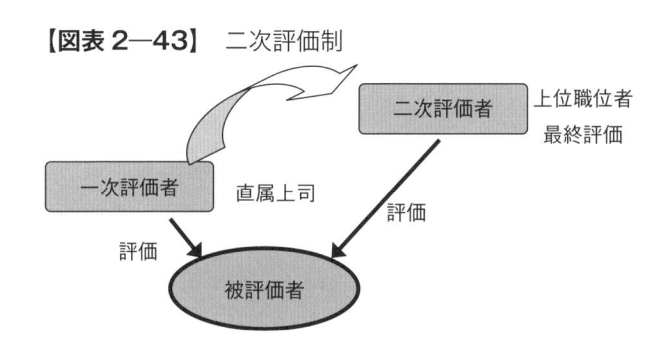

図表2—44に示すように一次評価者は直属の上司、二次評価者はその上位管理職とし、二次評価者の評価をもって最終評価とします。一次評価者が本人の仕事を一番よく見ており、目標設定面接、フィードバックも一次評価者が行うため、一次評価者の評価能力アップが鍵となります。

【図表2—44】 二次評価制の例

一次評価者	原則としてステージⅤ以上の直属上司
二次評価者	一次評価者以上の上位職位者

※ 二次評価者の評価をもって最終評価とする。

二次評価者には、一次評価者の甘辛、偏向を正すだけでなく、評価を通じて一次評価者を育成するという役割もあります。
この二次評価制は業績評価だけでなく、個人目標評価、能力評価にも適用します。

(2) 個人目標

① 目標管理の強み

目標管理は今日多くの企業で取り入れられています。目標管理には長所があるから多くの会社で取り入れられているわけですが、目標管理の強みは**図表2—45**に示す通りです。

【図表2—45】　「目標管理」の強み

> ①　組織の満足と個人の満足の同時達成
> ②　見える化
> ③　会社の価値観・経営目標の浸透
> ④　個人の役割の明確化
> ⑤　自分で考える姿勢が身につく
> ⑥　仕事の焦点化

a　組織の満足と個人の満足の同時達成

目標管理のルーツは、ドラッカーの著書『現代の経営』の中の「目標による管理（Management By Objectives And Self-Control）」にあります。そこで述べられている考え方を整理して表すと、**図表2—46**の通りとなります。

目標管理が実現しようとしているところは、組織の満足と個人の満足の両方を同時に達成することです。これは、目標管理の最大の狙いであると同時に強みといえます。個人の満足は、自分の可能性を実現したいという自己実現と深く関係します。この組織の満足と個人の満足の同時達成は、誰かの要望に基づくものではなく、自分自身が行動を起こさなければならないと決定した内発的動機づけによって実現します。

内発的動機づけを促す仕組みが、目標設定とセルフコントロールによるマネジメントです。その場合、目標は上位組織の業績達成に貢献するようなものであり、組織の中での自分の役割を考えて自分の意思

【図表2―46】「目標管理」の経営哲学

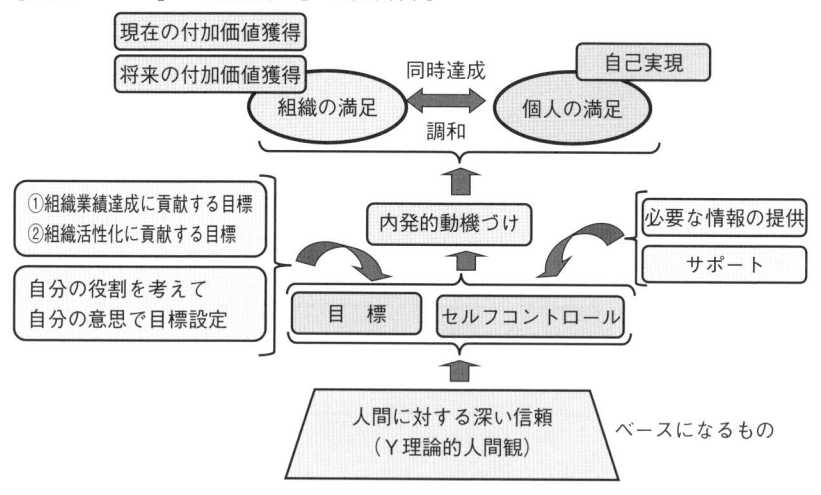

```
現在の付加価値獲得
将来の付加価値獲得        同時達成        自己実現
         組織の満足  ⇔  個人の満足
                  調和
                    ↑
①組織業績達成に貢献する目標            必要な情報の提供
②組織活性化に貢献する目標   内発的動機づけ   サポート

自分の役割を考えて       目 標  セルフコントロール
自分の意思で目標設定
                    ↑
            人間に対する深い信頼    ベースになるもの
            （Y理論的人間観）
```

で設定することが必要です。また、目標は、具体的な成果となって表れる業績目標と人材育成や問題発見等の組織活性化目標の2つが含まれるものにする必要があります。

　目標達成にあたっては、自律した自由な人間のセルフコントロールに任せることが必要です。自分の意思による目標設定と、セルフコントロールをスムーズに行わせるための必要な情報の提供が必要です。

　このベースには、「人間に対する深い信頼とY理論的人間観」があります。次ページ**図表2―47**は、「目標による管理」と対極にある考え方を示しています。ベースにある考えは、アメとムチでなければ働かないとする人間観、いわば「X理論的人間観」です。組織業績達成が主目的であり、これを効率的に達成するための手法が、命令による他者統制、アメとムチという外発的動機づけです。そこには個人の満足を達成しようという考えは見られません。

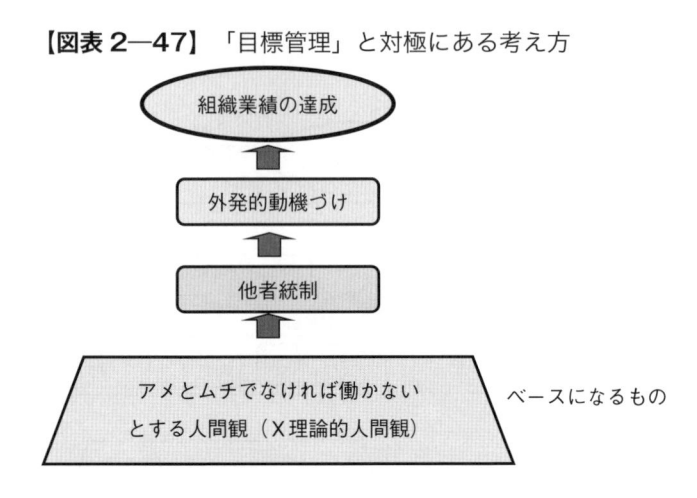

【図表２—47】　「目標管理」と対極にある考え方

```
        ┌──────────────┐
        │  組織業績の達成  │
        └──────────────┘
                ▲
        ┌──────────────┐
        │  外発的動機づけ  │
        └──────────────┘
                ▲
        ┌──────────────┐
        │   他者統制    │
        └──────────────┘
                ▲
     ╱────────────────────╲
    ╱  アメとムチでなければ働かない  ╲   ベースになるもの
    ╲  とする人間観（X理論的人間観） ╱
     ╲────────────────────╱
```

b　見える化

　次に、目標管理の強みとして挙げることができるものは「見える化」です。目標管理は目標設定、目標遂行、目標評価のステップで行われますが、個人目標シートを使用して、上司・部下がそのステップごとに確認し合いながら進めていきます。目標設定においては、上司が部門目標と本人に期待するところを示し、本人はこれらをよく理解しながら自分の意思で目標を設定します。目標設定ができたら上司に提出し、上司はこれをチェックします。そして、目標設定面接で意見の交換を行い、目標について合意を得るようにします。期中は個人目標シートに基づき進捗状況を確認し合い、期末になれば達成状況を本人が自己評価し、次に上司が評価します。そして、目標振り返り面接を行って達成できなかったところ、その理由・背景を確認し、次の対応策を考えます。

　このように、目標管理は上司・部下が個人目標シートを介して「見える」状態にあります。つまり、目標管理の中に「見える化」がその仕組みとして組み込まれているといえます。これは目標管理の大きな強みとして挙げることができます。また、上司・部下がそのステップ

豆知識—3　マグレガーのX理論、Y理論

　マグレガーは、管理者が人間について持っている日常的な理論には2種類のものがあると主張した。
「1つは、X理論で、次のような前提から成り立っている。
① 人間は生来仕事が嫌いで、なろうことなら仕事はしたくないと思っている。
② 人間は、強制されたり、統制されたり、命令されたり、処罰するぞと脅されたりしなければ十分な力を出さない。
③ 人間は命令されるほうが好きで、責任を回避したがり、あまり野心を持たず、何よりもまず安全を望んでいる。

　もう1つは、Y理論で、次のような前提から成り立っている。
① 仕事で心身を使うのは当たり前のことであり、遊びや休憩の場合と変わりはない。
② 人は進んで身を委ねた目標のためには自ら自分にムチ打って働く。
③ 献身的に目標達成に尽くすかどうかは、それを達成して得る報酬次第である。
④ 人は、条件次第では責任を引き受けるばかりか、自ら進んで責任を取ろうとする。
⑤ 企業の問題を解決しようと、比較的高度の創造力を駆使し、手練を尽くし、創意工夫をこらす能力は大抵の人に備わっている。
⑥ 現代の企業においては、日常、社員の知的能力はほんの一部しか活かされていない。」
　マグレガーは、現代の社会では、Y理論の下にマネジメントを行うべきであると主張している。
　　（参考：D. マグレガー『企業の人間的側面』産業能率大学出版部）

ごとに確認し合いながら進めていく過程でコミュニケーションが促進されるというメリットもあります。

【図表2—48】 見える化

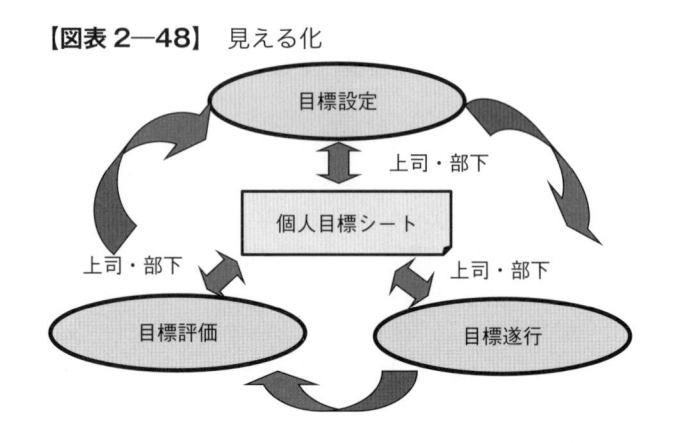

```
        目標設定
     ↗    ↕    ↘
  上司・部下   上司・部下
           個人目標シート
     ↑              ↑
  上司・部下      上司・部下
   目標評価  →  目標遂行
```

c　会社の価値観・経営目標の浸透

　個人目標は、部門目標に沿って設定するとされており、部門目標は、会社の経営理念、価値観、経営目標とつながっています。このような目標連鎖を通じて会社の経営理念、価値観、経営目標の個人への浸透を図ることができます。

d　個人の役割の明確化

　個人目標は、部門目標を達成するために自分にはどのような役割が期待されているかを考えて設定します。まず、部門ミーティングを開いて部門目標分担マトリックス表（410ページ**別紙—29**）で個人の分担を決めます。そして、役割能力要件表（380～384ページ**別表—1～別表—7**）の自分のステージ・職掌に期待される役割を確認しながら個人目標を設定します。このような目標管理のプロセスを通じて個人の役割の明確化が進みます。

e　自分で考える姿勢が身につく

　目標というのは、設定する過程で自ら考えることが重要です。自分に期待される役割、自分の仕事の問題点、自分が真にやりたいこと、自分の能力開発、自分のキャリア開発等を考えて設定します。考える

ことが業務改善、業績向上、自分の能力向上につながります。目標管理は考える習慣を社員に植えつけるのです。

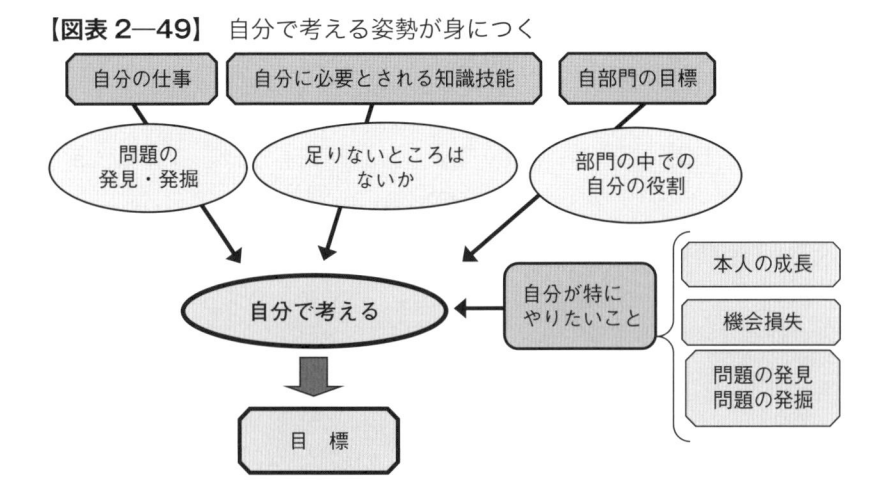

【図表 2―49】 自分で考える姿勢が身につく

```
┌─────────┐  ┌──────────────┐  ┌─────────┐
│ 自分の仕事 │  │自分に必要とされる知識技能│  │自部門の目標│
└─────────┘  └──────────────┘  └─────────┘
     │              │                │
   ╱問題の╲        ╱足りないところは╲  ╱部門の中での╲
  │発見・発掘│      │ないか        │  │自分の役割  │
   ╲     ╱        ╲             ╱  ╲         ╱
     │              │                │          ┌─────┐
     ▼              ▼                ▼          │本人の成長│
        ╱─────────────╲      ┌─────┐      └─────┐
       │  自分で考える   │ ◀──│自分が特に│      │機会損失 │
        ╲─────────────╱      │やりたいこと│      └─────┤
              │                └─────┘      │問題の発見│
              ▼                             │問題の発掘│
          ┌──────┐                          └─────┘
          │ 目 標 │
          └──────┘
```

f　仕事の焦点化

　自分に与えられた多くの仕事の中から優先順位をつけ、特に今期やりたいことを目標にします。つまり仕事の焦点化です。焦点化することによって仕事にメリハリがつきます。もちろん目標とした仕事だけをやっているわけではありませんが、優先順位の高いことを達成することによって、全体の業績を向上させることができます。パレート図で表されるように、一般的に上位の数個が、全体の大半を占めることはよく知られています。

②　目標管理の強みを生かす

　このように目標管理は強みを持っているのですが、使い方を誤れば、その強みを発揮できずに弊害が生じることもあります。何んでもかんでも目標管理とばかり、評価を目標管理だけで行っている会社がありますが、これは改めるべきだと思います。目標管理が得意としている

ところは、「変化・前進・向上・改善・完成」といった仕事と、「売上・利益」といった数値化できる仕事です。維持的業務である定常業務などについては、しっかりした評価項目を立てて、そこで把握したほうがよいでしょう。目標管理は目標管理に適した分野で行うことによって、その強みが生きてくるのです。

【図表２—50】 目標は「変化・前進・向上・改善・完成」であるべき

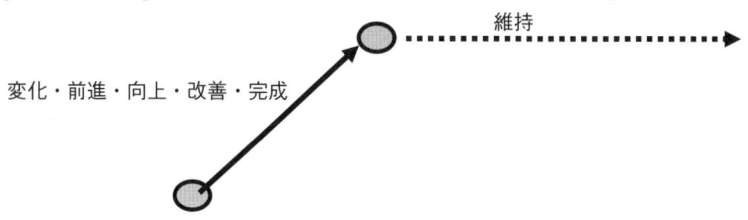

変化・前進・向上・改善・完成　　　　　　　　　　維持

目標管理を人事評価制度と結びつけない場合や、能力主義のように目標達成度を成績考課の参考資料とする場合は、それほど達成度を気にする必要はありませんが、目標管理を人事評価制度と結びつけて行う場合、目標達成度がきちんと評価できるようになっていることが必要です。

【図表２—51】 目標は達成基準がポイント

期末時点の状況がどのようになっているかできる限り詳しくイメージする（**数値化**）
⇒イメージ通りであれば達成

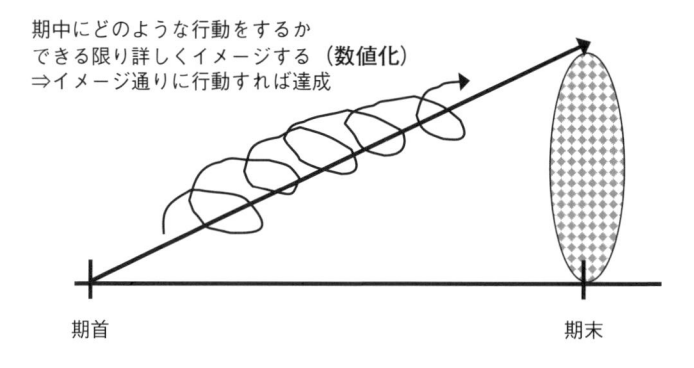

期中にどのような行動をするかできる限り詳しくイメージする（**数値化**）
⇒イメージ通りに行動すれば達成

期首　　　　　　　　　　期末

トライアングル人事システムでは目標管理の達成度を業績評価に直結させるため、達成度をきちんと評価できるようにする必要があります。そのためには、目標設定にあたって達成度をきちんと評価できるように、**図表2—51**に示すよう達成基準を明確にする必要があります。

③　個人目標の評価

　個人目標には、自分の意思で目標を設定し、自分で評価するというセルフコントロールの考えがあります。しかし、これが人事評価と結びつくと困った問題が生じます。易しい目標を設定して、達成率を上げるということが起き得るからです。この達成率を人事評価に持ってくると、公平・公正の観点から不都合が生じますので、評価にあたっては、**図表2—52**に示すように目標のレベルを考慮する必要があります。

【図表2—52】　個人目標の評価

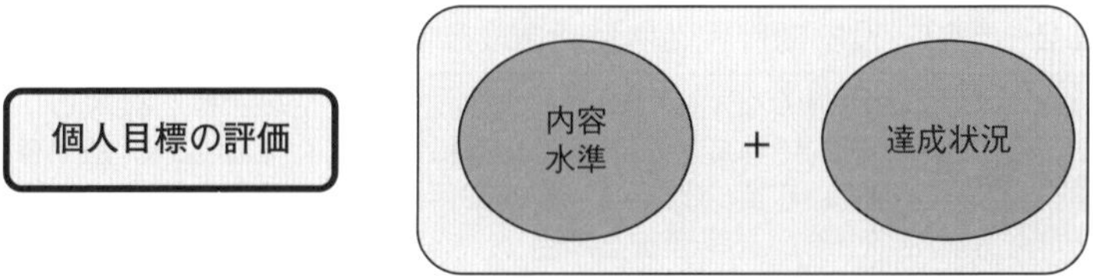

個人目標の評価 ＝ 内容水準 ＋ 達成状況

　次ページの**図表3—53**は、個人目標の評価基準です。評価「5」の前半部分、「設定された個人目標はよく検討され、十分納得性があり」は目標の内容・水準を、後半の「達成基準通りに達成された」は達成状況を表しています。

【図表2—53】 個人目標　評価基準

評　価	評価基準
5	設定された個人目標はよく検討され、十分納得性があり、達成基準通りに達成された。
4	設定された個人目標は検討され、納得性のあるものであり、ほぼ達成基準近く達成された。
3	設定された個人目標は大体妥当であったが、達成基準を少し下回る達成度合であった。
2	設定された個人目標は妥当性にやや欠け、達成基準を下回るやや残念な達成度合であった
1	設定された個人目標は妥当性に欠け、達成基準を大幅に下回るまったく不十分な達成度合であった

　目標の内容・水準は、放っておけば徐々に下がることが必至で、これを下げないようにする工夫が必要です。トライアングル人事システムでは、**図表2—54**に示すように役割期待評価項目に「達成志向性」の評価項目を設け、目標のレベル低下を防いでいます。

【図表2—54】 役割期待評価項目「達成志向性」

達成志向性	個人目標の設定において、チャレンジングな目標を設定し、それを最終的に達成するまで諦めずに粘り強く取り組み、様々な方法を駆使して質的あるいは量的に目標以上の成果を目指して取り組んでいるかを評価する項目

④　個人目標の評価得点の計算

　個人目標の評価得点の計算は、業績評価得点の計算の仕方と同様です。

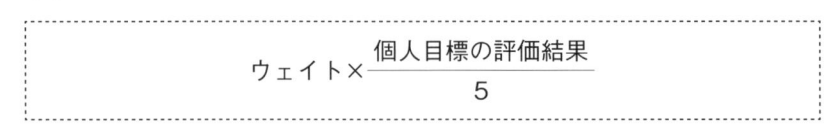

$$\text{ウェイト} \times \frac{\text{個人目標の評価結果}}{5}$$

【図表2―55】 個人目標の得点計算の例

区分	目標項目	ウェイト	評価	計算方法	得点
1	A	30	5	$30 \times \frac{5}{5}$	30
2	B	20	4	$20 \times \frac{4}{5}$	16
3	C	20	4	$20 \times \frac{4}{5}$	16
4	D	20	3	$20 \times \frac{3}{5}$	12
5	E	10	3	$10 \times \frac{3}{5}$	6
				合計	80

(3) 部門業績

① 部門業績とは

　部門業績とは、**図表2―56**に示す通り「部門の目的の達成度合い・実現度合い」と定義します。このように定義すると「部門の目的」を持たない部門はないはずですから、部門業績はどの部門にもあるということになります。「売上高や利益が計算できる営業部門ならわかるが、総務や経理といった管理部門にも部門業績はあるのだろうか」という質問を受けることがありますが、管理部門も必要性があるから設置しているのであって、部門の目的はあり、部門の目的がある限り部門業績があるわけです。

【図表2—56】　部門業績

```
┌──────────┐
│ 部門の目的 │　部門に期待される役割
└──────────┘　部門の使命（ミッション）
      │
      │　達成度合い・実現度合い
      ▼
┌──────────┐
│  部門業績  │
└──────────┘
```

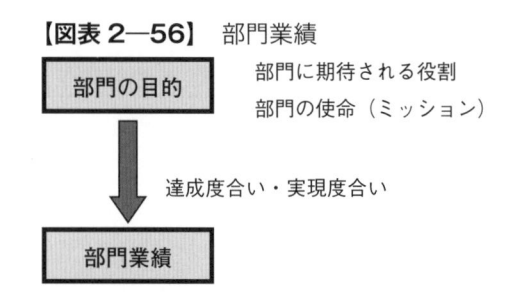

　ここで「部門の目的」というのは、C.I.バーナードが言う組織成立の三要素である「共通の目的」を指しています。C.I.バーナードはその著書『新訳 経営者の役割』（ダイヤモンド社）の中で、「組織はa相互に意思を伝達できる人々がおり、bそれらの人々は行為を貢献しようとする意欲をもって、c共通目的の達成をめざすときに、成立する」として、組織成立の必要十分条件として、aコミュニケーション、b協働意欲、c共通の目的を挙げています（**図表2—57**）。

【図表2—57】　C.I.バーナードの「組織成立の三要素」

```
           ┌─────────┐
           │ 共通の目的 │
           └─────────┘
           ↗         ↘
  ┌───────┐         ┌─────────────┐
  │ 協働意欲 │ ←───→ │ コミュニケーション │
  └───────┘         └─────────────┘
```

②　部門業績評価制度構築のステップ

　ここでは部門業績を「部門目的の達成度合い・実現度合い」と定義しましたが、定義した部門業績を的確に評価する仕組みを構築する必要があります。
　「的確に」とは次のようなことを意味しています。

a 経営理念、経営目標に沿ったものであること
b 評価項目を達成すれば部門の目的が達成したといえるようなものであること
c 評価項目に漏れや重複がないこと
d 実際に測定が可能で、評価できること
e 評価項目とウェイトが適正で、バランスが取れており、その評価結果が社内の大方の納得が得られるようなものであること

このような部門業績評価制度を構築するためには、**図表 2—58** のようなステップを踏んで、慎重に評価項目とウェイトを選定する必要があります。

【図表 2—58】 部門業績評価制度構築のステップ

```
経営理念
  ↓
経営目標  経営戦略        大切にしたい   業務分掌   顧客の期待
                          価値観
  ↓                         ↓           ↓          ↓
部門に期待される役割    ═══   部門の目的
部門の使命（ミッション）
  ↓
部門業績評価基準  ←チェック   ・部門で大切にしたい価値観
  ↓                          ・業務分掌に挙がっている業務
現実に  重要性  コントロール   ・部門の顧客が期待していること
把握可能か 戦略性  可能        はここに挙げた部門業績評価基準で
  ↓                          漏れなく評価できるか
部門業績評価項目  細目設定→  部門業績評価項目の定義（算式）
                          → 部門業績評価項目のウェイト
                          → 部門業績評価項目の評価基準
```

③ 部門業績評価項目・ウェイト表、部門業績の把握方法、評価基準

このようにして作成した部門業績評価項目・ウェイト表、部門業績の把握方法、評価基準を例で示せば、**図表２―59**、**図表２―60**、**図表２―61**のようになります。

【図表２―59】 部門業績評価項目・ウェイトの例

部門	部門重点施策	定常業務の質と量	他部門への支援度	部門受注高目標達成率	部門売上高目標達成率	部門貢献利益目標達成率	クレーム	原価差異	合計
総務部	30	10	10		20	30			100
経理部	30	10	10		20	30			100
営業部	30			20	20	20	10		100
開発部	40	10	10		20	20			100
製造部	30				10	20	10	30	100
品質管理部	30	10	10		20	30			100
生産管理部	30	10	10		20	30			100

【図表2―60】 部門業績の把握方法の例

部門業績評価項目	部門業績の把握方法
部門重点施策	【別紙―1】（385ページ参照）部門業績評価表　部門重点施策
定常業務の質と量	【別紙―2】（386ページ参照）定常業務の質と量　評価表
他部門への支援度	【別紙―3】（386ページ参照）他部門への支援度　評価表
部門受注高目標達成率	$\dfrac{部門受注高実績}{部門受注高目標} \times 100$
部門売上高目標達成率	$\dfrac{部門売上高実績}{部門売上高目標} \times 100$
部門貢献利益目標達成率	$\left(1 + \dfrac{部門貢献利益実績 - 部門貢献利益目標}{部門売上高目標 \times 0.1}\right) \times 100$
クレーム	$\dfrac{クレーム件数実績}{クレーム件数基準値} \times 100$
原価差異	$\dfrac{標準原価 - 実際原価}{標準原価} \times 100$

【図表2―61】 部門業績評価基準の例

部門業績評価項目	評価基準					
	6	5	4	3	2	1
部門重点施策	【図表2―62】（次ページ参照）部門重点施策（評価基準）					
定常業務の質と量	【図表2―63】（次ページ参照）定常業務の質と量（評価基準）					
他部門への支援度	【図表2―64】（97ページ参照）他部門への支援度（評価基準）					
部門受注目標達成率	x≧110%	x≧100%	x≧95%	x≧90%	x≧85%	x＜85%
部門売上高目標達成率	x≧110%	x≧100%	x≧95%	x≧90%	x≧85%	x＜85%
部門売上高目標達成率（管理部門）	―	x≧106%	x≧103%	x≧100%	x≧90%	x＜90%
部門貢献利益目標達成率	x≧140%	x≧100%	x≧70%	x≧50%	x≧20%	x＜20%
部門貢献利益目標達成率（管理部門）	―	x≧130%	x≧115%	x≧100%	x≧80%	x＜80%
クレーム	―	x≦100%	x≦120%	x≦140%	x≦160%	x＞160%
原価差異	x≧2%	x≧0%	x≧△3%	x≧△6%	x≧△10%	x＜△10%

【図表2—62】 部門重点施策（評価基準）

評 価	達成度合
5	達成基準を達成している
4	達成基準をほぼ達成している
3	達成基準をやや下回っている
2	達成基準をほとんど達成していない
1	達成基準をまったく達成していない

【図表2—63】 定常業務の質と量（評価基準）

評 価	評価基準		
	定常業務の出来映え	期日通り完遂	定常業務の量（効率）
5	ミスはなく、全面的に信頼できる。業務は極めて順調に遂行されている	期日通りか、期日より早く完遂	少ない人数で多量の業務をテキパキと極めて効率良くこなしている
4	ミスはなく信頼できる。業務は極めて順調に遂行されている		人数に対する業務量はやや多めであり、これをテキパキと効率良くこなしている
3	ミスはほとんどなく、業務は通常通り順調に遂行されている	ほぼ期日通り	人数に相応する業務量であり、期待通りの効率で業務を進めている
2	ミスは時々あり、業務に支障を来すことが時々、所々ある	時々期日を遅れることがある	人数に比べて業務量がやや少なく、業務効率の悪さが目立つ
1	ミスがしばしばあり、業務に支障を来している	期日を遅れることがしばしばある	

【図表2—64】 他部門への支援度（評価基準）

評価	評価基準		
	確実性	タイムリー	他部門の立場に立った、さらに踏み込んだサービスの提供
5	定められた支援業務は、確実に遂行され、他部門から全幅の信頼を得ている	タイムリーに支援	支援を受ける部門の立場・気持ちをよく理解し、定められた支援業務を超えて、さらに踏み込んだサービスを提供しており、満足度は極めて高い
4	定められた支援業務は、確実に遂行され、他部門の業務も円滑に行われている		支援を受ける部門の立場・気持ちを理解し、定められた支援業務を超えて、さらに踏み込んだサービスを提供しており、満足度は高い
3	定められた支援業務は、ほぼ確実に遂行されており、他部門の業務運営に支障を来すことはない	ほぼタイムリーに支援	支援を受ける部門の立場・気持ちを理解しようとする気持ちはあるが、定められた支援業務を超えて、踏み込んだサービスを提供するまでに至っていない
2	定められた支援業務にミスがしばしばあり、他部門の業務運営に支障を来すことが時々、所々ある	支援業務に遅滞を来している	支援を受ける部門の立場・気持ちを真剣に理解しようとせず、支援を受ける部門は不満を感じている
1	定められた支援業務にミスがしばしばあり、他部門の業務運営に支障を来している		支援を受ける部門の立場・気持ちを理解しようとせず、支援への使命感が薄く、支援を受ける部門は強い不満を感じている

④ 部門業績評価得点の計算

部門業績評価項目別の評価得点の計算は次のように行います。

a 部門重点施策の得点計算

$$部門重点施策項目別ウェイト \times \frac{部門重点施策項目別の評価結果}{5}$$

【図表2—65】 部門重点施策得点の計算

区 分	部門重点施策項目	ウェイト	評 価	計算方法	得 点
1	A	30	4	$30 \times \frac{4}{5}$	24
2	B	20	3	$20 \times \frac{3}{5}$	12
3	C	20	4	$20 \times \frac{4}{5}$	16
4	D	20	5	$20 \times \frac{5}{5}$	20
5	E	10	4	$10 \times \frac{4}{5}$	8
				合 計	80

b 部門業績評価得点の計算

1) 部門重点施策

$$部門重点施策ウェイト \times \frac{部門重点施策得点}{100}$$

2) その他部門業績評価項目

$$部門業績評価項目別ウェイト \times \frac{部門業績評価項目別の評価結果}{5}$$

【図表2―66】 部門業績評価得点の計算

部門業績評価項目	ウェイト	評価	計算方法	評価得点
部門重点施策	30	80	$30 \times \frac{80}{100}$	24
定常業務の質と量	10	3	$10 \times \frac{3}{5}$	6
他部門への支援度	10	3	$10 \times \frac{3}{5}$	6
部門売上高目標達成率	20	4	$20 \times \frac{4}{5}$	16
部門経常利益目標達成率	30	3	$30 \times \frac{3}{5}$	18
計	100			70

（4） チャレンジ加点

　チャレンジ加点は、次のような行動や結果を加点として評価しようというものです。

```
a　チャレンジングな成果を上げたらきちんと評価する
b　評価者がいないところでの行動や結果をきちんと評価する
c　評価期間の途中で発生した仕事もきちんと評価する
```

　チャレンジ加点は各会社が独自の考えで構築すればよいのですが、例を示すと次ページ**図表2―67**のようなものになります。

　チャレンジ加点は自己申告により行います（自己申告がなければ、いかに卓越した成果を上げたとしても加点はありません）。チャレンジ加点に挙がるものは、当然個人目標に挙がっており、そこで高い評価を受けていると思われますが、さらにそれを加点しようというものです。積極的にチャレンジしていく社員には有利な制度ですが、何もしない社員にとっては相対的に厳しくなる制度といえます。

【図表2—67】 チャレンジ加点の内容の例

チャレンジ加点	内　容
プロジェクト加点	プロジェクトの遂行結果、卓越したパフォーマンスを上げた場合、その業績貢献度を評価し加点する
パーソナル加点	個人が上げた卓越したパフォーマンス（特許・実用新案出願、技術開発、商品・サービスの開発、新規顧客開拓、出版、講演、学会等での研究発表、卓越した個人目標の達成、期初に設定した個人目標以外で卓越した成果を上げた場合等）を評価し加点する
エクセレント加点	担当の売上高・粗利益目標の超過達成等で、会社業績に大きく貢献した場合、その業績貢献度を評価し加点する

① プロジェクト加点

　社内で結成された各種プロジェクトチームで行ったプロジェクトについて、これが達成されたとき、プロジェクトリーダーが**別紙—6**（389ページ参照）のプロジェクト加点申告書によって申告します。メンバーには牽引役・責任者としてプロジェクトを成功に導いた者や、プロジェクトに参加しただけの者もいますので、貢献度に応じて加点します。

　その場合、まずプロジェクトの内容（テーマの重要性）を評価し、その次に各人の貢献度を評価します。各人の評価はプロジェクトの内容（テーマの重要性）による評価を上回らないことにします。プロジェクトの内容（テーマの重要性）に基づく加点がBランク、5点であった場合は、各人の加点は5点以下になります。当然、貢献度が低い場合は、メンバーであっても加点がないこともあり得ます。

【図表2—68】 プロジェクト加点　評価基準の例

ランク	テーマの重要性	自分の貢献度	テーマの達成状況	加　点
A	全社的見地から見て会社業績上、極めて貢献度の高いテーマ ・全社的経営システムを根本的に変えるテーマ（改革テーマ） ・基本的経営戦略にかかわるテーマ ・今後の会社の基幹となることが期待される新規事業 ・社会的意義の極めて高く、会社の社会的評価を高めるテーマ　等	プロジェクトチームの真の牽引役・責任者としてプロジェクトを成功に導いた	所期の目的を十二分に達成	10点
B	・全社的経営システムの効率アップ等の改善テーマ ・全社的見地から見て有望な新規事業 ・部門内の運営システムを根本的に変えるテーマ（改革テーマ）	プロジェクトチームの一員として積極的に参画し、プロジェクトの成功に極めて多くの貢献をした		5点
C	部門の業績向上に極めて貢献度の高いテーマ ・部門内の運営システムの効率アップ等改善テーマ ・部門内の各種問題解決テーマ ・部門内で行う新規事業	プロジェクトチームの一員として積極的に参画し、プロジェクトの成功に貢献した		3点

② パーソナル加点

　パーソナル加点は、誰もが対象となる使いやすい制度です。評価基準に挙がっているようなテーマを達成した場合、加点します。パーソナル加点の申告書は**別紙—7**（390ページ参照）の通りです。

　パーソナル加点のテーマは、個人目標に目標として設定することが多いと思われます。これを達成した場合、個人目標で高い評価となり

ますが、その上に加点するというものです。

また、個人目標に設定していないテーマにチャレンジして達成した場合も、パーソナル加点として申告することができます。チャレンジングであるが、達成はかなり難しいようなテーマの場合、目標に設定すると、達成率が悪くなり評価を下げることになるため目標設定を逡

【図表2―69】 パーソナル加点　評価基準の例

ランク	テーマの重要性	テーマの達成状況	加　点
A	全社的見地から見て会社業績上、極めて貢献度の高いテーマ 例えば ・今後会社の柱となるような技術の特許・実用新案 ・今後会社の柱となるような技術の開発 ・今後の会社の基幹となることが期待される商品・サービスの開発 ・今後の会社の基幹となることが期待される新規顧客の開拓 ・社会的意義の極めて高く、会社の社会的評価を高める出版、講演、学会等での研究発表等	所期の目的を十二分に達成	10点
B	部門の技術・運営システムを根本的に変えるテーマ ・部門を根本的に変えるような特許・実用新案、技術の開発 ・部門を根本的に変えるような商品・サービスの開発 ・今後の部門の基幹となることが期待される新規顧客の開拓 ・社会的意義が高く、会社の社会的評価を高める出版、講演、学会等での研究発表等		5点
C	部門の業績向上に極めて貢献度の高いテーマ 例えば ・部門内の重要技術の開発 ・部門内で行う商品・サービスの開発 ・部門内の重要な新規顧客の開拓 ・会社の社会的評価を高める出版、講演、学会等での研究発表　等		3点

巡させることがありますが、これを救済しようというものです。

期の途中で入った仕事で、これをしっかりこなして業績に貢献した場合も、このパーソナル加点を使うことができます。

③ エクセレント加点

営業職には売上高目標、粗利益目標は必須であり、これを個人目標に設定しています。目標を達成したら、期待通りということで「5」と評価してよいのですが、100％を超えて達成した場合はどうするのかという問題が出てきます。100％、「5」が最高で、それ以上がないという場合は、手を抜くか、売上を来期に回そうと考える場合もあり得ます。せっかくの売上獲得のチャンスなのですから、これは加点して評価しましょうというのがエクセレント加点です。**図表2―61**（95ページ参照）に示すように、100％を超える達成を「6」評価で対応する仕組みがある場合は、この加点は不要になるかもしれません。

【図表2―70】 エクセレント加点　評価基準の例

ランク	営業職	加　点
A	担当の売上高・粗利益合算目標 160％以上達成	10点
B	担当の売上高・粗利益合算目標 140％以上達成	5点
C	担当の売上高・粗利益合算目標 120％以上達成	3点

④ 評価委員会

チャレンジ加点の評価については、次ページ**図表2―71**に示すように最終評価は評価委員会で行います。評価委員会は取締役以上のメンバーで構成する会社が多く見られます。

【図表2—71】 チャレンジ加点の評価

チャレンジ加点	一次評価者	最終評価
プロジェクト加点	プロジェクトリーダー	評価委員会
パーソナル加点	直属の上司	評価委員会
エクセレント加点	—	評価委員会

（5） 能力評価

　評価は成果の評価を中心としますが、それだけでは不十分です。昇格や昇給を考えた場合、能力を評価することは必要です。特に昇格させるかどうかを判断するとき、現在の仕事をきちんと遂行しており成果を上げていることは必須ですが、より上位の仕事をさせた場合、「その仕事をできる」のかどうかは重要なポイントになります。成果は上げていても、しっかりした知識技能の裏づけがない者もいますし、そのような者に部下を育成しなさいと言っても、いささか不安が残ります。そのため、しっかりした知識技能力の裏づけがあったうえで、仕事の成果を上げているかを見極める必要があり、成果だけでなく、能力を評価することが必要であるのです。

① 役割能力要件と能力評価の関係

　トライアングル人事システムでの能力評価は、本人が担当している職務を評価し、また、本人が保有している知識技能がどの程度の水準に達しているかを評価し、もって昇格の可能性を評価することをいいます。能力評価と役割能力要件との関係は**図表2—72**の通りです。

② 職務の評価

　能力を評価するのは難しいものです。ただその人の顔を見ていても能力がどれくらいかはわかりませんので、何か行動を見せてもらうことで、そこからある程度の能力を見てとることができます。
　能力主義は、能力を中心に人事制度を組み立てており、評価は能力

【図表2―72】 役割能力要件と能力評価との関係

ステージ	(職掌)(部門)	
	期待される役割	必要とされる知識技能
Ⅳ	Ⅳ	本人の仕事は、どのレベルにあるか → 職務の評価
Ⅲ	Ⅲ	
Ⅱ	期待される役割Ⅱ	知識技能Ⅱ　本人のステージⅡ
Ⅰ		ステージⅡに示されている『知識技能』をどの程度保有しているか → 知識技能力評価

昇格可能性の評価

評価が中心になります。しかし、能力を直接評価するのは難しいため、**図表2―73**に示すように、能力主義では能力の発露である行動・結果を評価することによって、間接的に能力を評価するようにしています。行動・結果を評価するのは「成果の評価」ですので、何も「能力評価」とせずに「成果評価」とすればよいのではないかというのがトライアングル人事システムでの筆者の考えです。

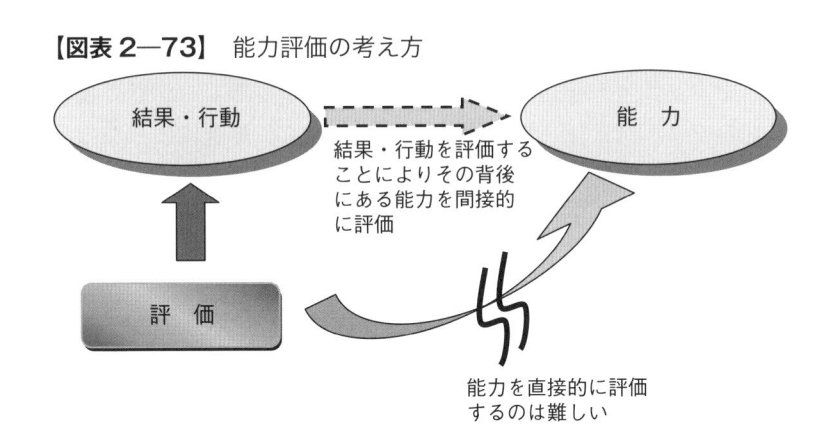

【図表2―73】 能力評価の考え方

結果・行動 ⇒ 能力

結果・行動を評価することによりその背後にある能力を間接的に評価

評価

能力を直接的に評価するのは難しい

a 「職務の割当」は「能力評価」

　能力を評価するのは難しいのですが、実際の業務上では、よく部下の能力を評価しながら仕事割当を決定したりしています。例えば、上司は「彼ならこの仕事はできるだろう」「次にこのような仕事を彼に経験させたい」と思って仕事の割当を行います。知らず知らずのうちに能力を評価しているのです。

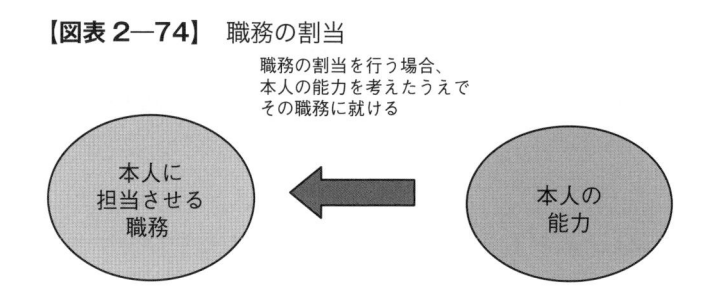

【図表2―74】 職務の割当

職務の割当を行う場合、
本人の能力を考えたうえで
その職務に就ける

本人に担当させる職務　←　本人の能力

　つまり、逆の見方をすれば「今どのような仕事をしているか」によってその者の能力を評価できるのではないか、というのが「職務の評価」の考え方です。実際よく経験することですが、同じような仕事を与えても、人によってその仕事が光って見える場合と、沈んで見える場合があります。仕事も担当する人の能力、取組み姿勢で、深さと幅が変わるものです。例えば、経理の仕事といっても、場合によっては戦略部門になることもあれば、地味な部門になることもあります。
　このように、本人の仕事を評価することによって、本人の能力を評価しようというのが職務の評価です。

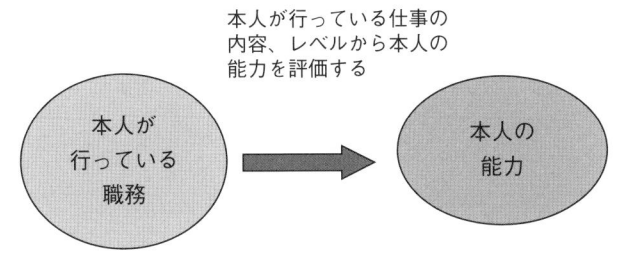

【図表2—75】 職務の評価

本人が行っている仕事の内容、レベルから本人の能力を評価する

本人が行っている職務 → 本人の能力

b 「職務の評価」の考え方 ── 昇格の場合

　このように、本人の能力を考えて職務の割当を行っても、本人の能力と職務のアンマッチは当然起こり得ます。職務より能力が高いと感じるならば、本人は不満を感じるでしょうし、職務より能力のほうが低ければ力不足を感じ、やる気をなくすか、あるいは猛烈な能力開発の闘志を掻き立てられるかになると思います。また、職務より能力が高いと感じる場合、同じ職務を行うにしても、改善に力を入れるというように職務を掘り下げる方向や職務を拡大する方向に向かったり、全社的なプロジェクトに参加するようになったりするかもしれません。

　アメリカの場合は職務給の世界であり、仕事の範囲は整然と定められていますが、日本の場合は仕事の範囲があまり明確になっていません。日本の仕事の進め方はアバウトなところがあり、融通無碍のところがあります。その結果、「仕事はできる人に集まる」という状態になりやすいといえます。実際、できる人（能力の高い人）には仕事が集中し、それでもスムーズに仕事をこなしています。逆にできない人からは仕事が逃げ、仕事がますますやせ細っていくという現象も起ります。その人の仕事の内容を見れば、大体その人の能力がわかるといってもよいのです。職務の評価というのは、その人の仕事のレベルを評価して、どのくらいの能力を保有しているかを評価するものです。

【図表2—76】 職務の評価の考え方 ― 昇格の場合

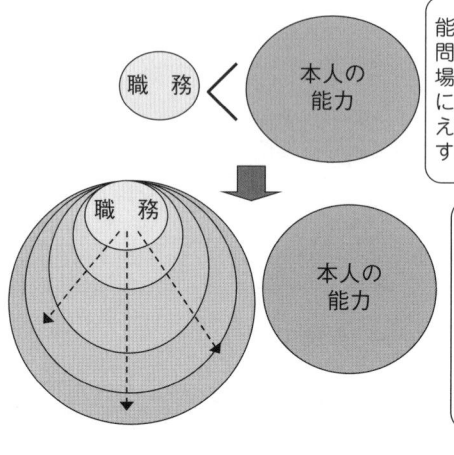

職務 < 本人の能力

能力通りの仕事が与えられれば問題ないのですが、そうでない場合もあり得ます。左図のように本人の能力より低い仕事が与えられた場合、どのように行動するでしょうか。

職務　　本人の能力

日本の場合、仕事の範囲がやや曖昧・融通無碍のところがありますので、本人の能力より低い仕事が与えられた場合は、だんだんと仕事の幅を広げるか、仕事のレベルを上げるように行動することが多く見られます。

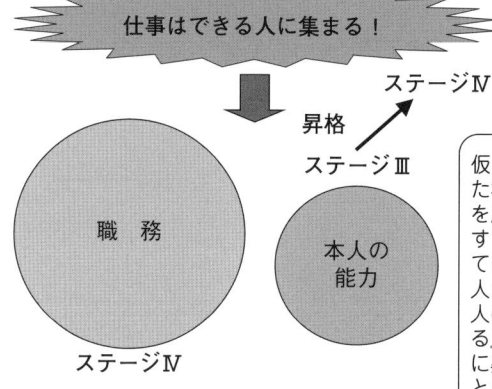

仕事はできる人に集まる！

昇格　ステージⅣ
ステージⅢ

職務　　本人の能力
ステージⅣ

仮に本人がステージⅢであった場合、このように仕事の幅を広げ、レベルを上げた結果、すでにステージⅣの仕事をしていると評価されれば、『本人が担当している職務は、本人のステージより上回っている』となります。ステージⅣに昇格させてもよいということになります。

　そのため、例えば本人のステージがⅢであったとき、本人が現在行っている仕事の内容を評価すると、ステージⅣのレベルの仕事をしていると評価されたときは、ステージⅣに昇格させてもよいということになります。

c　「職務の評価」の考え方　――　降格の場合

　降格のケースもあり得ます。例えば、本人のステージがⅢであり、

当初はステージⅢに見合った仕事が与えられていたとします。しかし、本人は仕事に取り組む意欲が低く、周りの人は本人に仕事を頼まなくなってきたとします。そうなると、本人の仕事はやせ細ってきます。そのようなとき、本人が行っている仕事の内容を評価すると、ステージⅡレベルの仕事しかしていないと評価されたとすれば、ステージⅡへ降格させるのが至当ということになります。

【図表2—77】 職務の評価の考え方 ─ 降格の場合

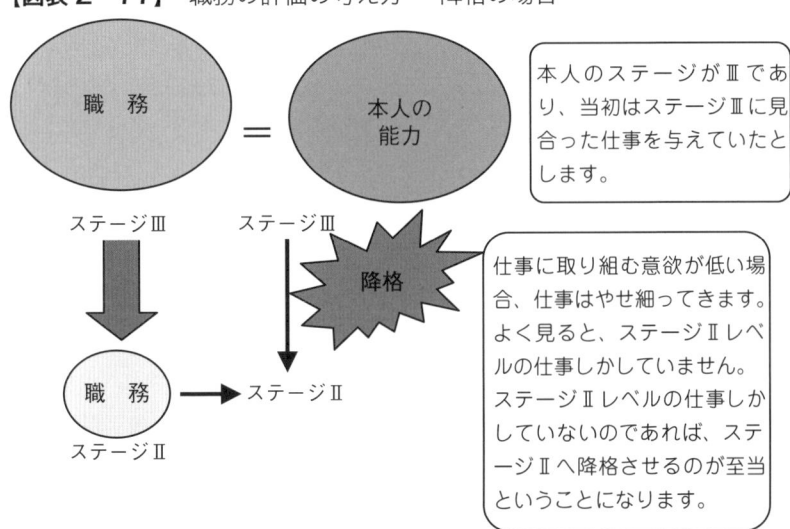

職務 ＝ 本人の能力
ステージⅢ　　ステージⅢ

本人のステージがⅢであり、当初はステージⅢに見合った仕事を与えていたとします。

降格

職務 → ステージⅡ
ステージⅡ

仕事に取り組む意欲が低い場合、仕事はやせ細ってきます。よく見ると、ステージⅡレベルの仕事しかしていません。ステージⅡレベルの仕事しかしていないのであれば、ステージⅡへ降格させるのが至当ということになります。

d 「職務の評価」の評価基準

「職務の評価」の評価基準は次ページ**図表2—78**に示す通りです。「3」が基準になりますので「3　現在本人が担当している職務は、本人のステージに見合っている」であれば、何ら問題はありません。しかし、昇格するためには「4　やや上回っている」「5　上回っている」に評価されることが必要です。逆に「2　やや下回っている」「1　下回っている」の状態では問題がありますので、「1　下回っている」が続くようでは降格もあり得ます。

【図表2―78】 職務の評価　評価基準

職務の評価		評　価
5	現在本人が担当している職務は、本人のステージより上回っている	
4	現在本人が担当している職務は、本人のステージよりやや上回っている	
3	現在本人が担当している職務は、本人のステージに見合っている	
2	現在本人が担当している職務は、本人のステージよりやや下回っている	
1	現在本人が担当している職務は、本人のステージより下回っている	

　それでは、「職務の評価」で「見合っている」「上回っている」「下回っている」をどのように判定したらよいのでしょうか。

　図表2―79に示すように、本人に「期待される役割」は役割能力要件表に表示されています。本人がステージⅡであれば、役割能力要件表のステージⅡに展開されている「期待される役割」は「やらねばならない」こととなります。したがって、ステージⅡに展開されている「期待される役割」が「できる」か「ほぼできる」状態が、「3　現在本人が担当している職務は、本人のステージに見合っている」ということになります。

　また、「上回っている」という状態は、ステージⅡに展開されている「期待される役割」が「できる」か「ほぼできる」状態であり、それに加えてステージⅢ、ステージⅣに展開されている「期待される役割」のいくつかが「できる」か「ほぼできる」状態ということになります。

　「下回っている」という状態は、ステージⅡに展開されている「期待される役割」が「今一歩」か「ほとんどできない」が複数あるという状態となります。

　ここで「できる」ということは、評価時点（9月末等）で次にやらせればできると判定されることです。つまり、再現性があるということです。

【図表2—79】 職務の評価「見合っている」「上回っている」「下回っている」の判定

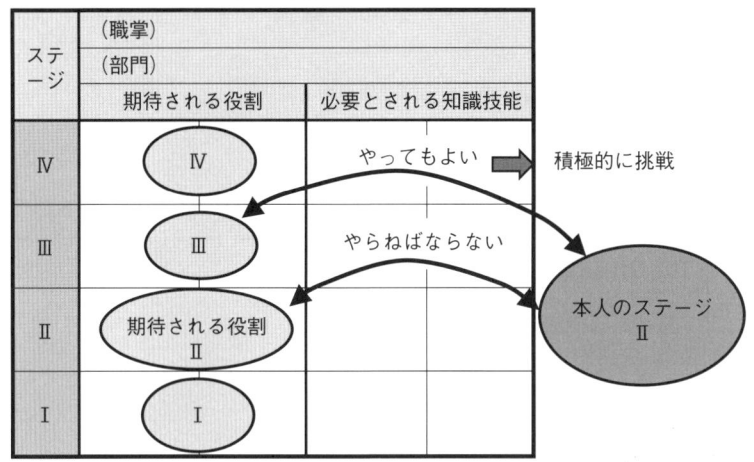

ステージ	（職掌）	
	（部門）	
	期待される役割	必要とされる知識技能
Ⅳ	Ⅳ	やってもよい → 積極的に挑戦
Ⅲ	Ⅲ	やらねばならない
Ⅱ	期待される役割Ⅱ	本人のステージⅡ
Ⅰ	Ⅰ	

　この「職務の評価」の判定をスムーズに行うために**別紙—10**（393ページ参照）の「職務の評価ワークシート」を用意します。これは役割能力要件表の本人のステージ・職掌の「期待される役割」を抜き出して書き込んだものです。太字が全職掌共通、細字が当該職掌固有の「期待される役割」です（これはExcelでプログラミングすれば効率的です）。まず、本人がそれぞれの項目について自己評価し、次に、上司が評価します。評価は**図表2—80**に示す基準で行います。

【図表2—80】 職務の評価ワークシートの評価基準

評　価	評価基準
◎	できている
○	ほぼできている
△	もう一歩
×	ほとんどできていない

職務の評価ワークシートでの評価の目安は、**図表2—81**に示す通りです。Excelソフトで職務の評価ワークシートに表示されるのは、本人のステージの「期待される役割」だけで、上位ステージの「期待される役割」は表示されていないため、「できている」「ほぼできている」場合は手書きで付け加えます。

【図表2—81】 職務の評価ワークシートでの評価の目安

	職務の評価	評　価
5	現在本人が担当している職務は、本人のステージより上回っている	
	期待される役割の評価はすべて◎で、かつ上位ステージで期待される役割が数個挙がっており、その評価は○以上	
4	現在本人が担当している職務は、本人のステージよりやや上回っている	
	期待される役割の評価はすべて○以上で、かつ上位ステージで期待される役割が数個挙がっており、その評価は○以上	
3	現在本人が担当している職務は、本人のステージに見合っている	
	期待される役割の評価はほとんど○以上で、△はあっても数個、×はない	
2	現在本人が担当している職務は、本人のステージよりやや下回っている	
	期待される役割の評価はほとんど○以上であるが、△や×が散見される	
1	現在本人が担当している職務は、本人のステージより下回っている	
	期待される役割の評価は○以上がほとんどなく、△、×が多い	

③　**知識技能力評価**

a　役割能力要件表と知識技能力評価の関係

　知識技能力評価は役割能力要件表に示されている「必要とされる知識技能」を保有しているかどうかを評価するものです。本人のステー

ジがⅡである場合、役割能力要件表のステージⅡに示されている「必要とされる知識技能」をきちんと保有することが必要です。きちんと保有しているかを評価するのが知識技能力評価です（**図表2—82**）。

【図表2—82】 役割能力要件表と知識技能力評価の関係

ステージ	(職掌)		
	(部門)		
		期待される役割	必要とされる知識技能
Ⅳ			Ⅳ
Ⅲ			Ⅲ
Ⅱ			知識技能Ⅱ
Ⅰ			Ⅰ

保有しなければならない　　本人のステージⅡ

きちんと保有しているか　→ 知識技能力評価

b　知識技能力評価基準

きちんと保有しているということは、次ページ**図表2—83**の知識技能力評価基準に示すように、知識技能を知っている、理解しているだけでなく、部下・下級者に体系立って教えることができるレベルであること、実際の業務に活用していることを意味しています。

他の評価項目は5段階評価ですが、知識技能力評価だけ0.5刻みの評価を認めています。これは昇給評価得点を計算する場合、5段階であると1段階が20点刻みになり、点数差が大きくなるからです。次ページ**図表2—84**に示すように、もう少し細かく10点刻みにするために評価を0.5刻みとしました。

【図表2―83】 知識技能力評価基準

知識技能力	自らの職責を果たし、期待される成果を生み出すために必要となる業務知識およびその知識を踏まえ処理する技能の保有と活用の程度を評価する項目	保有の程度					
		知っている	理解している	説明することができる	教えることができる	実際に行っている	業務に活用している
5	期待通りのレベルで保有している	■	■	■	■	■	■
4.5		■	■	■	■	■	■
4	ほぼ期待通りのレベルで保有している	■	■	■	■	■	
3.5		■	■	■	■		
3	必要最低限の基本的レベルで保有している	■	■	■			
2.5		■	■				
2	ほとんど保有していない						
1.5							
1	まったく保有していない						

※ 知識技能は、現在実際に従事している業務に関する知識技能だけが評価の対象になる。

【図表2―84】 知識技能力評価の得点

知識技能力　9段階評価	知識技能力評価得点
5	100点
4.5	90点
4	80点
3.5	70点
3	60点
2.5	50点
2	40点
1.5	30点
1	20点

C　知識技能力評価ワークシート

　知識技能力評価は、**別紙―11**（394ページ参照）の「知識技能力評価ワークシート」を活用して評価します。「知識技能力評価ワークシート」には、役割能力要件表の本人のステージ・職掌の「必要とされる知識技能」が表示されます（この「知識技能力評価ワークシート」もExcelでプログラミングしてプリントアウトするようにします）。知識技能力項目ごとに**図表2―85**に示す評価基準で自己評価します。この場合、**別表―3**（382ページ参照）の「必要とされる知識技能の具体的内容（全職掌共通）」、**別表―4**（383ページ参照）の「必要とされる知識技能の具体的内容（職掌固有　この場合は総務部）」をよく読み込み、1つひとつ丁寧に保有しているかを評価することが大切です。「知識技能力評価ワークシート」での1つひとつの知識技能力項目の評価は**図表2―85**に示す5段階で行います。

　次に、上司が同じ評価基準で、1つひとつの知識技能力項目の評価を5段階で行い、全体がどうであったかを**図表2―83**に示す0.5刻みの9段階評価で行います。

【図表2―85】　知識技能力評価ワークシートの評価基準

評　価	評価基準
5	期待通りのレベルで保有している
4	ほぼ期待通りのレベルで保有している
3	必要最低限の基本的レベルで保有している
2	ほとんど保有していない
1	まったく保有していない

④ 昇格可能性の評価

「職務の評価」と「知識技能力評価」を勘案して、上位ステージへの昇格可能性が**図表2―86**の5つのいずれに該当するかを評価します。

「5 上位ステージへ昇格するための能力は十分備わっている」状態とは、概ね次のような状態をいいます。

a 「職務の評価」では「4」評価以上、現ステージの職務を超える職務を担当していること
b 「知識技能力評価」では「4」評価以上であること

【図表2―86】 昇格可能性の評価

	上位ステージへの昇格の可能性	評 価
5	上位ステージへ昇格するための能力は十分備わっている	
4	上位ステージへ昇格するための能力はほぼ備わっている	
3	上位ステージへ昇格するための能力は備わってきつつある	
2	上位ステージへ昇格するための能力は現状やや不十分である	
1	上位ステージへ昇格するための能力は現状不十分である	

4　処遇システム

（1）昇　格

　昇格とはステージが上がることをいいます。トライアングル人事システムでは、昇格しなければそれほど賃金は上がらない仕組みになっていますので、昇格が最も重要になってきます。昇格しなければ役割給（役割給については124ページ参照）はステージの上限までであり、それほど賃金が上がることはありません。賞与においてもステージによって業績賞与指数（業績賞与指数については152ページ参照）が異なりますので、ステージの違いは決定的な差になります。

　評価は**図表2—87**のように現場でなければできないため現場主義で行いますが、昇格は全社的見地から中央で厳格に行う必要があります。乱暴に言えば、評価は現場主義を貫いて、部門間・評価者間に少々の甘辛があっても構わないということです。たとえそうでも全体のバランスを崩すことにはならないからです。昇格で中央主義の下でしっかり管理していけばよいということになります。

【図表2—87】　評価と昇格

業績評価
能力評価
　　知識技能力評価
　　職務の評価
→ 現場主義

昇　格
→ 中央主義

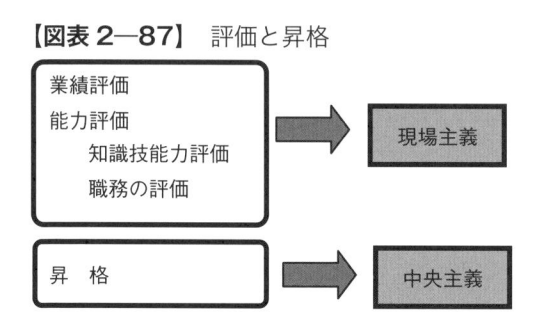

　次に、昇格するための要件を考えてみましょう。役割能力要件表と評価制度との関係は次ページ**図表2—88**の通りです。仮に本人のス

テージがⅡであったとします。ステージⅡに展開されている「期待される役割」は「やらねばならない」ということです。「期待される役割」をきちんと果たしていなければ、ステージⅢに昇格させるわけにはいきません。つまり、『業績評価』が一定のレベル以上であることが必要となります。また、ステージⅡに展開されている「必要とされる知識技能」も同様に、これをきちんと保有している必要があります。保有していなければステージⅢに昇格させるわけにはいきませんので、『知識技能力評価』があるレベル以上であることが必要となります。さらに、本人のステージがⅡであるならば、上のステージの仕事がある程度できる者でなければ上に上げるわけにいきませんので、『職務の評価』で上位ステージの仕事を行っていることが必要となります。

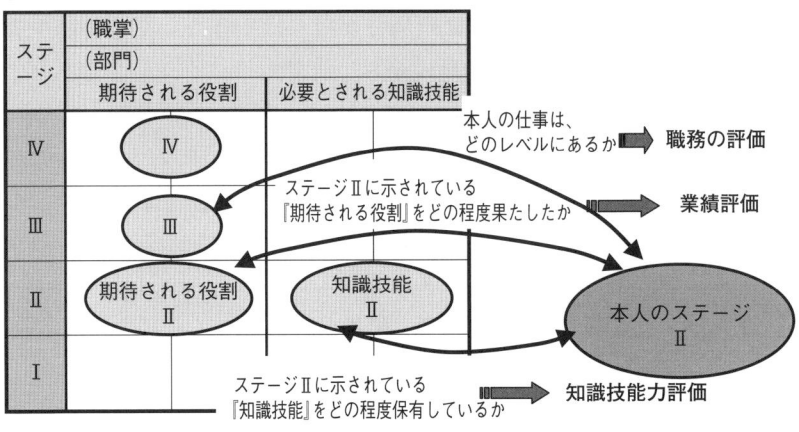

【図表2―88】 役割能力要件表と各種評価との関係

ステージ	(職掌) (部門)	
	期待される役割	必要とされる知識技能
Ⅳ	Ⅳ	
Ⅲ	Ⅲ	
Ⅱ	期待される役割 Ⅱ	知識技能 Ⅱ
Ⅰ		

本人の仕事は、どのレベルにあるか ➡ 職務の評価

ステージⅡに示されている『期待される役割』をどの程度果たしたか ➡ 業績評価

本人のステージ Ⅱ

ステージⅡに示されている『知識技能』をどの程度保有しているか ➡ 知識技能力評価

　昇格の要件となる業績評価、知識技能力評価、職務の評価は現場主義で行うことになりますが、その場合、どうしても部門間の甘辛、評価者間の甘辛、評価者の能力不足等の問題が出てきます。中央でポストの空き具合はどうか、全社的な共通した基準に対して十分クリアしているか、管理職としての資質はあるのか、必要な研修・通信教育を受けているか、必要な資格は持っているか、人格・識見はどうか等を

審査して全体のバランスを考えて昇格させることが必要となります。

昇格基準としては、**図表2—89**に示す通り3つの基準を設けます。昇格基準1は業績評価、昇格基準2は能力評価（知識技能力評価、職務の評価）、昇格基準3は審査ということになります。

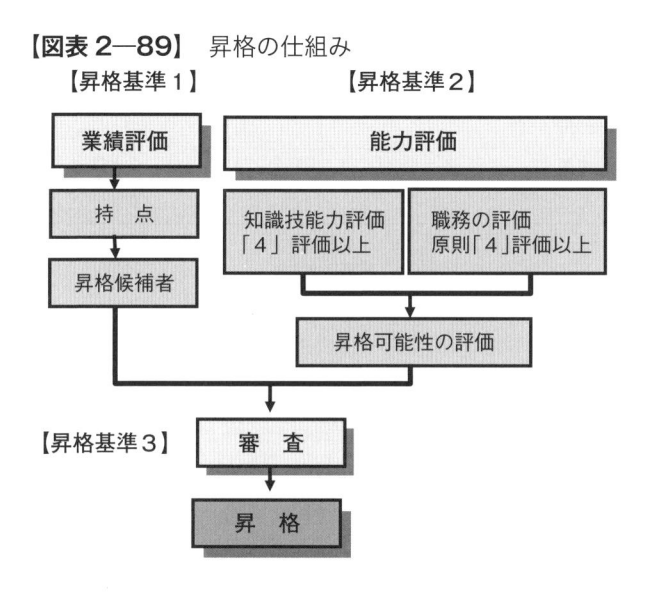

【図表2—89】 昇格の仕組み

【昇格基準1】　　　　【昇格基準2】

```
業績評価              能力評価
   ↓           ┌──────────┬──────────┐
  持 点        知識技能力評価  職務の評価
   ↓          「4」評価以上  原則「4」評価以上
 昇格候補者        └────┬─────┘
                    昇格可能性の評価
         │              │
【昇格基準3】    審　査
                   ↓
                 昇　格
```

① 昇格基準1 ── 業績評価

昇格基準1は「業績評価」です。業績評価は本人に期待される役割をいかに果たしたかを評価します。これがある一定のレベル以上でなければ上位のステージに上げるわけにはいきません。業績評価得点が高い者は早く昇格できるようにし、低い者はそれ相当の年数がかかるものとします。これを次ページ**図表2—90**のように、ステージ経験年数と業績評価得点の持点の組み合わせによって行います。同ステージにある年数を経験すれば自動昇格するというようなことは行いません。

【図表2—90】 昇格基準1　業績評価の例

ステージ	経験年数1年間の持点	経験年数2年間の持点	経験年数3年間の持点
Ⅷ⇒Ⅸ		160点以上	210点以上
Ⅶ⇒Ⅷ		160点以上	210点以上
Ⅵ⇒Ⅶ		160点以上	210点以上
Ⅴ⇒Ⅵ		160点以上	210点以上
Ⅳ⇒Ⅴ		160点以上	210点以上
Ⅲ⇒Ⅳ		160点以上	210点以上
Ⅱ⇒Ⅲ		160点以上	210点以上
Ⅰ⇒Ⅱ		160点以上	210点以上

① 経験年数（持点計算上必要とする、遡ってみるべき年数）
② 持点（経験年数期間中の業績評価得点の合計）
③ 年度業績評価得点（下期・上期業績評価得点の平均）

　図表2—90によれば、1年間での昇格はあり得ません。2年間の持点は160点以上ですので、年度業績評価得点が80点平均であれば2年間で昇格基準1をクリアできることになります。また、3年間の持点は210点以上ですので、年度業績評価得点が70点平均であれば3年間で昇格基準1をクリアできることになり、年度業績評価得点が70点平均未満であれば昇格できないことになります。

　図表2—91のように、A、B、C、D、Eの者が同じ年度にステージⅢに昇格し、その次からの各年度業績評価得点が**図表2—91**に示すようであったとき、ステージⅣに昇格する昇格基準1をクリアするのは○で囲った年度ということになります。

【図表2―91】 昇格基準1をクリアする者

年度業績評価得点	A	B	C	D	E
第1年度	80	70	60	45	68
第2年度	⑧⓪	70	65	45	68
第3年度	80	⑦⓪	70	80	68
第4年度	82	70	㊀75	㊀80	68
第5年度	84	70	80	50	70
第6年度	86	70	85	80	70
第7年度	86	70	85	50	68
第8年度	86	70	85	80	70
第9年度	86	70	85	50	70

※ Aは第2年度で第1年度からの2年間の持点が160点になり、昇格基準1をクリアしている。
※ Bは第3年度で第1年度からの3年間の持点が210点になり、昇格基準1をクリアしている。
※ Cは第4年度で第2年度からの3年間の持点が210点になり、昇格基準1をクリアしている。
※ Dは第4年度で第3年度からの2年間の持点が160点になり、昇格基準1をクリアしている。
※ Eはどの年度をとっても2年間で160点以上、3年間で210点以上の昇格基準1をクリアしておらず昇格はない。

② 昇格基準2 ―― 能力評価

　昇格基準2は「能力評価」です。まず、知識技能力評価で80点以上（5段階評価で「4」以上）を取る必要があります。知識技能力評価は、役割能力要件表の本人のステージに展開されている知識技能をきちんと保有しているかどうかを評価するものです。次に、職務の評価は、役割能力要件に照らしてどのレベルの仕事をしているかを評価するものです。当然上に上げるのですから上のステージの仕事ができる者である必要があります。職務の評価では「4」以上、「現ステージを超える職務を担当している者」ということが必要になってきます。

　昇格基準2は知識技能力評価と職務の評価の条件をクリアしている者ということになり、「昇格可能性の評価」が「5　上位ステージへ昇格するための能力は十分備わっている」に評価されていることになり

ます。

　ちなみに「5　上位ステージへ昇格するための能力は十分備わっている」状態になるとは、概ね次のような状態をいいます。

---
① 「知識技能力評価」では「4」以上であること
② 「職務の評価」では「4」以上、現ステージを超える職務を担当している者であること
---

③　昇格基準3 ──── 審　査

　昇格基準3は「審査」です。昇格基準1、昇格基準2は現場主義で現場の評価を尊重して行います。しかし、そこには評価者間の甘辛、部門間の甘辛、評価者の評価能力という問題があります。昇格基準3は中央で全社的見地から審査するもので、昇格基準1、昇格基準2の足りないところを補完するという意味もあります。ポストの空き具合はどうか、全社的な共通した基準に対して十分クリアしているか、管理職としての資質はあるのか、必要な研修・通信教育を受けているか、必要な資格は持っているか、人格・識見はどうか等を審査して最終的に昇格者を決定します。

　審査は**図表2－92**のようなものを組み合わせて行います。

【図表2－92】　審査の内容

| レポート・論文 |
| 試験 |
| 研修・通信教育 |
| 面接 |
| 適性検査　　等 |

　審査では、社内のポストの空き具合も勘案します。ポストがないのにむやみに昇格させるわけにはいかないからです。そして、現職と新人を競わせ、新人のほうができるということになれば新人をポストに就け、現職はポストを降りてもらうということになります。ちょうどプロ野球のポスト争奪と同じで、二軍にできる選手がいれば一軍に引

き上げ、一軍の現職と競わせるというやり方です。したがって、ポストがないから上に上げないというのではなく、上に上がれる能力と実績があれば競争の結果、上に上げることも必要になってきます。

ここで、昇格基準1、昇格基準2はパスしたが、昇格基準3でダメだったという者が出てくる可能性がありますが、その場合は、できる限りなぜパスしなかったのか、どこが足りなかったのかを丁寧に説明することが重要です。昇格基準3をブラックボックスにすると、社員が人事制度そのものに不信感を抱くようになるからです。

④ 降　格

能力主義では一旦身についた能力は減退しないとして降格はありませんが、日進月歩の現代においては知識の陳腐化もあり、旧い知識にしがみついていることが、かえって業務の妨げになることもあり得ます。降格があるほうが組織に緊張感を与えるでしょう。降格は次のような場合に行います。

a　業績評価

業績評価は、本人に期待されている役割をきちんと果たしたかを評価するものです。2年連続して年度業績評価得点が40点以下の場合等、本人に期待される役割を果たせない状態であれば、降格もやむを得ないでしょう。

b　職務の評価

職務の評価は、現在本人が行っている仕事のレベルがどのくらいかを評価するものです。職務の評価で「1　現在本人が担当している職務は、本人のステージより下回っている」という評価を2年連続で受けた場合は、降格もやむを得ないでしょう。

c　その他

その他、能力・気力・体力の著しい減退、あるいは就業規則の懲戒

事由に該当した場合も降格はやむを得ないとします。

(2) 賃金構成

　昇給・賞与をどのように考えるかの前に、賃金をどのように考えるかを説明します。トライアングル人事システムの賃金構成の基本は、**図表2―93**に示す通りです。「役割給」「ステージ手当」「職位手当」についての基本的な考え方と「賃金組替」、それに伴って発生する「調整手当」について説明します。

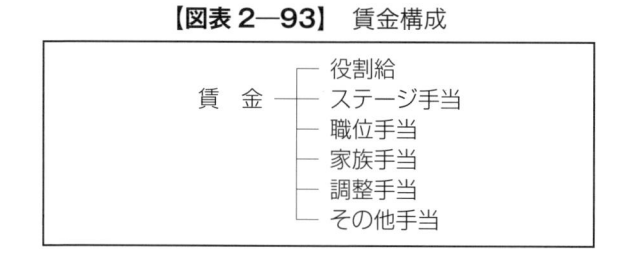

【図表2―93】　賃金構成

```
         ┌── 役割給
         ├── ステージ手当
賃　金 ──┼── 職位手当
         ├── 家族手当
         ├── 調整手当
         └── その他手当
```

① 役割給

　役割給は基本的賃金（通常は「基本給」と呼ばれています）です。ステージは役割、つまり仕事のレベルと能力に応じて区分されます。ここでは、「そのステージに対応する賃金」という意味で役割給（※）と名づけます。
　役割給は、**図表2―94**、**図表2―95**に示すようにステージごとに上限・下限があり、幅（レンジ）をもって対応させます。ステージごとに上限・下限を設定するだけで賃金表は持ちません。賃金表がないため号俸もなく、定期昇給・ベースアップ（以下、定期昇給は「定昇」、ベースアップは「ベア」と呼びます）という考えもありません。年齢給とか勤続給という年功要素もありません。
※　世間一般的に「役割給」と呼ばれているものと若干意味が異なるため、注意してください。

【図表2—94】 役割給のレンジの例

ステージ	役割給	
	下　限	上　限
Ⅷ	340,000円	500,000円
Ⅶ	290,000円	440,000円
Ⅵ	260,000円	390,000円
Ⅴ	240,000円	360,000円
Ⅳ	220,000円	330,000円
Ⅲ	200,000円	300,000円
Ⅱ	180,000円	270,000円
Ⅰ	160,000円	240,000円

【図表2—95】 役割給レンジのグラフの例

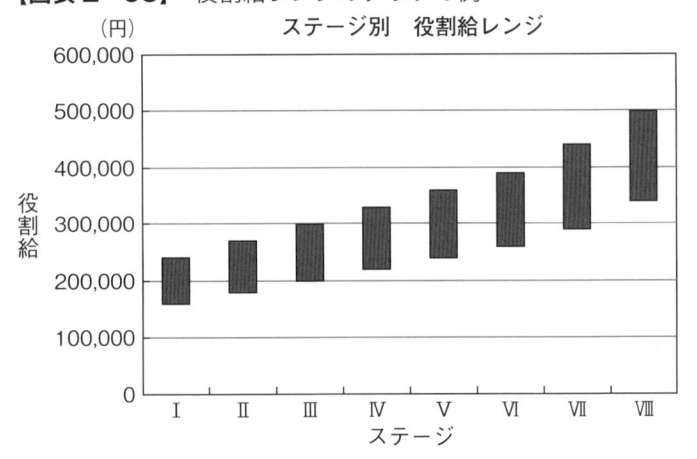

ステージ別　役割給レンジ

a　賃金表による賃金管理と賃金表なしの賃金管理の違い

能力主義における基本給管理には、様々な形態がありますが、**図表2—96**のような形態をとっている例も多く見られます。

【図表2—96】 能力主義における基本給管理

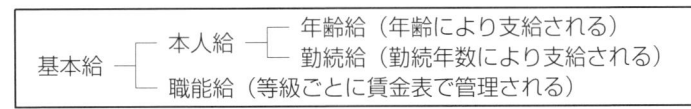

基本給 ─┬─ 本人給 ─┬─ 年齢給（年齢により支給される）
　　　　│　　　　　└─ 勤続給（勤続年数により支給される）
　　　　└─ 職能給（等級ごとに賃金表で管理される）

【図表2—97】 能力主義における職能給賃金表の例　　　　　　（単位：円）

ピッチ	520	580	640	700	780	860	940	1,040	1,040
張出し		290	320	350	390	430	470		
昇格昇給		5,000	5,000	5,000	10,000	12,500	15,000	17,500	20,000
号	1等級	2等級	3等級	4等級	5等級	6等級	7等級	8等級	9等級
1	7,600	35,800	52,150	69,400	90,100	119,700	153,900	197,400	238,200
6	10,200	38,700	55,350	72,900	94,000	124,000	158,600	202,600	243,400
11	12,800	41,600	58,550	76,400	97,900	128,300	163,300	207,800	248,600
16	15,400	44,500	61,750	79,900	101,800	132,600	168,000	213,000	253,800
21	18,000	47,400	64,950	83,400	105,700	136,900	172,700	218,200	259,000
26	20,600	50,300	68,150	86,900	109,600	141,200	177,400	223,400	264,200
31	23,200	53,200	71,350	90,400	113,500	145,500	182,100	228,600	269,400
36	25,800	56,100	74,550	93,900	117,400	149,800	186,800	233,800	274,600
41	28,400	59,000	77,750	97,400	121,300	154,100	191,500	239,000	279,800
46	31,000	61,900	80,950	100,900	125,200	158,400	196,200	244,200	285,000
51	33,600	64,800	84,150	104,400	129,100	162,700	200,900	249,400	290,200
56	36,200	67,700	87,350	107,900	133,000	167,000	205,600	254,600	295,400
61	38,800	69,150	88,950	111,400	136,900	171,300	210,300	259,800	300,600
66	41,400	70,600	90,550	114,900	140,800	175,600	215,000	265,000	305,800
71	44,000	72,050	92,150	118,400	144,700	179,900	219,700	270,200	311,000
76	46,600	73,500	93,750	120,150	148,600	184,200	224,400	275,400	316,200
81	49,200	74,950	95,350	121,900	152,500	188,500	229,100	280,600	321,400
86	51,800	76,400	96,950	123,650	154,450	192,800	233,800	285,800	326,600
91		77,850	98,550	125,400	156,400	197,100	238,500		
96		79,300	100,150	127,150	158,350	199,250	240,850		
101		80,750	101,750	128,900	160,300	201,400	243,200		
106		82,200	103,350	130,650	162,250	203,550	245,550		
111		83,650	104,950	132,400	164,200	205,700	247,900		
116			106,550	134,150	166,150	207,850	250,250		
121			108,150	135,900	168,100	210,000	252,600		
126			109,750	137,650	170,050	212,150	254,950		
131			111,350	139,400	172,000	214,300	257,300		
136				141,150	173,950	216,450	259,650		
141				142,900	175,900	218,600	262,000		
146				144,650	177,850	220,750	264,350		
151				146,400	179,800	222,900	266,700		
156				148,150	181,750	225,050	269,050		
161				149,900	183,700	227,200	271,400		
166					185,650	229,350	273,750		
171					187,600	231,500	276,100		
176					189,550		278,450		
181					191,500		280,800		
186					193,450		283,150		
191					195,400		285,500		
196									

職能給は**図表2—97**のような賃金表で管理しています。号は1・2・3…となっていますが、ここでは5号ごとに表示しています。「ピッチ」とは1号上がるごとの金額で、「張出し」とは上限に達した後、一定の号まで半額で昇給させる額です。「昇格昇給」とは昇格したときに昇給させる額です。昇格したときの職能給は、現行の職能給に昇格昇給額を加え、昇格後の等級の賃金表で金額が一番近いところの上位の号俸になります。

賃金表によるベア・定昇は、**図表2—98**の通りに行われます。昇給前の職能給はAにあったとします。そのときの号はaです。これがその年度の昇給でbまで号が上がったとします。その場合、職能給は現行の賃金表のb号に対応するところ、つまりBまで上がります。職能給がAからBまで上がることを定期昇給（定昇）といいます。一方、ベースアップ（ベア）というのは賃金表の書換えです。書換え後の賃金表が**図表2—98**の通りであったとした場合、ベア後の職能給は書換え後の賃金表のb号に対応するところ、つまりCになり、ベアによる昇給分はCとBの差額分ということになります。結局、ベア・定昇

【図表2—98】 賃金表によるベア・定昇の考え方

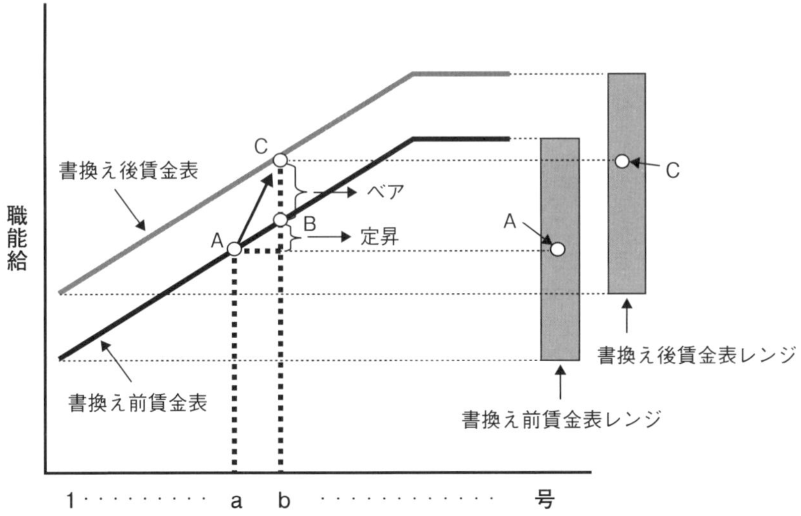

後の職能給はA⇒Cに上昇します。これが賃金表によるベア・定昇のやり方です。

これをレンジで示せば、**図表2―98**の右側に示すようになります。

一方、「トライアングル人事システム」のように、賃金表なしで賃金を管理する方法は**図表2―99**に示す通りです。役割給は賃金表がないため号もなく、張出しという考えもありません。ベア・定昇という考えもなく、単にステージごとに上限・下限を設定し、その中で管理するだけです。ベアはありませんが、物価が著しく上昇した場合は、レンジを上に上げることがあり、その場合は、レンジだけが上に上がるだけで役割給はそれに対応して上がることはありません。その点が賃金表によるベアと考えが異なるところです。賃金表によるベアでは、ベアがあれば職能給は上昇することになります。

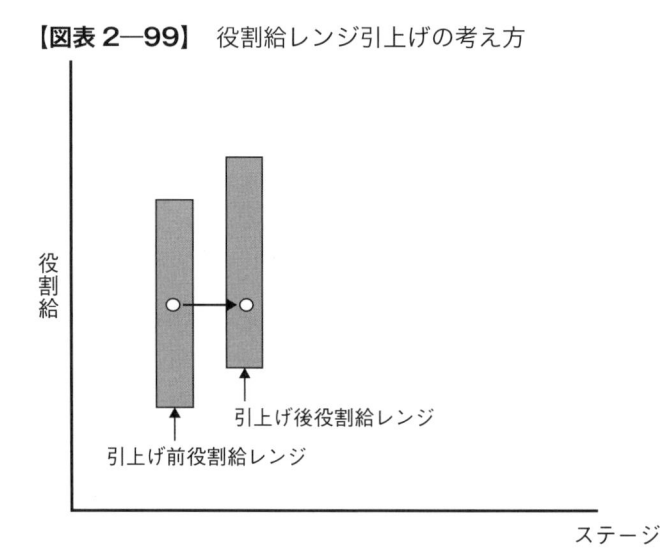

【図表2―99】 役割給レンジ引上げの考え方

b 役割給は重なり合うように設定する

役割給は、**図表2—95**（125ページ参照）のように、ステージごとのレンジが重なり合うようなっています。役割や仕事のレベルが異なるためステージが異なるのであり、そのことを考えれば、**図表2—100**のように重なり合うことを避けるように設計するのが理にかなっていると思われます。これは役割主義の賃金の考え方ですが、運用が極めて窮屈になりがちです。人事制度では理屈通りに運用することは難しいところもあり、その場合は運用のしやすさをとるべきでしょう。

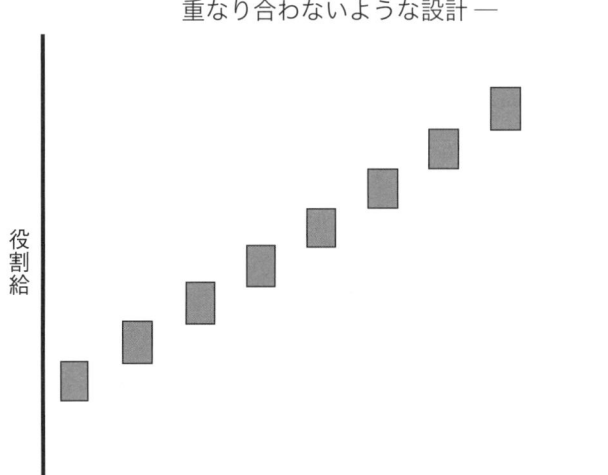

【図表2—100】 役割主義の賃金の考え方 ― レンジが重なり合わないような設計 ―

1）**図表2—100**のやり方では等級ごとのレンジの幅が狭くなり、同一等級での昇給はすぐ上限に達してしまい、運用が極めて窮屈になる。

2）旧来の人事制度が能力主義で、賃金表で管理しており、これを役割給に切り替えることを考えている会社では、ステージごとのレンジは重なり合うほうが、移行が容易である。なぜなら、賃金表の多くは**図表2—101**の左図のような構造になっており、これを下限・上限のレンジで表現すると**図表2—101**の右図のようになる。賃金表は、このように等級ごとに重なり合っている構造になっているためである。

3）ステージ手当はステージに対応しており、必ず支給されるものであるので、これを加える必要がある。**図表2—102**はステージ手当を加えたものであるが、ステージ手当を加えれば重なり合う部分はかなり少なくなる。賞与を加えた年収ベースで見れば、**図表2—103**の通り、ステージによる賃金の格差は顕著になる。結局ステージが上がらなければ、年収ベースで見ると賃金は上がらない構造になっているわけである。

図表2—103のステージ別年収の上限下限は、132ページ**図表2—104**、**図表2—105**のようにモデルを設定して計算した。

【図表2—101】 賃金表の構造

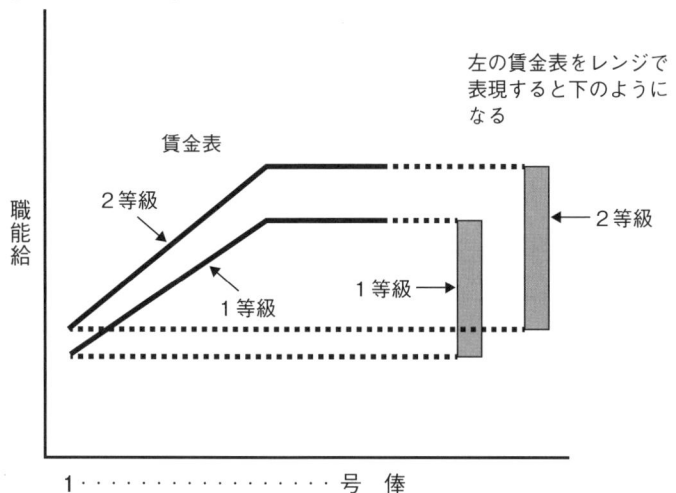

【図表2—102】 ステージ別　役割給＋ステージ手当

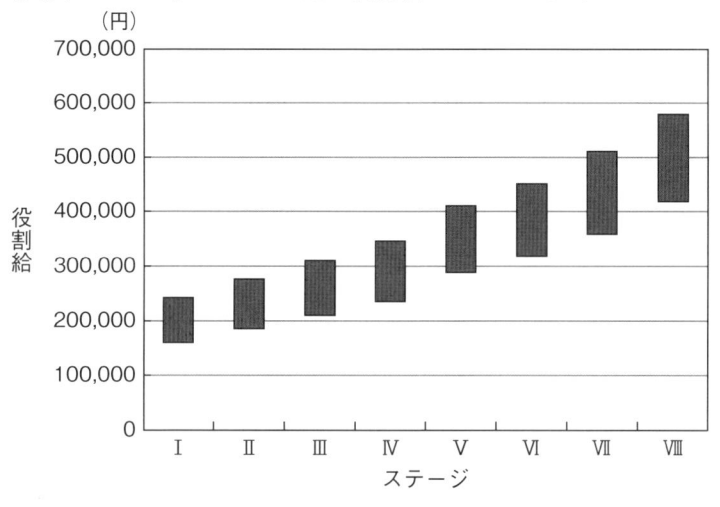

【図表2—103】 ステージ別　年収レンジ

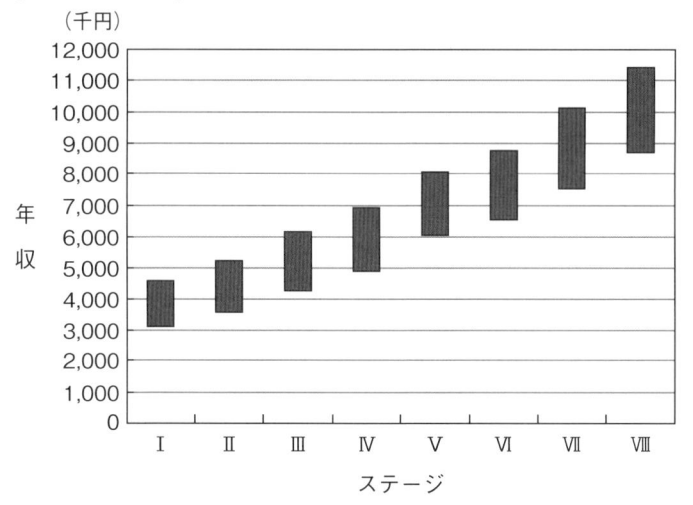

【図表2—104】 役割給　上限の場合の年収の算定の例　　　　　　　　　（単位：円）

ステージ	上限	ステージ手当	職位手当	家族手当	住宅手当	時間外手当	時間外を含む賃金	賞与年間5カ月	年収	年収上昇
Ⅰ	240,000	0	—	—	10,000	31,898	281,898	1,200,000	4,582,775	—
Ⅱ	270,000	5,000	—	—	10,000	36,364	321,364	1,375,000	5,231,364	648,589
Ⅲ	300,000	10,000	—	15,000	15,000	41,467	381,467	1,575,000	6,127,608	896,244
Ⅳ	330,000	15,000	—	22,000	20,000	46,571	433,571	1,750,000	6,927,852	800,244
Ⅴ	360,000	50,000	30,000	29,000	20,000	—	489,000	2,200,000	8,068,000	1,140,148
Ⅵ	390,000	60,000	30,000	29,000	20,000	—	529,000	2,400,000	8,748,000	680,000
Ⅶ	440,000	70,000	50,000	29,000	20,000	—	609,000	2,800,000	10,108,000	1,360,000
Ⅷ	500,000	80,000	70,000	15,000	15,000	—	680,000	3,250,000	11,410,000	1,302,000

【図表2—105】 役割給　下限の場合の年収の算定の例　　　　　　　　　（単位：円）

ステージ	下限	ステージ手当	職位手当	家族手当	住宅手当	時間外手当	時間外を含む賃金	賞与年間5カ月	年収	年収上昇
Ⅰ	160,000	0	—	—	10,000	21,691	191,691	800,000	3,100,287	—
Ⅱ	180,000	5,000	—	—	10,000	24,880	219,880	925,000	3,563,565	463,278
Ⅲ	200,000	10,000	—	15,000	15,000	28,708	268,708	1,050,000	4,274,498	710,933
Ⅳ	220,000	15,000	—	22,000	20,000	32,536	309,536	1,175,000	4,889,431	614,933
Ⅴ	240,000	50,000	30,000	29,000	20,000	—	369,000	1,600,000	6,028,000	1,138,569
Ⅵ	260,000	60,000	30,000	29,000	20,000	—	399,000	1,750,000	6,538,000	510,000
Ⅶ	290,000	70,000	50,000	29,000	20,000	—	459,000	2,050,000	7,558,000	1,020,000
Ⅷ	340,000	80,000	70,000	15,000	15,000	—	520,000	2,450,000	8,690,000	1,132,000

c　モデルを設定して賃金カーブを想定してみる

　賃金表がないと、将来の賃金がどのようになるのかよくわからないとか不安だという人がいます。確かに賃金表があれば、自分の給料がどのようになるのかを想定しやすいのですが、それでも昇給率や昇格がどのようになるのかは結局よくわからないため、実際問題としては確固たるものが想定できるものでもありません。

　賃金表がなくても、昇給率や昇格を想定して将来の賃金を想定することは可能です。**図表2—106**はモデルを設定して賃金を想定したものであり、**図表2—107**は年収を想定したものです。

【図表2—106】 年齢別賃金グラフの例

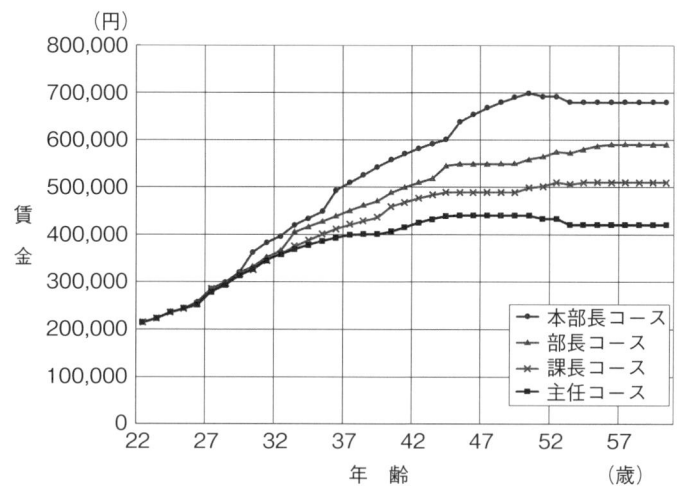

(円) / 賃金 / 年齢 (歳)
- 本部長コース
- 部長コース
- 課長コース
- 主任コース

【図表2—107】 年齢別年収グラフの例

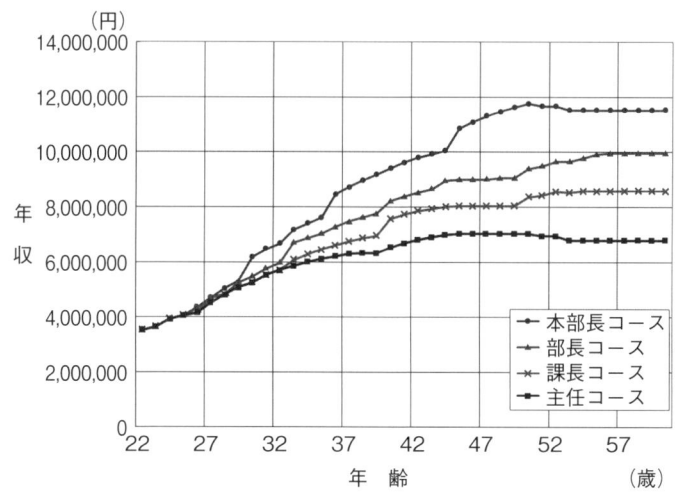

(円) / 年収 / 年齢 (歳)
- 本部長コース
- 部長コース
- 課長コース
- 主任コース

Lesson Ⅱ　提案する人事システムの理論

d 各ステージの役割給の上限・下限をどのように設定するか

各ステージの役割給の上限・下限は、次のように考えて定めます。

1）最初に決まるのはステージⅠの下限。これは高卒の初任給にする。
2）次に決まるのは最高ステージ（**図表2—108**ではステージⅧ）の上限。これは社員としての年収の最高をどの程度にするかを考えて、賞与分、諸手当分を差し引いて逆算して算定する。社員としての年収の最高は会社によって異なり、役員の年収も参考にして想定する。
3）次に最高ステージ（**図表2—108**ではステージⅧ）の下限を想定する。最高ステージに到達した社員は最低でもこのくらいの年収を支払いたいと考える額を想定する。これから賞与分、諸手当分を差し引いて、逆算して役割給の下限を算定する。
4）ステージⅠと最高ステージの下限が決まるので、この間のステージの下限は法則性を考えて設定する。
5）次にステージⅠの上限を設定する。ステージⅠの仕事のレベルで最高どのくらいの年収かを想定し、これから賞与分、諸手当分を差し引いて、逆算して役割給の上限を算定する。また、ステージⅠを標準的に何年経験させるか、昇給率をどの程度に想定するか等からも算定・検算して妥当な額を設定する。ステージⅠの上限・下限の幅は、大体60,000円から80,000円の間になる。
6）ステージⅠと最高ステージの上限が決まったので、この間のステージの上限は法則性を考えて設定する。

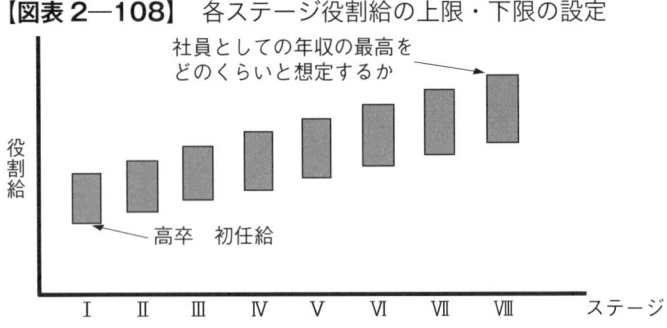

【図表2—108】 各ステージ役割給の上限・下限の設定

② ステージ手当

　昇格する際には、役割給は**図表2—109**に示すように、昇格後のステージの役割給と同じ額で横滑りして増加しません。ただし、昇格前の役割給が上位ステージの下限より下にある場合は、昇格によって上位ステージの下限まで昇給します。

　基本的に昇格する際に役割給は増加しないため、昇格昇給をステージ手当で行うことにします。ステージ手当の例は次ページ**図表2—110**の通りです。この例ではステージⅠ⇒Ⅳの一般社員層では5,000円、ステージⅤ⇒Ⅷの管理職層では10,000円の昇格昇給があるように設計しています。ステージⅣ⇒Ⅴの間ではステージ手当が大きく増加しますが、これはステージⅤからは管理職となり、時間外手当がつかなくなることに対しての処置です。ステージ手当は役割給と一体となって運用されるため、役割給のレンジを考える場合は、**図表2—102**（131ページ参照）のように役割給＋ステージ手当として見る必要があります。

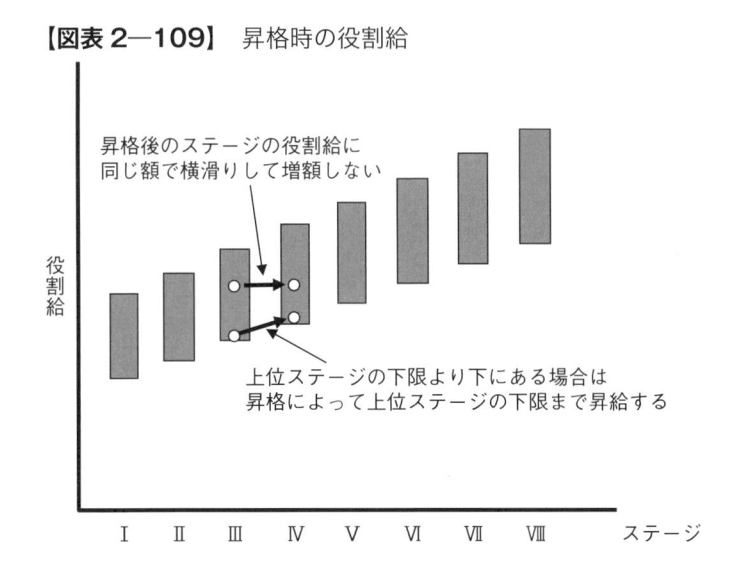

【図表2—109】　昇格時の役割給

【図表2—110】 ステージ手当の例

ステージ	ステージ手当
Ⅷ	80,000円
Ⅶ	70,000円
Ⅵ	60,000円
Ⅴ	50,000円
Ⅳ	15,000円
Ⅲ	10,000円
Ⅱ	5,000円
Ⅰ	0円

Ⅷ↔Ⅶ 10,000円
Ⅴ↔Ⅳ 35,000円
Ⅱ↔Ⅰ 5,000円

③ 職位手当

　職位手当は職位に対応して支給する手当です。ステージと職掌・職位の関係が**図表2—111**の通りであったとした場合の職位手当は、**図表2—112**のようになります。職位手当は、ステージ手当の額を勘案しながら額を定めるようにします。

【図表2—111】 ステージと職掌・職位の関係表

ステージ	呼　称	一般職				管理職			専門職
Ⅷ								本部長	シニアエキスパート
Ⅶ							部長		シニアエキスパート
Ⅵ						課長	部長		エキスパート
Ⅴ						課長			エキスパート
Ⅳ	リーダー								
Ⅲ	チーフ	営業職	事務職	技術職	技能職				
Ⅱ		営業職	事務職	技術職	技能職				
Ⅰ		営業職	事務職	技術職	技能職				

【図表2―112】 職位手当の例

職　位	職位手当
本部長	70,000円
部　長	50,000円
課　長	30,000円
シニアエキスパート	40,000円
エキスパート	20,000円

④　賃金組替

　人事制度を再構築すると、人事制度の様々な仕組みも変わってきますので、賃金に関する考え方も変わってきます。ここでは賃金の組替えをどのように行うか、それに先立って行う必要があるステージへの移行格付けをどのように行ったらよいかを説明します。

a　移行格付け

　能力主義では「等級」という言葉が使われ、能力の発展段階と定義づけられています。トライアングル人事システムでは役割と能力の区分として「ステージ」という言葉を用いています。このように等級とステージでは考え方が異なるため、等級をステージに移行させる場合は、様々な検討を加える必要があります。

　移行格付けには次のような方法が考えられます。

> 1）現行処遇を尊重して横滑り格付けする。
> 2）現行処遇よりそれぞれワンランク下げて格付けし、向こう1年間の業績評価、能力評価に基づき上位ステージに見合う役割・能力を示した者を昇格させる。
> 3）役割能力要件に照らして各人ごとに評価し格付けする。

最も合理的な方法は3）の方法だと思われます。

　2）の方法は現状を肯定しつつも、現状の格付けがやや甘くなっている者を、ステージへの格付けの機会に調整しようというものです。この方法をとる場合に困るのは、管理職と一般職の境目にいる者です。管理職の一番下のクラスはワンランク下げると一般社員になり、時間外手当がつくことになります。その場合は、現行賃金から時間外手当相当分を減額して一般社員のステージに格付けするか、そのまま管理職の一番下のステージに格付けするかになります。

　1）の方法は、波風があまり立たず、一番スムーズな方法ですが、既得権が尊重される分、現状の格付けが甘くなっている者をそのまま横滑りにするため、できる社員からの不満が出る可能性があります。ケースによっては不利益変更になることも考えられます。その場合は、規則・規程が「労働条件の一方的な不利益変更」として無効となることのないよう配慮が必要です。

b　賃金組替

　賃金組替えにあたっては、賃金総額は変えないことが原則です。現行30万円の者は組替え後も30万円ということにします。もしも賃金が減少する者があるということになれば、新しい人事制度は賃金を減らすために行っていると捉えられ、社員から支持されない恐れが出てきます。

　賃金組替は、**図表2—113**のように行います。現行の賃金総額からステージ手当、職位手当、家族手当等を差し引いて、残額を役割給とします。ステージ手当は本人がどのステージに格付けされるかによって定まっており、職位手当は本人がどの職位に就いているかによって定まっています。家族手当等も給与規程に定める額で決まってきます。

【図表2―113】 賃金組替

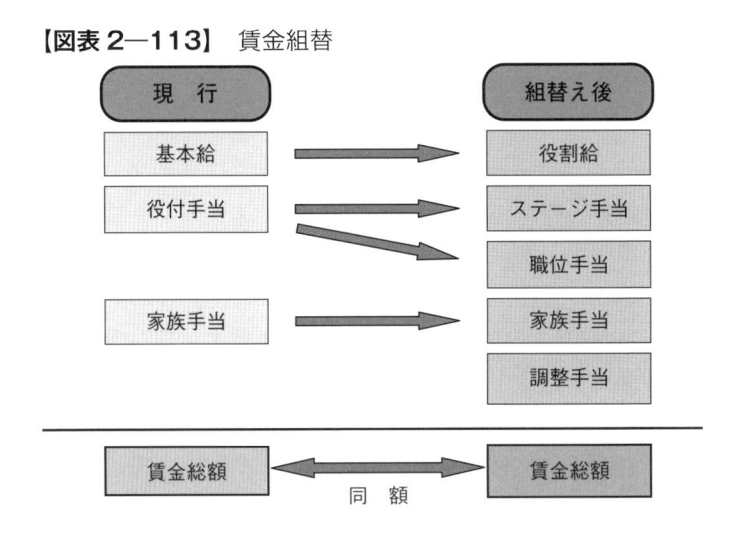

現行		組替え後
基本給	→	役割給
役付手当	→	ステージ手当
	→	職位手当
家族手当	→	家族手当
		調整手当

賃金総額 ←同額→ 賃金総額

　役割給は現行賃金総額から諸手当を差し引いて算出するわけです。その場合、それぞれのステージの役割給の上限・下限の中に収まってくれれば問題はないのですが、上限を超えた者、下限を下回った者も発生することがあります。**図表2―114**はある会社の賃金組替を行った後、役割給をプロットしたものです。下限を下回った者はいませんが、上限を上回っている者が発生しています。

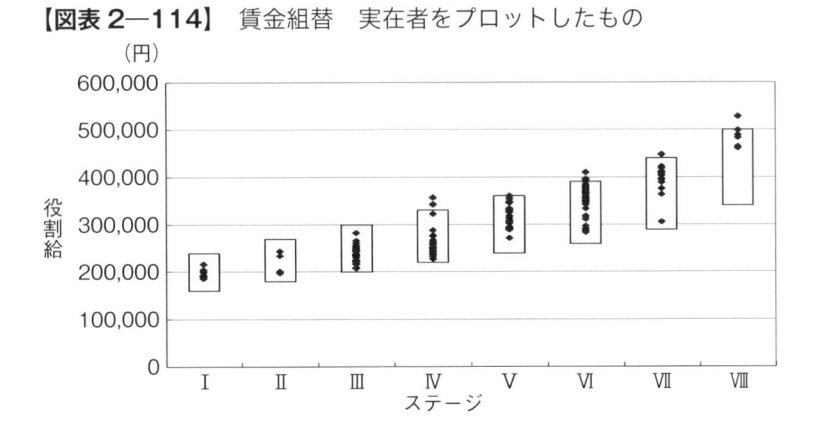

【図表2―114】 賃金組替　実在者をプロットしたもの

上限を上回っている場合は、**図表2—115**で示すように役割給を上限まで引き下げます。ただし賃金総額は変えないことを原則としていますので、引き下げた額を何かで引き当てなければなりません。これが調整手当です。調整手当が発生している者は「あなたの賃金は、今のあなたの仕事のレベルに比べて多いですよ」ということを意味しています。調整手当が発生する者は、年功賃金の会社における高齢の社員に多く見られます。年功で賃金はどんどん上がるのですが、賃金に仕事の内容が追いついていないという場合です。調整手当が発生している者は、役割給は上限に張り付いているため、今後の昇給はゼロということになります。その場合、まったく今後の昇給はゼロということでなく、本人が努力して昇格すれば、昇給もあり得ることになります。要は本人の努力次第ということです。

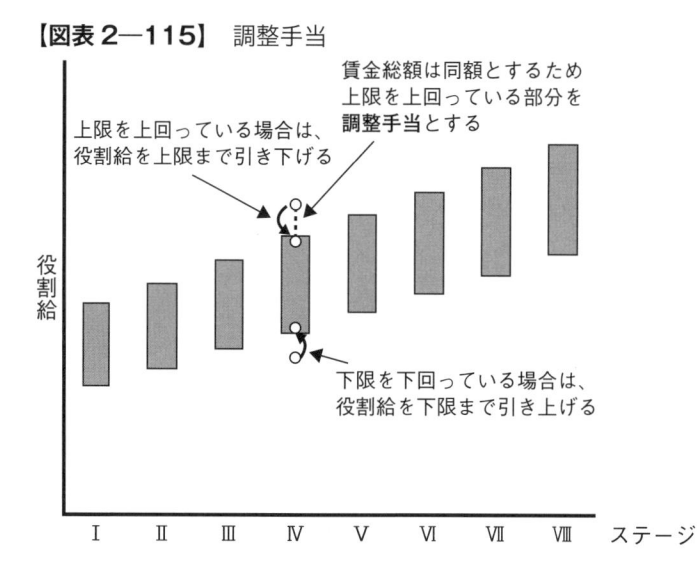

【図表2—115】 調整手当

賃金総額は同額とするため
上限を上回っている部分を
調整手当とする

上限を上回っている場合は、
役割給を上限まで引き下げる

下限を下回っている場合は、
役割給を下限まで引き上げる

役割給

Ⅰ　Ⅱ　Ⅲ　Ⅳ　Ⅴ　Ⅵ　Ⅶ　Ⅷ　ステージ

下限を下回っている場合は、役割給を下限まで引き上げます。賃金総額は変えないということとすれば、マイナスの調整手当が発生しますが、多くの会社ではマイナス調整手当を発生させずに、組替時にマイナス調整手当分だけ賃金を引き上げています。賃金組替にあたっては、賃金総額は変えないことが原則であるとしましたが、下限を下回っている場合だけは例外となるわけです。下限を下回っている者は、若くして優秀な者という場合が多く、仕事の内容に賃金が追いついていないときに発生します。

　上限を上回った場合は調整手当が発生しますが、この調整手当をどのように扱うかが問題となります。仕事のレベルに応じてステージがあり、ステージに応じて上限・下限の幅を持った役割給があるということから考えれば、賃金は役割給の中で対応するのが筋であり、役割給をはみ出た部分である調整手当は、できる限り速やかにゼロにするのが筋です。しかし、本人は調整手当分を含めて現在の賃金を得ており、これで生活しているのも事実ですので、その点も配慮する必要があります。その場合、次のような方策が考えられます。

1）償却する（調整手当を減額していく）。
　・何年後かに一括して償却する
　・何年かかけて少しずつ償却していく
　　　例えば　5年均等償却
　　　　　　　2年据え置き3年均等償却、ただし1年の償却額は
　　　　　　　1万円を超えないものとする
2）償却しない（調整手当を減額しない）。

　2）の償却しない、というのも1つの方策です。調整手当が発生している者の多くは高齢者であり、あと10年もすれば定年で退職することになります。波風を立てずにそっと過ぎるのを待つ、というのも選択肢の1つです。

(3) 昇　給

①　賃金表によらない昇給計算の仕組み

　ステージは役割・能力のレベルを表しており、役割給はステージごとに上限・下限のレンジをもって対応しています。昇給はステージごとに設定されている役割給レンジの中の上昇です。当然レンジの上限に達すれば、それ以上の昇給はありません。

　役割給による昇給計算の仕組みは**図表２—116**に示す通りです。

【図表２—116】　役割給の昇給

昇給額＝基本昇給額×ステージ係数×逓減率×補正比率

a　賃金表に基づかない昇給管理の狙い・長所

　役割給はステージごとに上限・下限のレンジがあるだけで、賃金表はありません。賃金表に基づかない昇給管理の狙い・長所は次の通りです。

1）ベースアップ（ベア）がない

　役割給には賃金表がありませんので、当然ベアという概念もありません。ベアという概念は、賃金表で管理する場合の固有の概念です。ベアは賃金表の書換えであり、ベアがあると、すべての社員がベア分だけ昇給することになります。成果や能力や役割に関係なく、全社員に満遍なく昇給させるというやり方です。

　賃金表がない役割給にはベアという概念はありませんが、インフレが起きた場合は、上限・下限のレンジを上方へ移動させることがあります。しかし、これはレンジの移動であってレンジの中にいる１人ひとりの社員の役割給を上方に移動させることではありません。ただし、下限近くの者がレンジ移動後の下限を下回る場合は、移動後の下限まで昇給させることはあります。

2）弾力的に昇給管理ができ、昇給原資との調整が容易にできる

賃金表による昇給の場合は、賃金表の号俸のピッチが数百円単位で粗い場合は、昇給原資とピッタリと調整することが難しく、また、評価は分布を考えた相対評価によらなければ、昇給原資通りに収めるのが難しいのですが、本方式で行えばピッチは円単位であると考えることもでき、また、絶対評価で行っても補正比率（148ページ参照）を使えば、昇給原資内にきちんと収めることができます。

b 基本昇給額

昇給評価得点は**図表2—117**に示すように、業績評価と知識技能力評価の2つの要素で行うのがよいと思います。賞与は成果性を重視して業績評価だけで行いますが、昇給は毎月の賃金に関するものであり、安定的に支給されるものであるため、成果の要素に能力の要素を若干加えたほうがよいと思われます。具体的には、業績評価と知識技能力評価の得点を80％、20％の割合で計算します。

【図表2—117】 評価システムと処遇の関係

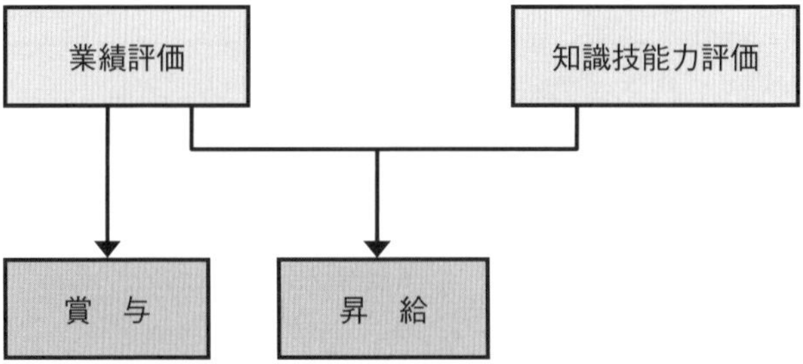

例えば、業績評価得点83点、知識技能力評価得点80点の場合の昇給評価得点計算は、**図表2—118**の通りになります。

【図表2—118】 昇給評価得点の計算

$$83 \times \frac{80}{100} + 80 \times \frac{20}{100} = 82.4$$

基本昇給額は、**図表2－119**に示すような昇給評価得点に応じた直線式を用意しておきます。**図表2－120**はこれをグラフに表わしたものであり、**図表2－121**は昇給評価得点に対応させて基本昇給額を表示したものです。

【図表2－119】 基本昇給額の算式

$$Y = 100\chi - 2{,}000$$
Y：基本昇給額
χ：昇給評価得点

【図表2－120】 基本昇給額グラフ

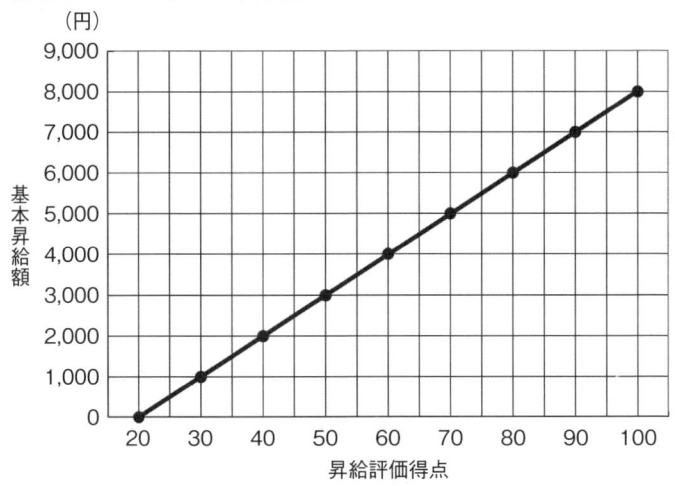

【図表2－121】 昇給評価得点に対応した基本昇給額

昇給評価得点	20点	40点	60点	80点	100点
基本昇給額	0円	2,000円	4,000円	6,000円	8,000円

C　ステージ係数

　基本昇給額は昇給評価得点に対応しており、新入社員も部長も昇給評価得点が同じであれば同じ昇給額になります。しかし、新入社員と部長では、賃金のベースが異なっています。同じ昇給評価得点で同じ昇給額では、昇給率は新入社員のほうが高くなってしまいますので、昇給率について考慮すれば、分母となる賃金ベースも考慮することが必要です。これがステージ係数です。

　ステージ係数は次のようにして求めます。まず、**図表2－122**によれば、ステージⅠの役割給の上限・下限の中間、つまり中位数は200,000円になります。これを1.0000と置きます。次に、各ステージの中位数を求めてステージⅠの中位数との比を求めます。これが粗ステージ係数になります。この粗ステージ係数に法則性を持たせて丸めて、ステージ係数を算定します。

　ステージ係数は、役割給のステージごとの格差構造を表しているといえます。

【図表2－122】 ステージ係数

ステージ	役割給			粗ステージ係数	ステージ係数	格差
	下限	上限	中位数			
Ⅷ	340,000円	500,000円	420,000円	2.1000	2.1	0.2
Ⅶ	290,000円	440,000円	365,000円	1.8250	1.9	0.2
Ⅵ	260,000円	390,000円	325,000円	1.6250	1.7	0.2
Ⅴ	240,000円	360,000円	300,000円	1.5000	1.5	0.2
Ⅳ	220,000円	330,000円	275,000円	1.3750	1.3	0.1
Ⅲ	200,000円	300,000円	250,000円	1.2500	1.2	0.1
Ⅱ	180,000円	270,000円	225,000円	1.1250	1.1	0.1
Ⅰ	160,000円	240,000円	200,000円	1.0000	1.0	

d　逓減率

　各ステージに設定されている役割給のレンジの上限に達すると、昇給はゼロになります。いきなり昇給がゼロというのも衝撃が強すぎるため、上限の手前で徐々にブレーキを利かすようにします。これが逓減率です。

　逓減率は**図表2―123**に示すように設定します。役割給の上限と下限の中間をA、上限とAの中間をB、上限とBの中間をCとします。下限とAの間はブレーキがなく、逓減率は1.00です。AとBの間は20％ブレーキを利かせて逓減率を0.80とし、BとCの間は逓減率を0.60とします。そして、Cと上限の間は逓減率を0.40とします。上限に達すれば0.00となります。

　逓減率を設定する理由として、上限に達すると昇給はゼロになり衝撃が強すぎるということを挙げましたが、その他の理由として次のことが挙げられます。

1）中位数をそのステージの役割給の基準と考える。中位数に上がるまではできる限り早く上げるようにし、中位数を過ぎれば昇給のペースを落とすようにする。
2）中位数を過ぎた者は、そのステージに留まってもあまりメリットがないようにし、早く昇格するように促す。
3）中位数を過ぎた者の昇給は少なくなるが、それでも少しずつでも昇給するため昇給する期間が長くなり、モチベーションの維持に寄与できる。

　図表2―124は、逓減率早見表の例を示したものです。

【図表2—123】 逓減率

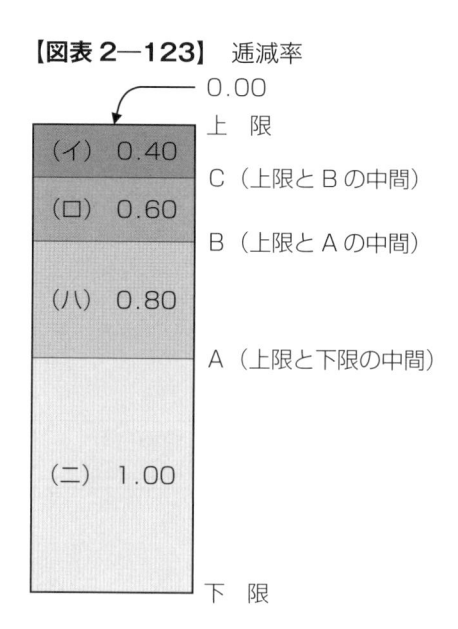

```
              0.00
       ┌──────上 限
(イ) 0.40
              C(上限とBの中間)
(ロ) 0.60
              B(上限とAの中間)
(ハ) 0.80
              A(上限と下限の中間)


(ニ) 1.00


              下 限
```

【図表2—124】 逓減率早見表の例
(表示されている金額と同額の場合は、以上と考える)

区分	ステージ I	II	III	IV	V	VI	VII	VIII	逓減率
	240,000	270,000	300,000	330,000	360,000	390,000	440,000	500,000	0.00
イ									0.40
	230,000	258,750	287,500	316,250	345,000	373,750	421,250	480,000	
ロ									0.60
	220,000	247,500	275,000	302,500	330,000	357,500	402,500	460,000	
ハ									0.80
	200,000	225,000	250,000	275,000	300,000	325,000	365,000	420,000	
ニ									1.00
	160,000	180,000	200,000	220,000	240,000	260,000	290,000	340,000	

e　補正比率

補正比率は、**図表2―125**に示す通りの算式で計算します。

分母の「補正前昇給額合計」は基本昇給額×ステージ係数×逓減率で計算した全社員合計額です。このようにして算出された補正比率を使うことにより絶対評価で行いながらも昇給原資通りに収めることができるのです。

【図表2―125】　補正比率

$$補正比率 = \frac{予定昇給額合計}{補正前昇給額合計}$$

②　若年層の昇給

若年層（大体30歳以下）については、初任給が低いということもあり、稼ぎ高に追いつくまではしっかり昇給させていくことが必要ですので、逓減率や補正比率による調整は行いません。昇給評価得点の差による格差も、ある程度までは均一に昇給させていくという意味では、あまり大きくしないほうがよいと思います（**図表2―126**）。ただし、一般層の昇給額と乖離が大きいようであれば、多少調整が必要になります。

【図表2―126】　若年層の昇給例

昇給評価得点	40点未満	40点以上	60点以上	70点以上	80点以上	90点以上
基本昇給額	0円	3,000円	6,000円	6,500円	7,000円	7,500円

③　昇給原資の配分

昇給は、まず昇給率・昇給原資をどのくらいにするかを定めます。これは世間の動向、会社の経営成績、経営者の考えを総合して決定することになります。労働組合がある会社では、労働組合との交渉の中で決まっていきます。

次に、このように決まった昇給原資をどのような順序で配分していくかですが、これは**図表2―127**に示すように、a 昇格昇給分、b 若年層昇給分、c 一般層昇給分の順序で決めていきます。

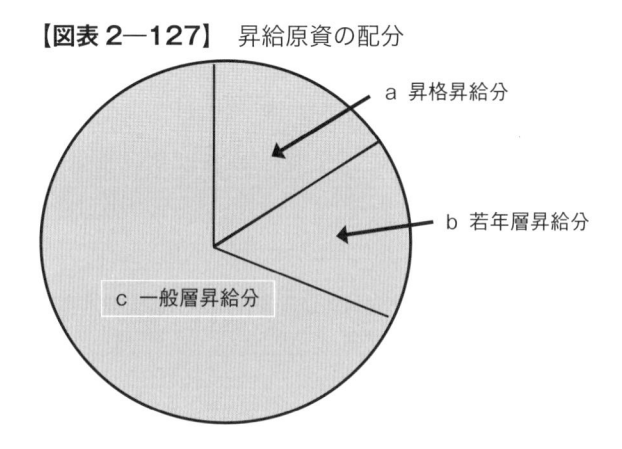

【図表2―127】　昇給原資の配分

- a 昇格昇給分
- b 若年層昇給分
- c 一般層昇給分

　昇格昇給というのは、昇格に伴うステージ手当の増加分をいいます（ステージ手当は136ページ**図表2―110**参照）。管理職のステージに昇格する際には、時間外手当を吸収するため大きくなっていますが、時間外手当相当分は昇格昇給分から除く必要があります。昇格によって役職に就き、職位手当が新たに発生することがありますが、職位手当分は昇格昇給分には含めません。職位手当は昇給・昇格の時期以外にも発生するからです。
　昇格者の昇給を昇格前のステージのレンジ・ステージ係数で行うのか、昇格後のステージのレンジ・ステージ係数で行うのかですが、これは会社が判断すればよいことです。筆者は、理論的には問題と思われますが、昇格のメリットを実感できるということで、昇格後のステージのレンジ・ステージ係数で行うほうを勧めています。

④ 昇給計算の実際

以上の昇給計算を実際の例で行うと、**図表２―128**に示すようになります。この昇給計算では、計算を簡単にするために昇格昇給、若年層昇給の計算は省略しています。

【図表２―128】 昇給計算の実際の例

昇給率	2%	基準内賃金平均	300,000円
平均昇給額	6,000円	社員数	100人
昇給原資	600,000円		

補正比率＝$\dfrac{600,000円}{500,000円}$＝1.2

	ステージ	昇給評価	役割給	基本昇給額	ステージ係数	逓減率	補正前昇給額	補正比率	補正後昇給額
A	Ⅱ	80点	230,000円	6,000円	1.1	0.8	5,280円	1.2	6,336円
B	Ⅲ	70点	280,000円	5,000円	1.2	0.6	3,600円	1.2	4,320円
︙							︙		︙
合計							500,000円		600,000円

（4） 賞　与

① 賞与計算の仕組み

賞与支給は、**図表２―129**に示すように基本賞与と業績賞与に分けて支給します。基本賞与というのは、評価と関係なく賞与算定基礎額に応じて安定的に支給される、いわば生活見合い的な要素が強い配分です。業績賞与は、業績評価に対応して支給される配分です。基本賞与と業績賞与の配分割合は60％、40％とする会社が多く見られます。

【図表２―129】 賞与の構成

賞与額 ─┬─ 基本賞与
　　　　└─ 業績賞与

a　基本賞与

　基本賞与は賞与算定基礎額に一定比率を乗じて計算します。賞与算定基礎額は「役割給＋ステージ手当＋職位手当」が基本です。ステージ手当、職位手当が加わっている分、高ステージの者に厚く配分される仕組みになります。昇給では若年層に配慮し、賞与では高ステージの者に厚く配分することによりバランスを取るようにします。

b　業績賞与

　業績賞与は業績評価によって増減する部分です。**図表2—130〜図表2—132**に示すように、あらかじめステージが上がり、業績評価得点が高くなるほど業績賞与指数が高くなるような一次方程式を用意しておきます。業績賞与配分額に各人の業績賞与指数を乗じた額の全社員合計が、予定した業績賞与原資と差異がある場合は、補正比率を使用して業績賞与原資に収まるようにします。

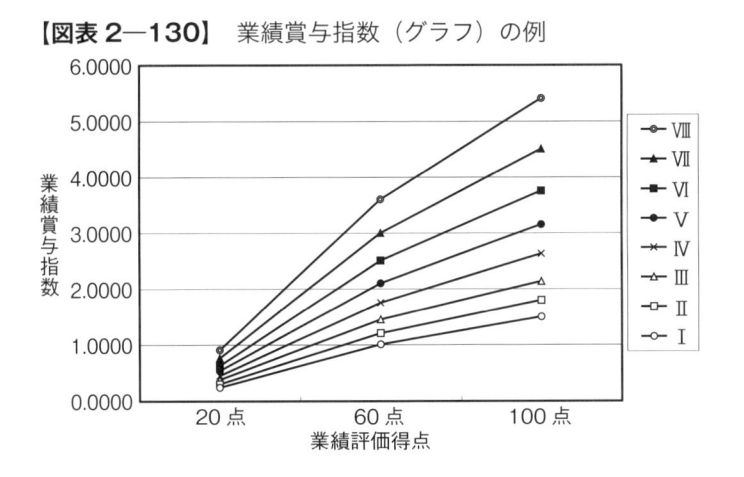

【図表2—130】　業績賞与指数（グラフ）の例

【図表 2—131】 業績賞与指数（一次方程式）の例

ステージ	60点以上 a（傾き）	60点以上 b（切片）	60点以下 a（傾き）	60点以下 b（切片）
Ⅷ	0.0450000	0.9000000	0.0675000	−0.4500000
Ⅶ	0.0375000	0.7500000	0.0562500	−0.3750000
Ⅵ	0.0312500	0.6250000	0.0468750	−0.3125000
Ⅴ	0.0262500	0.5250000	0.0393750	−0.2625000
Ⅳ	0.0218750	0.4375000	0.0328125	−0.2187500
Ⅲ	0.0169375	0.4337500	0.0271875	−0.1812500
Ⅱ	0.0150000	0.3000000	0.0225000	−0.1500000
Ⅰ	0.0125000	0.2500000	0.0187500	−0.1250000

※ a（傾き）とb（切片）は下記一次方程式のaとbを指している
　$y = aX + b$
　　傾き　　切片

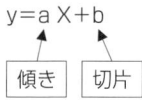

【図表 2—132】 業績賞与指数（業績評価得点別に表示）

ステージ	100点	90点	80点	70点	60点	50点	40点	30点	20点
Ⅷ	5.40000	4.95000	4.50000	4.05000	3.60000	2.92500	2.25000	1.57500	0.90000
Ⅶ	4.50000	4.12500	3.75000	3.37500	3.00000	2.43750	1.87500	1.31250	0.75000
Ⅵ	3.75000	3.43750	3.12500	2.81250	2.50000	2.03125	1.56250	1.09375	0.62500
Ⅴ	3.15000	2.88750	2.62500	2.36250	2.10000	1.70625	1.31250	0.91875	0.52500
Ⅳ	2.62500	2.40625	2.18750	1.96875	1.75000	1.42188	1.09375	0.76563	0.43750
Ⅲ	2.12750	1.95813	1.78875	1.61938	1.45000	1.17813	0.90625	0.63438	0.36250
Ⅱ	1.80000	1.65000	1.50000	1.35000	1.20000	0.97500	0.75000	0.52500	0.30000
Ⅰ	1.50000	1.37500	1.25000	1.12500	1.00000	0.81250	0.62500	0.43750	0.25000

② 賞与計算の実際

わかりやすいように具体例を挙げて実際に計算してみましょう。ある会社では2カ月の賞与を支給することにしました。賞与算定基礎額（役割給＋ステージ手当＋職位手当）平均は35万円、社員数を100人とすると、一人あたり平均は70万円になり、賞与原資は7,000万円になります。これを基本賞与60％、業績賞与40％の割合で配分すると、**図表2—133**に示す通りになります。

【図表2—133】 賞与の構成

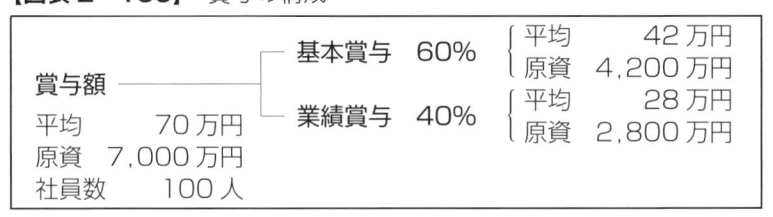

```
賞与額 ─┬─ 基本賞与 60％ ┤ 平均    42万円
        │                 │ 原資 4,200万円
平均    70万円
原資 7,000万円 └─ 業績賞与 40％ ┤ 平均    28万円
社員数   100人                  │ 原資 2,800万円
```

a 基本賞与の計算

賞与算定基礎額（役割給＋ステージ手当＋職位手当）の全社員平均額が35万円であるため、基本賞与の支給率は**図表2—134**に示すように1.2と計算されます。

各人の基本賞与額は各人の賞与算定基礎額に基本賞与支給率を乗じることによって計算されますので、全社員の基本賞与合計額は当然予定していた基本賞与原資に収まります。

【図表2—134】 基本賞与支給率の計算

$$基本賞与支給率 = \frac{基本賞与配分額平均\quad 42万円}{賞与算定基礎額平均\quad 35万円} = 1.2$$

例えば、ステージⅡのA君の賞与算定基礎額が25万円であった場合は、次ページ**図表2—135**の通り計算します。

【図表2—135】　ステージⅡ　A君の基本賞与の計算

基本賞与＝賞与算定基礎額×基本賞与支給率				
基本賞与＝	25万円	×	1.2	＝30万円

b　業績賞与の計算

1）業績賞与指数の算出

　各人の業績評価得点を**図表2—131**（152ページ参照）に示すような業績賞与指数の一次方程式に代入して業績賞与指数を算出します。

　ステージⅡのA君の業績評価得点が80点であった場合は、**図表2—136**の通り計算します。

【図表2—136】　ステージⅡ　A君の業績賞与指数の計算

$$Y=0.015\chi+0.3$$
$$Y：業績賞与指数$$
$$\chi：業績評価得点$$
$$業績賞与指数＝0.015×80点＋0.3＝1.5$$

2）粗業績賞与の算出

　各人の業績賞与指数に業績賞与平均を乗じて粗業績賞与を算出します。ステージⅡのA君の粗業績賞与は**図表2—137**の通りになります。

【図表2—137】　ステージⅡ　A君の粗業績賞与の計算

粗業績賞与＝業績賞与指数×業績賞与平均				
粗業績賞与＝	1.5	×	28万円	＝42万円

3）補正比率の算出

　業績賞与原資に収めるために、**図表2—138**の通り業績賞与原資を粗業績賞与の全社員合計額（例えば5,600万円になったとします）で除して補正比率を計算します。

【図表2―138】 補正比率の計算

$$補正比率 = \frac{業績賞与原資}{粗業績賞与の全社員合計額} = \frac{2,800万円}{5,600万円} = 0.5$$

4）業績賞与の算出

　各人の粗業績賞与に補正比率を乗じて業績賞与を算出します。ステージⅡのA君の業績賞与は**図表2―139**の通り計算します。当然のことながら、全社員の業績賞与の合計額は、当初予定していた業績賞与原資2,800万円に収まります。

【図表2―139】　ステージⅡ　A君の業績賞与の計算

業績賞与＝粗業績賞与×補正比率
業績賞与＝　42万円　×　0.5　＝21万円

c　基本賞与と業績賞与を合計して各人の賞与を算出する

　各人の基本賞与と業績賞与を合計して賞与を算出します。ステージⅡのA君の業績賞与は**図表2―140**の通り計算し、全社員の賞与の合計額は当初予定していた賞与原資7,000万円に収まります。

【図表2―140】　ステージⅡ　A君の賞与の計算

賞与＝基本賞与＋業績賞与
賞与＝　30万円　＋　21万円　＝51万円

③ 賞与計算の実際のまとめ

賞与計算の実際をまとめると**図表2—141**のようになります。

【図表2—141】 賞与計算の実際

	ステージ業績評価	賞与算定基礎額	基本賞与	業績賞与指数	粗業績賞与	補正比率	業績賞与	賞与額
A君	Ⅱ 80点	250,000円	300,000円	1.50	420,000円	0.5	210,000円	510,000円
B君	Ⅲ 60点	300,000円	360,000円	1.45	406,000円	0.56	203,000円	563,000円
⋮			⋮		⋮		⋮	⋮
合計			42,000,000円		56,000,000円		28,000,000円	70,000,000円

賞与支給額：2カ月　700,000円　70,000,000円
基本賞与 60%　420,000円　42,000,000円
業績賞与 40%　280,000円　28,000,000円
賞与算定基礎額平均 350,000円　社員数 100人

$$\text{基本賞与支給率} = \frac{420{,}000\text{円}}{350{,}000\text{円}} = 1.2$$

$$\text{補正比率} = \frac{28{,}000{,}000\text{円}}{56{,}000{,}000\text{円}} = 0.5$$

250,000円×1.2　　280,000円×1.5

（5） 退職金

図表2—142のように、退職金を基本給と連動させている例をよく見かけますが、筆者は基本給との連動は改めるべきだと思います。

【図表2—142】 基本給と連動した退職金

退職金＝基本給×勤続年数別支給率×退職事由別係数

基本給が年功的に上がる会社では、退職金も年功的に上昇します。また、勤続年数別支給率も勤続年数が20年を超えるあたりから加速度的に上昇しているものも多く見かけます。これには、長期勤続を優遇しようという意図が読み取れます。

しかし、退職金は「会社への業績貢献に対する賃金の後払い」という観点に立てば、基本給との連動を断ち切る方式に転換することが望ましいと思います。その場合のやり方としては、ポイント制や勤続年数別定額×退職時ステージ係数等が考えられますが、筆者はポイント制をお勧めします。ポイント制の例としては、**図表2―143**に示すような要素でポイントを加算する会社もあります。

【図表2―143】 ポイント制の要素の例

ステージ	ポイント
Ⅷ	450
Ⅶ	400
Ⅵ	350
Ⅴ	300
Ⅳ	250
Ⅲ	200
Ⅱ	150
Ⅰ	100

勤続年数	ポイント
2年以上	20
5年以上	50
10年以上	100
20年以上	150
30年以上	200

職　位	ポイント
課　長	100
部　長	150
本部長	200

　退職金の外部積立として、規約型企業年金、キャッシュバランスプラン、確定拠出型年金（日本型401K）が用意されています。また、中小企業であれば中小企業退職金共済（中退共）の活用も一策と思われます。
　次ページ**図表2―144**は、基本給×支給率で行っている退職金をポイント制に切り替えた場合のシミュレーションの例です。
　現行の退職金は、大卒男子順調昇進モデルと大卒男子一般モデルを設定して行いました。基本給は賃金表で管理しており、モデルに合わせた等級・昇給号俸で基本給を想定しています。
　新退職金はポイント制にして、現行モデルとほぼ同じスピードで昇格するものとしてポイントを累積させていき、ポイントは現行退職金とほぼ同じ水準になるように設定します。
　ポイント制への切替え時は現行退職金計算式で計算し、その額を切

替え時のポイントの持点とします。したがって、ポイント制に切り替える際には有利不利は生じません。

【図表2—144】 退職金のポイント制への切替えの例

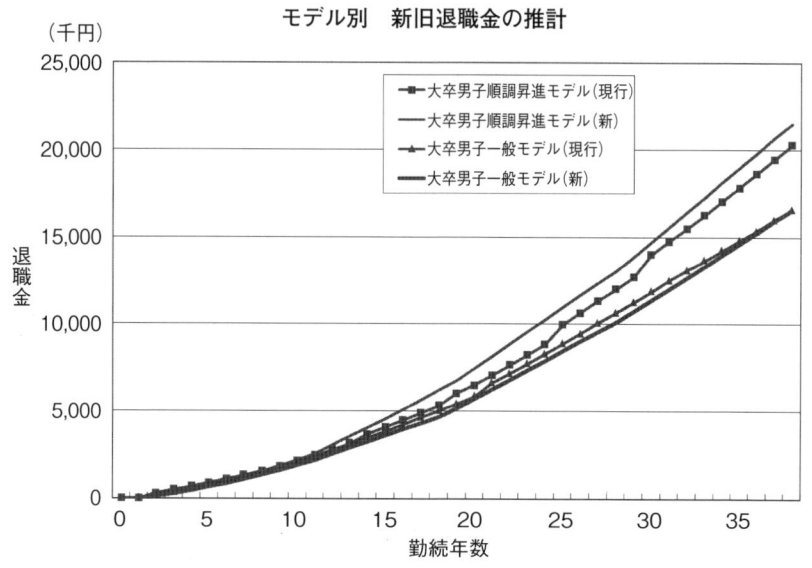

モデル別　新旧退職金の推計

(千円)

凡例：
- 大卒男子順調昇進モデル(現行)
- 大卒男子順調昇進モデル(新)
- 大卒男子一般モデル(現行)
- 大卒男子一般モデル(新)

縦軸：退職金（0〜25,000千円）
横軸：勤続年数（0〜35年以上）

5 トライアングル人事システムの全体像

　これまで述べてきたトライアングル人事システムの全体を鳥瞰すると、**図表2―145**の通りとなります。以下で1つひとつ番号に沿って簡単に説明します。

【図表2―145】 トライアングル人事システム　全体像

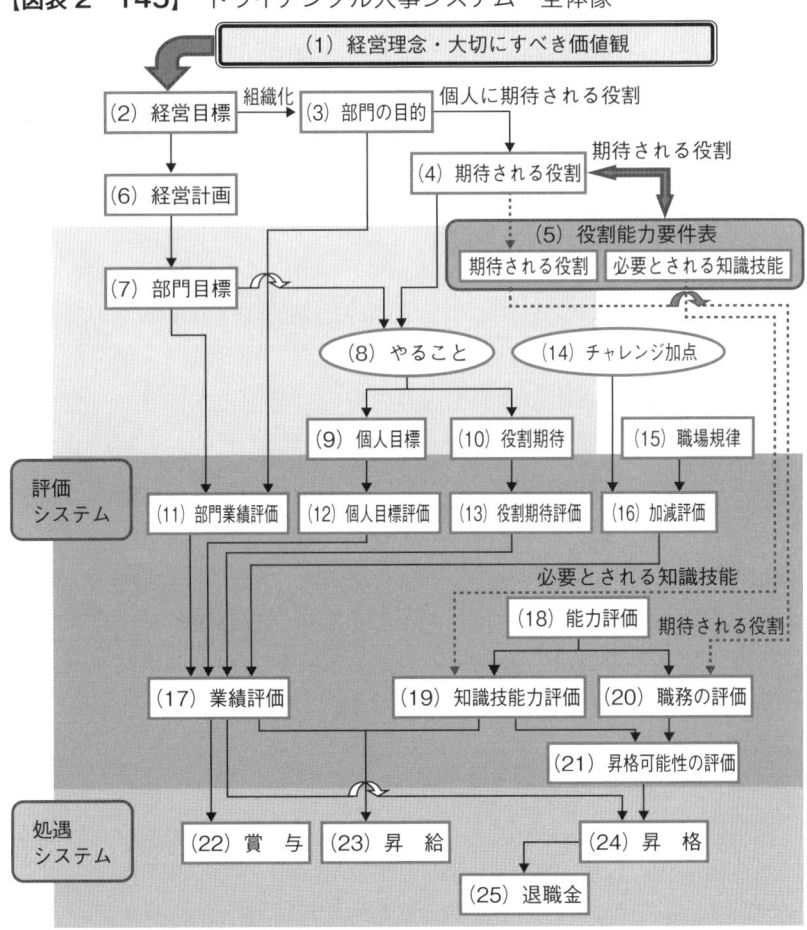

```
                    (1) 経営理念・大切にすべき価値観
                              │
          ┌───────────────────┴───────────┐
          │         組織化            個人に期待される役割
       (2) 経営目標 ──→ (3) 部門の目的         │
          │                    │          期待される役割
          │                    ↓              │
       (6) 経営計画         (4) 期待される役割 ←┘
          │                    │
          │                   (5) 役割能力要件表
          │                   期待される役割 │ 必要とされる知識技能
       (7) 部門目標
          │
          │         (8) やること      (14) チャレンジ加点
          │              │                  │
          │      ┌───────┴──────┐           │
          │   (9) 個人目標   (10) 役割期待  (15) 職場規律
  評価    │      │              │              │
  システム │   (11)部門業績評価 (12)個人目標評価 (13)役割期待評価 (16)加減評価
          │                                必要とされる知識技能
          │                                (18) 能力評価    期待される役割
          │                                     │               │
          └──→ (17) 業績評価   (19) 知識技能力評価  (20) 職務の評価
                                         │
                                    (21) 昇格可能性の評価
  処遇
  システム    (22) 賞 与   (23) 昇 給        (24) 昇 格
                                          │
                                     (25) 退職金
```

（1）経営理念・大切にすべき価値観

　全体像のトップに「経営理念・大切にすべき価値観」がありますが、これには意味があります。「経営理念・大切にすべき価値観」を社員の行動に反映されるよう促すものが、人事制度、評価制度であるからです。「経営理念・大切にすべき価値観」に基づいて評価制度を構築すれば、自然と社員はそこに謳われていることを実現するための行動をとるようになります。

（2）経営目標

　経営理念には時間の観念があまりありませんが、経営目標は違います。「5年以内に株式を公開する」「5年以内に経営品質賞を受賞する」「10年以内に○○の市場においてシェアがトップになっている」等が経営目標です。ビジョンとも呼ばれます。

（3）部門の目的

　経営目標・ビジョンを、より効率的・効果的に達成するために、企業では組織化が行われ、営業部門、製造部門、管理部門、開発部門等の部門が設置されます。部門を設置するのは必要性があるからです。部門の必要性、部門の存在意義、使命を「部門の目的」といいます。そして、部門の目的の達成度合いを「部門の業績」といいます。

（4）期待される役割

　部門の中には個人がいます。その個人は部門の目的を達成するために、それぞれ役割を与えられています。この個人に期待される役割をきちんと果たしたかどうかが「個人の業績」です。

（5）役割能力要件表

　役割能力要件表は、ステージに期待される役割と必要とされる知識技能を明確化し、表に示したものです（46～51ページ参照）。

(6) 経営計画

経営目標を達成するための具体的手順やスケジュールを表わしたものが経営計画です。経営計画には3カ年程度の中期経営計画や年度経営計画があります。

(7) 部門目標

年度経営計画に基づいて、各部門で設定するものが部門目標です。

(8) やること

個人の「やること」は、「部門目標」と「個人に期待される役割」から導き出します。個人のやることについては、「変化、前進、向上、改善、完成させるような特定業務、売上・利益等数値化できる業務」は「個人目標」で、「定常業務、基本業務、必須業務」は「役割期待」で把握するようにすれば、漏れなく、効果的に把握できます（67ページ参照）。

(9) 個人目標

「やること」の中で「変化、前進、向上、改善、完成させるような特定業務、売上・利益等数値化できる業務」は、個人目標を設定して行います。個人目標は部門目標に基づいて、また部門の中で自分に期待される役割をよく考えて設定します（82～91ページ参照）。

(10) 役割期待

「やること」の中で「定常業務、基本業務、必須業務」は、「役割期待」で把握するようにします（66～74ページ参照）。

(11) 部門業績評価

部門目標をどの程度達成したか、部門の目的をどの程度達成したかを評価するのが部門業績評価です（91～99ページ参照）。

(12) 個人目標評価
　個人目標の達成度合いを評価するのが個人目標評価です（82～91ページ参照）。

(13) 役割期待評価
　「定常業務、基本業務、必須業務」は「役割期待」で把握するようにします。期初に上司部下で確認した「役割期待」をどの程度果たしたかを評価するのが役割期待評価です（66～74ページ参照）。

(14) チャレンジ加点
　チャレンジすれば加点するというのがチャレンジ加点です。プロジェクト加点、パーソナル加点、エクセレント加点があります。チャレンジングな組織風土の醸成が目的です（99～104ページ参照）。

(15) 職場規律
　職場規律は、守って当たり前のものです。守らなければ減点とします（75～76ページ参照）。

(16) 加減評価
　加減評価は、チャレンジ加点と職場規律の減点から構成されます（74～76ページ参照）。

(17) 業績評価
　業績評価は、「部門業績評価」「個人目標評価」「役割期待評価」「加減評価」で構成されます（66～81ページ参照）。

(18) 能力評価
　能力評価は、「知識技能力評価」と「職務の評価」で構成されます（104～116ページ参照）。

(19) 知識技能力評価
知識技能力評価は、役割能力要件表の「必要とされる知識技能」をどの程度保有しているかを評価します（112～115ページ参照）。

(20) 職務の評価
職務の評価は、担当している仕事のレベルはどの程度かを評価するものです（104～112ページ参照）。

(21) 昇格可能性の評価
「知識技能力評価」「職務の評価」を勘案し、昇格の可能性を評価します（116ページ参照）。

(22) 賞　与
賞与は、成果性を重視し、業績評価の評価結果を反映させます（150～156ページ参照）。

(23) 昇　給
昇給は、能力の要素も加えて、業績評価と知識技能力評価の評価結果を反映させます（142～150ページ参照）。

(24) 昇　格
昇格は、ステージが上がることです。昇格しなければ、それほど賃金は上がらない仕組みになっています。昇格は、業績評価、昇格可能性の評価（知識技能力評価、職務の評価）の評価結果を反映させます（117～124ページ参照）。

(25) 退職金
退職金は、基本給との連動は断ち切る方式に転換することが必要です。その場合のやり方としては、ポイント制がよいと思われます。ポイントはステージに対応して設定するため、昇格と関係します（156～158ページ参照）。

トライアングル人事システムは、人事の基本ファクターである役割・能力・成果の特質を生かしバランスさせることを、全体を貫く基本的な理念にしています。

【図表2―146】 トライアングル人事システムのコンセプト

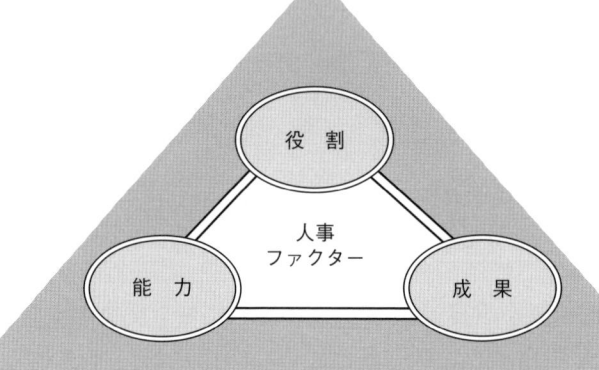

```
           役　割
      ／         ＼
   人事ファクター
  ／               ＼
能　力 ─────── 成　果
```

人事の基本ファクターである役割・能力・成果の特質を生かしバランスさせる

Lesson III

人事コンサルティングの
プロセス

　ここでは、「営業⇒コンサルティングニーズの聴き取りとコンサルティング構想⇒企画書⇒契約⇒コンサルティングの実施⇒請求」といったコンサルティングのプロセスの全体像を説明します。そして、Lesson IV以降はこのコンサルティングのプロセスの1つひとつを掘り下げて説明していきます。

1 人事コンサルティングのプロセスの概観

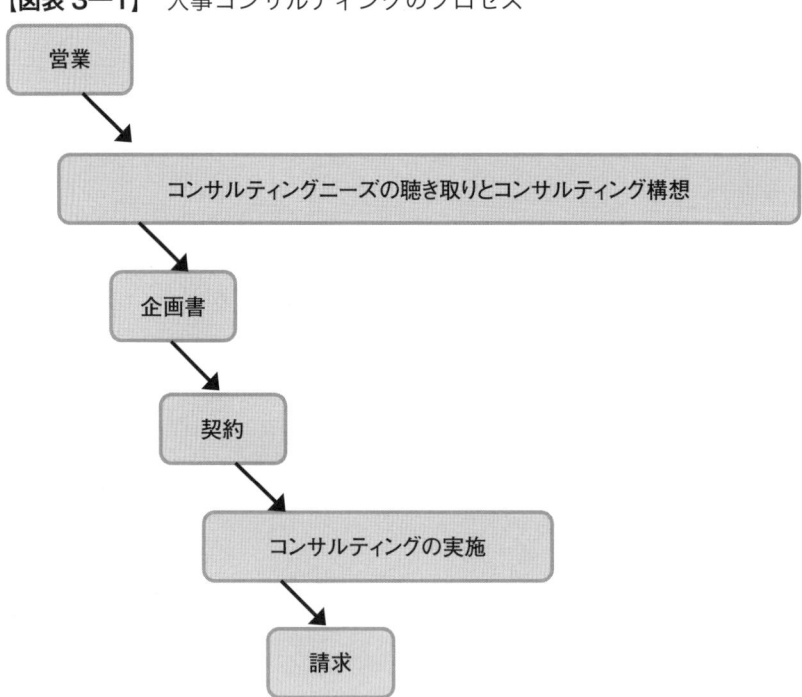

　人事コンサルティングは、**図表3—1**に示す通り、「営業⇒コンサルティングニーズの聴き取りとコンサルティング構想⇒企画書⇒契約⇒コンサルティングの実施⇒請求」の順で進みます。リピートで行うコンサルティングも人事コンサルティング以外のテーマのコンサルティングも大体同じです。次に、このプロセスの1つひとつを説明します。

【図表3—1】　人事コンサルティングのプロセス

```
営業
  ↓
  コンサルティングニーズの聴き取りとコンサルティング構想
    ↓
    企画書
      ↓
      契約
        ↓
        コンサルティングの実施
          ↓
          請求
```

2　営　業

　まず営業についてですが、営業がうまくいけばコンサルタントのスタートとしては成功です。しかし、営業が最も難しいのも事実です。そのため、以下のような方策を、粘り強く継続して行うことが必要です。

（1）　現在のつながり

　社労士、中小企業診断士、税理士等は、顧問契約先など何らかの形でつながりがあるはずですので、まず、このつながりからの開拓を考えるべきです。相手先の事情もよくわかっていますので、人事コンサルティングのニーズがあれば、受注に結びつけることは比較的容易です。そのためにも、大前提として自分自身が先方の期待に十分応えられる人事コンサルティングの技量を持っていることが必要になります。

（2）　紹介・口コミ

　次に考えるのは、現在つながりがある会社、以前人事コンサルティングを行った会社等からの紹介です。紹介するということは、こちらのコンサルティングの技量を認め、コンサルティングに満足しているからです。紹介、口コミは受注に結びつく可能性は高いと思われます。

（3） 人　脈

　さらに、人脈を広く持つことが必要です。その中で培った知人が、人事コンサルティングのニーズに接した時、「そういえば〇〇さんがいたな」と思い出してくれるようになれば十分です。絶えずメンテナンスすることが必要です。例えば、次のことが挙げられます。

> ①　名刺管理をしっかり行い、年賀状、暑中見舞いをしっかり出す
> ②　同業者の団体（社労士協会、中小企業診断士協会、税理士協会等）、その他各種団体（商工会議所、法人会、ロータリークラブ、ライオンズクラブ、異業種交流会等）に所属して、その会合に積極的に出る。世話役を引き受ける
> ③　各種勉強会、セミナーに参加する
> ④　同窓会（学校の同窓会、勤務先の同窓会等）に億劫がらず出席する

　要は、幅広く網を張り、そこで印象づけ、思い出してもらえるようにすることです。

（4） セミナー

　セミナーの講師をすることも営業になります。セミナーの中で営業を前面に出すと主催者はあまりいい顔をしませんが、それとなく自分をアピールすればよいのです。1日コースのセミナーであれば、講師の考え方、力量が表れるものです。受講者に「この講師なら大丈夫」という印象を持ってもらえれば成功です。それは次のようなところに表れます。

> ①　セミナーが終了したとき、自発的に拍手が起こる
> ②　セミナーが終了したとき、質問、名刺交換に来る人が何人かいる

　主催者は大体アンケートをとっていますので、そのアンケートを見ればセミナーの満足度がわかります。「ほぼ満足」「大変満足」という

のが80％以上あれば、成功と考えてよいでしょう。

　もちろん名刺交換をした人には、後で必ずメールか手紙を出してコンタクトをとっておくことが重要です。

（5）著　作

　また、書籍を執筆することも、場合によっては1つの営業となり得ます。書籍を読んだ人から、「この本に書いてある考え方は、うちの会社に合いそうだ」として、コンサルティングの受注に結びつくことがあります。人事コンサルティングの受注に結びつくテーマとしては、「等級制度」「評価制度」「賃金制度」「目標管理制度」等がありますが、これらの著書があれば、営業の後押しになります。

　書籍の出版には、まず、出版社との関係を構築しておくことが必要です。雑誌等の記事の執筆から始め、出版社との関係をしっかり構築し、単行本の出版に進めるようにするとよいでしょう。

（6）営業スタッフ

　コストがかかりますが、営業スタッフを雇用するか、外注することも1つの方策です。コンサルティング業務を受注する営業スタッフは、コンサルティングに興味を持ち、学ぼうという気持ちを持っていることが必要です。そのような営業スタッフは、こちらが指図しなくても自分で判断して仕事を見つけてくれます。そうすれば、コンサルタントは営業にかかる時間を節約でき、コンサルティング業務に時間を注ぐことができます。

3 コンサルティングニーズの聴き取りとコンサルティング構想

（1） コンサルティングニーズの聴き取り

　営業活動によってコンサルティングの芽をつかんだら、まず、相手先を訪問して、コンサルティングのニーズを聴き取ることになります。コンサルティングの内容が人事制度の再構築であれば、現状の人事制度の問題点、どのような人事制度を求めているのかを聴き取ります。さらに、企画書を作成することを想定して、以下のような資料の提供を求めます。

> ① 　会社案内
> ② 　組織図（部門名と部門長の役職、名前、部門の人数が記載されているもの）
> 　※ 　インタビュー対象者を大体何人にするか、誰にするかを考える場合の参考とするために使用。

（2） コンサルティング構想

　次に、コンサルティング企画書を作成することを前提に、以下のような構想を固めます。

> ① 　インタビューの人数はどれぐらいにするか
> ② 　再構築する人事制度はどのようなものか
> 　a 　個人目標制度を実施するか
> 　b 　部門業績評価制度を実施するか
> 　c 　評価期間は半年か1年か
> 　d 　昇給・昇格の時期は何月か（4月か7月か）

  e 退職金はどのように考えるか
  f 役割能力要件表をどの程度の精度で作成するか
③ プロジェクトチームを組成して行うか
④ その場合プロジェクトは何回ぐらい行うことが必要か
⑤ 新人事制度の運用開始はいつ頃を予定するか
⑥ コンサルティングをフェイズⅠ、フェイズⅡに分ける場合、フェイズⅠ、フェイズⅡの内容をどうするか

4 企画書

　どのような内容のコンサルティングを行うのか、金額はどのくらいか、期間はどれだけか、誰がコンサルティングを行うのかを文章にして提出するのが企画書です。
　標準的な企画書の目次は**図表3―2**の通りです。
　以下で、1つひとつ詳しく解説していきます。

【図表3―2】　標準的な企画書の目次

```
（1）　表　　紙
（2）　背　　景
（3）　目　　的
（4）　人事制度の再構築・導入・定着化のスケジュール
（5）　コンサルティング・ステップ
（6）　内　　容
（7）　スケジュール
（8）　費　　用
（9）　担当者
```

（1）表　紙

　企画書の表紙は、**図表3―3**の通りです。表題はコンサルティング

【図表3―3】　表　紙

```
○○株式会社 御中

　　　　人事制度再構築に関するコンサルティング
　　　　　　　　　　（フェイズⅠ）
　　　　　　　　　　　企画書

　　　　　　　　　○○○○年○月

　　　　　　　　　　　○○○○
```

の内容が的確に表現されるものにします。

（2） 背　景

コンサルティングに至った経緯、何が問題でどうしたいのかについて、**図表3—4**のように、コンサルタントが理解したことを記載します。

【図表3—4】 背　景

> 1　○○株式会社殿は、○○年設立以来、○○の専業メーカーとして、○○円の売上高、社員数○○名の規模まで発展・成長してこられた。
> 2　現行人事制度については、次のような点を問題として認識しておられる。
> 　（1）　人事評価制度が十分機能していない。
> 　（2）　昇給は一律に基本給に積み上げる方式で、年功的な賃金になっている。
> 　（3）　社員の個々の職務・能力・仕事の品質・成果が処遇に反映されない仕組みになっている。
> 　（4）　そのため、やってもやらなくても同じという風潮が蔓延している。
> 3　これらの問題点を克服すべく、この1年間で人事制度を次のように再構築したいと考えておられる。
> 　（1）　公平・納得的な評価制度を確立し、よくやった者とそうでない者を区別し、社内を活性化したい。
> 　（2）　やった者には相応の報酬を、やらない者には頭打ちですよという賃金制度にしたい。
> 　（3）　入社5～10年程度は年功的なものを残し、思い切ってチャレンジすることを身につけてもらいたいと思っている。
> 　（4）　そうして何事にも前向きにチャレンジする活力ある会社に生まれ変わらせたい。
> 　（5）　新しい人事制度をきっかけに、現在の事業に加え、何かもう1本、柱となる事業を開発し、企業の継続につなげたい。
> 4　このように「人事制度の改革」は喫緊の経営課題となっており、これの整備には経験豊富なコンサルタントの指導に基づいて行うことが効果的・効率的と考えられ、○○○○にコンサルティングのご依頼となった。

（3）目　的

「背景」でコンサルティングに至った経緯を確認した後、コンサルティングではどのようなことを行うのかについて、**図表3—5**のように、コンサルティングの「目的」を書きます。これは当たり前のことを述べているのですが、改めて確認するという意味があります。

【図表3—5】　目　的

> 前記背景に鑑み、本コンサルティングの目的は次の通りとする。
> 貴社のニーズ合った、貴社に最適な社員の人事制度を構築し、これを貴社の現場に導入し、定着化を図る。

（4）　人事制度の再構築・導入・定着化のスケジュール

人事制度の再構築・導入・定着化までの大体のスケジュールを、**図表3—6**のように明らかにして、本コンサルティングはその中でフェイズⅠに相当することを示します。

【図表3—6】　人事制度の再構築・導入・定着化のスケジュール

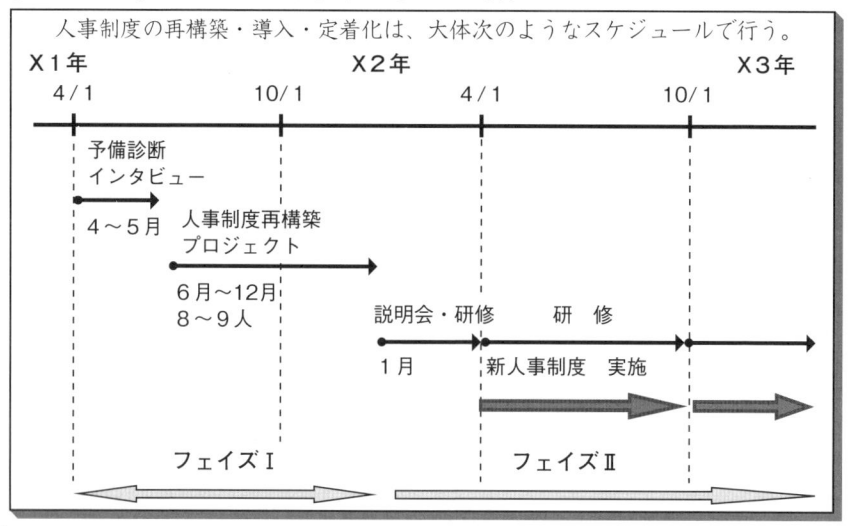

> 人事制度の再構築・導入・定着化は、大体次のようなスケジュールで行う。
>
> ```
> X1年              X2年                      X3年
> 4/1      10/1      4/1       10/1
>
>  予備診断
>  インタビュー
>  ├──────┤
>   4～5月
>          人事制度再構築
>          プロジェクト
>          ├──────────┤
>           6月～12月
>           8～9人
>                          説明会・研修      研　修
>                          ├──────┼──────┼──────┤
>                           1月       新人事制度　実施
>                                     ━━━━━━▶ ━━━━━▶
>
>         フェイズⅠ                  フェイズⅡ
>       ◀━━━━━━▶              ◀━━━━━━━━━━▶
> ```

(5) コンサルティング・ステップ

図表3—6の「人事制度の再構築・導入・定着化のスケジュール」にも表示されていますが、コンサルティングはフェイズⅠ、フェイズⅡのステップで行い、それぞれの内容を具体的に、コンサルティング・ステップとして**図表3—7**のように示します。

【図表3—7】 コンサルティング・ステップ

上記目的を達成するため、コンサルティングは次の2つのステップで行う。

フェイズⅠ ┌ 人事制度再構築のための予備診断
　　　　　└ 人事制度の再構築
フェイズⅡ ┌ 人事制度の説明会
　　　　　│ 評価者研修
　　　　　└ 目標設定研修　他

本コンサルティングはフェイズⅠであり、フェイズⅡコンサルティングについての企画書は、フェイズⅠコンサルティングの終了時点で提出するものとする。

---

(6) 内　容

フェイズⅠコンサルティングの内容を、**図表3—8**、**図表3—9**に示すように詳細に記述します。その内容は、「人事制度再構築のための予備診断」「新人事制度の基本構想」「新人事制度（案）の策定」「新人事制度の構築」です。その中で「4　新人事制度の構築　(2)新人事制度構築のスケジュール」は、ここでは表示しませんでしたが、実際は、242～246ページの**図表5—2**「人事制度再構築プロジェクト・スケジュール」がここに入ります。

【図表3—8】　内容—1

> 1　人事制度再構築のための予備診断
>   (1)　調査分析の内容
>   ①　価値観の体系
>   ②　計画の体系
>   ③　評価の体系
>   ④　処遇の体系
>   ⑤　人材育成の体系
>   ⑥　組織運営の体系
>   (2)　予備診断の進め方
>   ①　現状調査
>   ②　補足調査
>   ③　予備診断報告書
>   (3)　予備診断の内容
>   ①　インタビュー
>   ②　資料の解析
> 2　新人事制度の基本構想
>   貴社経営トップおよび人事管理責任者と指導コンサルタントとが、新人事制度の基本構想についてフリーに意見交換を行う。
> 3　新人事制度（案）の策定
>   指導コンサルタントが、新人事制度の基本構想に基づき、具体的な「素案」を策定する。この「素案」をもとに、次の新人事制度構築プロジェクトチームとの討議を通して新しい人事制度を構築していく。

【図表3―8】 内容―2

```
4  新人事制度の構築
（1）　プロジェクトチームの編成
（2）　新人事制度構築のスケジュール（242～246ページ figure 5―2
    がここに入る）
（3）　新人事制度構築の成果物
    新人事制度が再構築されたときの成果物は次の通りである。
  ①　人事制度諸規程（Word）
    ・ステージ制度運用規程
    ・業績評価制度運用規程
    ・個人目標制度運用規程
    ・部門業績評価制度運用規程
    ・チャレンジ加点制度運用規程
    ・能力評価制度運用規程
    ・給与規程
    ・昇給管理規程
    ・賞与管理規程
    ・退職金規程
  ②　新人事制度社員向け解説書（Word）
  ③　役割能力要件表（Word）
  ④　新人事制度のシミュレーション（Excel）
    ・賃金組替シミュレーション
    ・昇給シミュレーション
    ・賞与シミュレーション
    ・退職金シミュレーション
```

※ 図表5―2の太字表記を修正：新人事制度構築のスケジュール（242～246ページ**図表5―2**がここに入る）

(7) スケジュール

次に、フェイズⅠのコンサルティングを月別にどう進めるかを、**図表3—9**のようにガントチャートのスケジュールで示します。こうすることで、何月に何をやるのかがよくわかります。

【図表3—9】 スケジュール
　　　　　　　　　　　○○年

コンサルティング項目	4月	5月	6月	7月	8月	9月	10月	11月	12月
予備診断	━━━▶								
インタビュー	━▶								
報告書作成	━▶								
予備診断報告	▶								
新人事制度の構築			━━━━━━━━━━━━━━━▶						
基本構想・意見交換	━▶								
プロジェクト		━━━━━━━━━━━━━━━━━━▶							

　　フェイズⅠ　コンサルティング
　　　着手　　　○○年4月
　　　終了　　　○○年12月末日

(8) 費　用

先方は、どのくらいの費用がかかるのかを最も気にします。費用は、指導工数に単価を乗じて算定するのが一般的です。

指導工数は、**図表3—9**のコンサルティング項目ごとにどのくらいの日数を投入するかを見積もり、算定します。インタビュー、プロジェクト、予備診断報告、基本構想・意見交換等、先方に行って作業するものは日数を算定しやすいのですが、報告書作成やプロジェクト進行の過程で、コンサルタントが自分の事務所で作業する時間の算定は難しいものです。大体概算となり、このあたりが、先方との価格の折衝

においての調整分となります。

　単価は、1人のコンサルタントが1日稼働した場合の金額です。2万円～40万円とピンからキリまでありますが、自分の市場での力量を見積もり、自ら決めるしかありません。先方から高いと言われれば、単価を下げる必要もあります。この単価は必ずしも一律ではありません。相手先や業務内容によって単価が異なることもあります。先方の懐具合も関係してくるでしょう。

　値引きを要求されることはよくありますが、その場合、値引きの根拠を明確にしておくことが必要です。バナナの叩き売りのように同じ商品をそのまま値引きするのは好ましくありません。「○○の業務をカットし、投入日数が何日減るので、これだけ費用が減ります」というように根拠を明確にすることが必要です。

　また、地方出張がある場合は、旅費交通費の取扱いや支払方法はどうするのかも明確にしておきます（**図表3―10**）。

【図表3―10】　費　用

```
指導工数    ○○日
 1  金　額    ○○○○円
            別途消費税　○％を申し受けます
            別途旅費交通費を実費申し受けます。
 2  支払方法  契約時　半額
            終了時　半額
```

（9）担当者

　本コンサルティングを担当するコンサルタントを、**図表3―11**に示すように記載します。そして、担当コンサルタントの経歴書も別紙として添付します。

【図表3―11】　担当者

```
        経営コンサルタント　　○○○○
        経営コンサルタント　　○○○○
```

5 契約・コンサルティングの実施・請求

(1) 契 約

　コンサルティング契約書は、先方に所定の様式があれば、その様式に従って作成します。特に所定の様式がなければ、こちらの様式で契約書を作成します。契約書は2通作成し、署名・捺印して各1通を双方が保管するようにします。契約書には収入印紙が必要ですので、所定の金額の収入印紙を忘れずに貼り、消印を押します。
　会社によっては、個人情報保護に関する契約書を作成することがあります。その場合は所定の様式で契約書を作成し、契約を締結します。

(2) コンサルティングの実施

① 予備診断

　予備診断についてはLesson Ⅳで詳しく説明しています。

② 人事制度の再構築

　人事制度再構築にあたっては、まず、どのような人事制度を再構築するのかを決める必要があります。筆者が提起する「トライアングル人事システム」についてはLesson Ⅱ（41～164ページ参照）で詳しく説明しています。
　人事制度再構築をプロジェクトチームを組成して行う場合や、こぢんまり行う場合のやり方は、Lesson Ⅴ（233～288ページ参照）で詳しく説明しています。
　人事制度再構築の中で、役割能力要件表の構築が大変手間のかかる作業になりますが、これについてはLesson Ⅵ（289～320ページ参照）

で詳しく説明しています。

③　説明会・研修・運用指導・ソフト開発

　人事制度は運用が重要です。説明会・研修・運用指導・ソフト開発についてはLesson Ⅶ（321～378ページ参照）で詳しく説明しています。

（3）　請　求

　コンサルティング費用の請求は、企画書に定めた通り行います。契約時半額、終了時半額と定めた場合は、契約時に半額を請求し、コンサルティングが終了後に残額の請求ということになります。所定の期日に忘れず請求しましょう。旅費・宿泊費を実費精算する場合は領収書を添付して請求します。請求書は所定のフォーマットを用意しておくとよいでしょう。

Lesson Ⅳ

予備診断

　コンサルティングは予備診断から始まります。予備診断は、クライアントを理解するため、また現状の問題点の把握とこれから再構築する人事制度の基本構想を得るために行います。事前に提供してもらう資料、インタビューの進め方・まとめ方、予備診断報告書の書き方、報告会等について説明します。

1　事前に提供してもらう資料

　予備診断にあたって、事前に先方から提供してもらう資料は次の通りです。

(1) **組織図**（できれば責任者の役職名と名前が記入されたもの）
(2) **全社員の賃金データ**
　① 社員番号
　② 社員名
　③ 男　女
　④ 生年月日
　⑤ 入社年月日
　⑥ 部　門（部門コードがあれば部門コード）
　⑦ 役　職
　⑧ 等　級
　⑨ 号（賃金表の場合）
　⑩ 賃　金（基本給、役職手当、家族手当等、会社の賃金項目に従う）
　⑪ 賞　与（直近の賞与とその前の賞与、臨時賞与があればそれも）
　⑫ 昇　給（直近年度の昇給額）
　⑬ 年　収（直近年度の年収　毎年年末調整時に計算する年収）
　⑭ 時間外時間（最近月を選んでもらいその月の時間外時間）
　⑮ 時間外手当（最近月を選んでもらいその月の時間外手当）
　※　「全社員の賃金データ　フォーマット」は、**別紙—12**（395ページ参照）の通りです。Excelで提供してもらう。
(3) **財務諸表（5期分）**
　① 貸借対照表
　② 損益計算書
　③ 製造原価報告書（製造業の場合）
　④ 販売費および一般管理費の明細書
　⑤ 利益処分計算書
　⑥ 期末時点の従業員数（正社員、パート別）5期分

(4) **人事関係諸規程**（現行存在するものだけでよい。下記は例示したもの）
① 就業規則
② 給与規程
③ 退職金規程
④ 資格等級運用規程
⑤ 人事評価運用規程　等
※　Wordで提供してもらったほうが、後で分析、新人事制度諸規程を作成するのに都合がよい。

(5) **人事評価・目標管理の帳票様式**（現行存在するものだけでよい。下記は例示したもの。記入例があればなお良い）
① 人事評価表
② 個人目標シート
③ 部門業績評価シート　等
※　Wordで提供してもらったほうが、後で新人事システムの帳票を作成するのに都合がよい。

(6) **年度別　採用・退職の状況（5期分）**（図表4－1に示す通り）

【図表4－1】　年度別　採用・退職の状況　フォーマット

年　度	採　用				採用人数合計	退職者人数
	新卒採用人数			中途採用人数		
	男	女	計			
年	人	人	人	人	人	人
年	人	人	人	人	人	人

2　インタビューの進め方、留意点

インタビューの進め方、留意点は次の通りです。

（1）　インタビューの人数

まずインタビューする人数ですが、各部門、各階層、男女に万遍なく聴き、その会社の実態を把握できる程度の人数であればよいでしょう。大体**図表4—2**に示すような人数を目安にします。

【図表4—2】　インタビューする人数の目安

会社の規模	インタビューする人数の目安
50人規模	20人
100人規模	30人
500人規模	50人
1,000人規模	100人

（2）　インタビューの時間

インタビューする時間はゆったりと取るほうがよいでしょう。60分～90分が標準です。スケジュール的には90分単位で行うことにし、早めに終わって休憩を挟むような流れにしたほうが疲れなくてよいと思います。

（3）　インタビューの場所

インタビューを行う場所は、独立した静かな部屋を用意してもらいましょう。地方に営業所がある場合は、現地に行ってインタビューし

ます。現場を見ることも目的です。地方の営業所などでは、会議室がない場合があります。その場合は、外部の会議室を用意してもらうか、近くの喫茶店で行うようにします。仕事場でインタビューをすると、インタビューを受けるほうも落ち着かず、話が漏れる恐れがあるため、本音を聴くことができないからです。

　細かいところですが、インタビューの会場では、会議用の机と椅子を用意してもらいましょう。応接セットなどでは長時間メモを取りながらインタビューをするのには不向きです。

（4）　インタビューの人選

　インタビューを受ける人の人選は慎重に行う必要があります。対象者から漏れた人の中には、「なぜ自分はインタビューがないのだろうか。評価が低いからかな…」と考え込む人がいるからです。そのため、インタビューの人選に入る前に、会社の経営トップから「人事制度再構築コンサルティングを行うこと、その場合、会社の実態をよく知ってもらう必要があること、そのためのインタビューであり、その目的に合う人を選んだこと」等のアナウンスをしてもらうとよいと思います。

　インタビューの人選は次の観点から行います。

---

① 　できる限り多くの部門から選ぶ
② 　各階層から万遍なく選ぶ
③ 　男性に偏らないよう、女性も選ぶ
④ 　パートからも選ぶ（社員人事制度を再構築する場合、一見関係ないように思えるが、パートからの意見に貴重なものがあることが多い）
⑤ 　問題意識のある人を選ぶ
⑥ 　人事制度再構築プロジェクトチームのメンバーになりそうな人を選ぶ（インタビューで面識を得ておくと、プロジェクトチームの運営がスムーズになる）
⑦ 　部門の業務をよくわかっている人を選ぶ（プロジェクトチームのメイン作業は役割能力要件表作成になるため）
⑧ 　労働組合がある場合は、その役員も選ぶ

（5） インタビューのスケジュール表

インタビューの人選が終わったら、インタビューのスケジュール表を作成します。**別紙―14**（397ページ参照）の「インタビュースケジュール―1」は1人90分となっています。1日あたり5人のインタビューを行うことになりますので、50人分行うということになれば、10日必要になります。**別紙―15**（398ページ参照）の「インタビュースケジュール―2」は1人60分となっています。1日7人、50人分行うということになれば約7日かかることになります。また、中には対象者の属性によって差を設けて、役員には90分、その他は60分とする会社もあります。

（6） インタビューの案内状

スケジュール表ができたら、インタビューを受ける人に案内状を発送しますが、その前に、経営トップから全員に、コンサルティングの趣旨、目的を、朝礼、全体会議、社内報等でアナウンスすることが必要です。

案内状は**別紙―13**（396ページ参照）のような様式で行いますが、インタビューを受けるにあたっての注意事項が、以下のように記載されています。

---
① インタビューのために特に用意することはない
② コンサルタントの質問には率直に意見を述べて構わない
③ 日頃、仕事、職場について思っていることを何でもコンサルタントに話して構わない
④ 話の内容はコンサルタント以外の人に漏れる心配はまったくない

これらについてもう少し詳しく説明します。

① インタビューのために特に用意することはない

　インタビューを受ける人は、「インタビューでは何を聞かれるのだろう」と気になるはずです。何か準備しておいたほうがよいのではないかと思うと、インタビューが近づくにつれ、段々気が重くなってくる人もいます。「気楽に臨んで、日頃思っていることを率直に話してください。あれこれインタビューの前に用意する必要はありません。コンサルタントが資料等を必要とした場合は、改めてコンサルティング担当の事務局から提出をお願いするため、それから事務局に提出してください」ということをアナウンスしておきます。

　中には人物評価をするのではないかと勘繰る人もいますので、インタビューは人物評価をするために行うものではないことも、事前にしっかり伝えておいたほうがよいでしょう。

② コンサルタントの質問には率直に意見を述べて構わない

　手ぶらで来てもらって構わないということ、話すことを事前に考えて来なくてよいということもアナウンスしておきます。コンサルタントの質問に、日頃考えていることを素直に答えてもらえばよいということです。インタビューの場で話したことの責任は追及しないということを確認します。

③ 日頃、仕事、職場について思っていることを何でもコンサルタントに話して構わない

　話す内容に制約はありません、何でも話してよいですよ、ということです。「何でも」と言っても、あまり仕事に関係のない話は困りますので、仕事のこと、職場のことを中心に話してもらうよう確認します。

④ 話の内容はコンサルタント以外の人に漏れる心配はまったくない

　中には「話の内容が経営トップに筒抜けになるのではないか…」と

警戒する人がいます。そうなると、本音がなかなか引き出せません。それではインタビューの意味が薄れてきますので、話しやすいように「話の内容はコンサルタント以外の人に漏れる心配はまったくない」ということを明示しておきます。

また、インタビューの冒頭で、「ここで話したことは、この場限りですので、他の人に絶対に漏れることはありません。メモを取ることがありますが、このメモをそのまま経営トップに見せるわけではありません。多くの方から話を聴き、その話の中で私たちが問題と感じたときは、私たちの意見として経営トップに伝えます。決して個人の名前を出しません。皆さんからのインプットがなければ何もできませんので、できるだけ率直に話をしてください」というようなことを話すとよいでしょう。

（7） インタビューの時に気をつけること

① インタビューの最初に話すこと

インタビューにあたって最初に行うことは、インタビューの目的を確認することです。その後、ここで聴いた話の取扱いはどうなるのかや、話の内容が漏れる心配はまったくないことを改めて確認します。

例えば、冒頭で「△△△△△の△△です。これからお話を伺いたいと思います。よろしくお願いします。ところで○○さん、今回のインタビューについて、どのような目的で行うかなどを会社から何か聞いていますか？」とインタビューの目的を尋ねてもよいと思います。聞いていないようであれば、インタビューの案内状を見せて、「これと同じものが、会社から○○さんにも行っていると思いますが…」と案内状を読み上げます。案内状にはコンサルティングの目的、インタビューを受ける際の留意事項が書いてありますので、1つひとつ読み上げて説明します。

② 話の順序

　イントロダクションが終わったら、本論に入ります。まずは気楽な話から入りましょう。そして、場が和んできてから現在の仕事の内容、仕事の問題点、どのように改善しようと思っているのかを聴きます。「入社してからどのような部門や仕事をしてきたか」という職歴から入ってもよいでしょう。特に、創業経営者の場合は、創業時の苦労話から現在までのことを尋ねると、熱心に話してくれます。後は、話の流れに任せて聴いていけばよいと思います。聴く項目については、ある程度考えておいたほうがよいのですが、この項目は何分、この項目は何分と、あらかじめ決めてしまうと堅苦しくなります。話の流れに沿って自然に進めていけばよいでしょう。

③ 聴く時に留意すること

　何人もの話を聴いていると、同じ話を何回も聴くことがあります。その場合は「その話はもう聴いたよ」というような態度は厳禁です。始めて聞くような態度で耳を傾けます。

　「どうしたらよいでしょうか」「どこに問題があると思いますか」などの「オープンクエッション」を心がけます。そして、相手が考えている間は、沈黙を恐れずに静かに待つことが重要です。沈黙が長くなると、耐え切れずに、つい「例えば、こういうのはどうでしょうか」と助け舟を出してしまうことがあります。これは相手の思考を中断させる行為で、厳に慎まなければならないことです。

　コンサルタントもベテランになってくると、自分の考えと違う話をされると「それは違う」と否定してしまったり、自分の考えを強く押し出して説教口調になったりすることもあります。これらの行動は慎み、あくまで「適時、適切な質問をして聴く」という態度が必要です。インタビューが終わった時に、本人が言い足りたと、晴れ晴れした表情であれば、インタビューは成功だといえるでしょう。

3　インタビューのまとめ方

　インタビューが終わると、インタビューの内容をまとめることになります。

　「インタビューが終わると」と書きましたが、実際は、一連のインタビューが全部終わってからまとめるのではなく、インタビューを行いながらまとめていきます。インタビューの1日が終わった夜、その日のまとめをします。そして、次の日に聴くことを考えておくわけです。

　ある程度インタビューが進んだら、大体どのような内容の報告にしようかの当たり（仮説）をつけておくことが必要です。そして、この仮説が妥当であるか、それが経営トップの支持や共感が得られそうかの裏づけをとります。インタビューの質問もこの仮説を意識しながら行うようにしたらよいと思います。

　そして、最終的にインタビューのまとめとして、書いたメモをよく読み込み、特記する事柄や気になる箇所を Excel に書き込んでいきます。

　次に、**図表 4—3** に示すようなコード表を作っておきます。インタビューの内容を書き込んだセルの左のセルに該当するコードを書き込みます。そして、コード番号をキーにしてソートすれば同じような項目が集まるため、これを見ながら特徴や問題点を探っていくことで、効率的にまとめることができます。

【図表4—3】 インタビューまとめのコード表（例）

コード	大分類	内容	コード	大分類	内容
100	組織風土		500	人事管理	
110	組織風土	組織風土の問題点	510	人事管理	パート・派遣
120	組織風土	当社の良いところ	520	人事管理	高齢者・嘱託
130	組織風土	雰囲気・風通し	530	人事管理	出向者
140	組織風土	退職の事由	540	人事管理	賃金水準
150	組織風土	残業の理由	550	人事管理	昇給
160	組織風土	社員福祉・社員旅行	560	人事管理	昇格
170	組織風土	忘年会・納涼会	570	人事管理	賞与
180	組織風土	社内報	580	人事管理	退職金
190	組織風土	親会社・関連会社	590	人事管理	
200	経営者		600	組織管理	
210	経営者	社長	610	組織管理	会議
220	経営者	会長	620	組織管理	日報
230	経営者	○○専務	630	組織管理	管理職の行動
240	経営者	○○取締役	640	組織管理	出先での行動
250	経営者	過去の役員	650	組織管理	
260	経営者	執行役員	660	組織管理	
270	経営者		670	組織管理	
280	経営者		680	組織管理	
290	経営者		690	組織管理	
300	経営管理		700	部門	
310	経営管理	経営理念	710	部門	営業
320	経営管理	経営計画	720	部門	各支店
330	経営管理	部門目標	730	部門	
340	経営管理	財務	740	部門	
350	経営管理	株式	750	部門	第一工場
360	経営管理	労働組合	760	部門	第二工場
370	経営管理	ISO9000	770	部門	品質管理
380	経営管理	商品開発・新規事業	780	部門	工程管理
390	経営管理	設備投資計画	790	部門	資材
400	人事管理		800	部門	
410	人事管理	現在の人事制度の問題点	810	部門	総務
420	人事管理	人員構成	820	部門	
430	人事管理	採用・異動	830	部門	経理
440	人事管理	人材育成・研修・教育	840	部門	
450	人事管理	就業規則	850	部門	経営企画室
460	人事管理	人事評価・フィードバック	860	部門	
470	人事管理	目標管理	870	部門	商品開発
480	人事管理	資格等級・役職	880	部門	
490	人事管理		890	部門	

Lesson Ⅳ 予備診断

4　予備診断報告書

　インタビューのまとめが終わると、これをベースにして予備診断報告書の作成に入ります。ここでもインタビューと平行して作成していくことが肝要です。
　予備診断報告書は**図表4—4**のような目次構成とします。以下で1つひとつ詳しく説明していくことにします。

【図表4—4】　予備診断報告書の目次

```
予備診断報告書

  1   調査概要
  2   経営課題
  3   課題解決の施策
  4   新人事制度の基本構想
  5   現行人事制度の分析
  6   財務分析
```

（1）　調査概要

　調査概要（**図表4—5**）には、企画書に基づいて行った予備診断の目的、方法、調査担当者、期間を記載します。

【図表4―5】 調査概要

調査概要

1 目 的
　　本調査の目的は次の通りである。
　　　貴社に最適な人事制度構築のために、貴社の内容を理解し、問題点を把握すること。
2 方 法
（1）経営トップ層、社員とのインタビュー
（2）社内諸資料の解析
（3）社内実査
3 調査担当者
　　経営コンサルタント　　　〇〇〇〇
　　経営コンサルタント　　　〇〇〇〇
4 期 間
（1）インタビュー

回	月　日（　）	9：00～10：30	10：30～12：00	13：00～14：30	14：30～16：00	16：00～17：30
1	〇月〇日（〇）	〇〇〇〇 （会長）	〇〇〇〇 （社長）	〇〇〇〇 （専務）	〇〇〇〇 （常務）	〇〇〇〇 （取締役）

（2）人事管理関係ヒアリング　〇〇〇〇年〇月〇日（〇）
（3）資料解析・報告書作成　　〇〇〇〇年〇月〇日～〇〇〇〇年〇月〇日
（4）報告日　　　　　　　　　〇〇〇〇年〇月〇日（〇）

（2）経営課題

　インタビューで感じた組織風土、資料解析等で明らかになった経営上の問題点を「経営課題」という形で挙げます。ここは経営トップが最も知りたいところであり、関心が高いところです。ただし、ここでは経営上の問題点を挙げることになるため、場合によっては経営トップの機嫌を損じる危険性があり、細心の注意が必要です。記載の順序としては、まず良い点を指摘し、その後で問題点を指摘するという順序が良いと思います。
　問題点の指摘は、経営トップの度量、コンサルタントとの関係性を考慮して記載します。経営トップの「何でも言ってくれ」という言葉を信じて、感じたまま率直に書くと嫌な顔をされることがあります。

コツは、問題の矛先を経営トップ自身に向けないことです。経営トップが社員の行動や思考パターンで問題と感じていること、何となくうまくいっていないと感じていることを、巧みな言葉で表現すれば、共感を得やすく、話がスムーズにいきます。例えば、和気藹々で居心地が良いが、チャレンジしようとしない、活気がない風土だと感じたときは、「ぬるま湯」という言葉で表現するといった具合です（ある会社では、「○○温泉（○○には社名が入る）」という言葉で表現しました）。次に挙げる言葉は、読者の皆さんも我が社にも当てはまると感じる組織風土ではないでしょうか。

「やってもやらなくても同じ」「問題の埋没」「個人商店」「多忙への逃避」「神輿を担がない」「内勤優位/営業自虐」「鵜飼型」「思考停止」「膨張」
等

この問題点の指摘は、経営トップとラポール（互いに信頼し合い、安心して感情の交流を行うことができる関係が成立している状態）がとれていることが前提です。ラポールがとれていなければ反発を食らい、コンサルティング自体が瓦解する恐れがあります。せっかく、人事制度改革を目指しながら、土俵に上がる前に降りたのでは、人事制度改革を期待している観客（社員）に失礼です。経営トップとのラポールが十分でなく、リスクを感じるならば、「あれだけ多くの社員の話を聴いたのに、何も指摘がない」という不満が経営トップに残る可能性もありますが、経営課題の項目は割愛するのも１つの手です。いきなり「何をすべきか」という課題解決の施策から入ってもよいと思います。

以下で筆者がコンサルティングをした中でうまくいった例を１つ紹介します。

春風駘蕩な雰囲気であるが、ぬるま湯状態であると感じた会社がありました。これを「春眠不覚暁（春眠暁を覚えず）」という言葉で表現しました。孟浩然の「春暁」（**図表４—6**）という唐詩の一節です。

心地良い春の眠り、うっかり寝過ごして、夜の明けたのも知らない。

会社全体が良い気分でまどろんでいる。こんなに良い気分で寝ているのに、横から突かないでよ、というところでしょうか。

これに対する課題解決策として、「山青花欲然（山青くして、花然えんと欲す）」と提案しました。杜甫の「絶句」（**図表4―7**）という唐詩の一節です。

【図表4―6】　春暁　孟浩然

春暁　孟浩然
春眠不覚暁
処処聞啼鳥
夜来風雨声
花落知多少

【図表4―7】　絶句　杜甫

絶句　杜甫
江碧鳥逾白
山青花欲然
今春看又過
何日是帰年

"山青くして"とは、遠くを見れば山は青くくっきり浮き出ているということ。つまり、企業経営でいえば、ビジョンが明確に示されているということになるでしょうか。どのような会社を目指そうとしているのか明確であり、社員もそれをよく理解しており、納得しているということです。

"花然えんと欲す"とは、近く、足元を見れば、花は今にも然えんとしているということです。つまり、1人ひとりの社員がエネルギーに満ちており、今にも然えんとしている状態であるということです。このような会社を目指そうではないかと提案し、経営の具体的施策として次の2つを挙げました。

1　ビジョンの策定
2　人事管理システムの整備

その会社では、今も「山青花欲然」の書を表装して額に入れ、会議室に飾っています。

(3) 課題解決の施策

　課題解決の施策は、**(2)** の経営課題で挙げた問題点をいかに解決していくかを提案することです。経営課題と対応させていくとわかりやすいと思います。

　前述のエピソードのように、「春眠不覚暁」と問題を指摘し、「山青花欲然」と解決策を提案するといった具合です。

　解決策は次の2つがあります（**図表4—8**）。

---
① 　プロジェクトチームを組成して取り組む施策
　　課題解決には、多少時間がかかり、社内の英知を結集して当たったほうがスムーズにいく施策
② 　プロジェクトチームを組成して行うまでもない施策
　　当該部門内で行えば解決できる施策

【図表4—8】　課題解決の施策

| 課題解決の施策 | ① プロジェクトチームを組成して取り組む施策 |
| | ② プロジェクトチームを組成して行うまでもない施策 |

　課題解決の施策で示した例を挙げると、**図表4—9**、**図表4—10** の通りです。このようなイメージで展開します。

【図表4—9】 プロジェクトチームを組成して取り組む施策（例）

	プロジェクト	具体的内容
(1)	人事制度再構築プロジェクト	年功賃金、学歴主義、ぬるま湯、やってもやらなくても同じ、多忙への逃避、役割認識希薄等の問題を解決するために、役割の明確化、ステージ制度導入、評価制度整備、目標管理制度導入、賃金体系改善、退職金制度改善等を行う
(2)	経営理念経営計画プロジェクト	経営理念を策定する 中期経営計画、年度経営計画を策定する 年度部門計画を策定する
(3)	新事業開発プロジェクト	新事業開発の必要性を認識する 新事業開発の組織をどう考えるか 新事業開発のための情報収集・開発検討・実施・検証をどう行うか
(4)	○○問題解決プロジェクト	○○問題の実態把握、コスト計算、原因究明、問題解決方法、実施、検証
(5)	品質向上勉強会プロジェクト	各職場で品質向上勉強会を行う
(6)	人材開発プロジェクト	次のような人材開発の問題点を改善する ・異動がほとんどなく技術が限定される ・技術の承継ができていない ・人に仕事がついて回る。下に教えない。任せない ・仕事を覚えるほど仕事が多くなる。仕事の覚え損 ・教える力が落ちている。OJTができていない ・管理職人材の計画的育成ができていない ・管理職に期待される役割がわからないまま管理職になっている
(7)	職場規律強化プロジェクト	ラジオ体操、挨拶、喫煙、事故報告書、5S等のあり方を検討、問題があれば改善する

【図表4—10】 プロジェクトチームを組成して行うまでもない施策（例）

	項目	具体的内容	担当部署
(8)	ホームページ作成	広報	総務部
(9)	社内報作成	部門間の壁を低くする、情報の共有化	総務部
(10)	懇親活動	納涼大会、社員旅行、地元住民との交流	総務部

（4） 新人事制度の基本構想

後述する **(5)** 現行人事制度の分析に基づいて、新人事制度の基本構想を記載します。基本構想を記載する前に、当該会社の経営陣と一度打ち合わせの場を持って、フランクにどのような人事制度を目指すのか話し合います。

話し合う内容の項目は大体次のような項目です。相手の会社の状況によって適宜変わりますが、ある会社の例を示せば次の通りです。

① ステージの段階はいくつにするか
② 各ステージはどのように定義するか
③ ステージと役職の対応関係はどうするか
④ 昇格（降格）の方法をどのようにするか
⑤ 各ステージ、仕事の種類別にどのような成果、行動、能力が求められるか
⑥ 会社として重視する『和』のような価値観はどのような行動に表れるか
⑦ 計画・目標の設定・評価は１年単位か、半年単位か
⑧ 計画・目標の設定・評価の単位組織をどうするか
⑨ 本人の行動・結果を漏れなく把握できる業績評価制度はどうあるべきか
⑩ 評価に不慣れな管理職にもわかりやすい評価基準はどのようにあるべきか
⑪ 能力をどのように評価するか
⑫ チャレンジ加点を設けるか
⑬ 目標管理制度・部門業績評価制度を設けるか
⑭ 評価のフィードバックをどう行うか
⑮ 評価と処遇はどのように関連づけるか
⑯ 賃金体系、賃金項目はどうするか
⑰ 役割給レンジをどう設定するか、世間水準としてはどのあたりを意識したいか
⑱ 現行の賃金体系から新しい賃金体系にどのように移行するか
⑲ 賃金体系変更による退職金への影響

このように話し合い、固まった基本構想を**図表4―11**に示します。大体の方向性がわかる程度でよいと思います。

【図表4―11】 新人事制度の基本構想（例）

```
1  新しい人事の方向性―役割・能力・成果に応じた処遇
  （1）  役割・能力を明確にする（役割能力要件表）
  （2）  成果を明確にする
2  新人事制度の概観
3  等級制度・役職制度の改革
  （1）  ステージと職掌・職位のイメージ
  （2）  ステージ制度改革のポイント
4  評価制度の改革
  （1）  業績評価項目とウェイトのイメージ
  （2）  評価制度と処遇制度との関係
5  賃金制度の改革
  （1）  賃金体系のイメージ
  （2）  役割給のイメージ
  （3）  ステージ手当のイメージ
  （4）  役職手当のイメージ
  （5）  家族手当のイメージ
  （6）  住宅手当のイメージ
  （7）  ステージ別年収レンジのシミュレーション
  （8）  年齢別賃金および年収のシミュレーション
  （9）  賃金の組替え
  （10） 昇　給
  （11） 賞　与
  （12） 退職金
```

（5） 現行人事制度の分析

　人事制度の再構築をする場合、現在の人事制度がどのようになっているのか、どこが問題なのかを分析することが必要です。この分析なくして人事制度の再構築はできません。現行人事制度の分析の標準的な項目は次ページ**図表4―12**に示す通りです。

【図表4—12】　現行人事制度の分析

```
① 社員構成
② 等級と職位の関係
③ 昇　格
④ 人事評価
⑤ 教育研修制度
⑥ 賃金制度
⑦ 昇　給
⑧ 賞　与
⑨ 賃金水準
⑩ モデル別賃金・年収の推計
⑪ 退職金
```

現行人事制度を分析してまとめる目的は、次の通りです。

① 現行の人事制度の問題点を指摘する
② 現行の人事データ・賃金データに基づき分析する
③ 現行の人事制度がどうなっているのかをまとめる

　現行の人事制度は、人事諸規程の中にあったり、賃金データがコンピュータの中にあったりと、色々な場所に散在しており、まとめて把握するのは容易ではありません。人事制度を再構築する際には、現状の人事制度がどうなっているのか確認したいときがしばしばあります。その度にあちらを見て、こちらを見てというのでは効率が悪いため、まとまってすぐ見ることができる状態にあれば便利です。特に、③の目的もあるため、問題のあるところだけを挙げるのではなく、人事制度の実態をすべて記載するようにします。
　以下で現行人事制度分析の項目について、どのように分析していくのかを見ていくことにします。

①　社員構成

　全社員の賃金データ（395ページ**別紙—12**参照）に基づいて、**図表4—13**に示すような年齢別社員構成グラフを作成します。この

Excelのグラフを作るのは少し時間がかかりますが、挑戦してみてください。**図表4―14**では男性、女性の人数とその平均年齢を示しています。

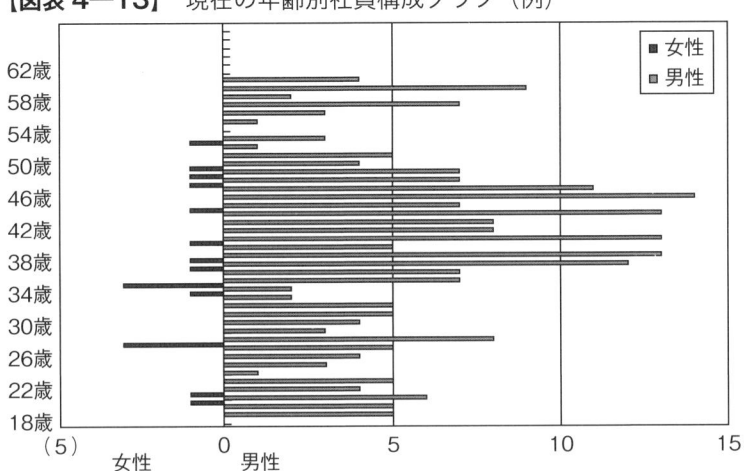

【図表4―13】 現在の年齢別社員構成グラフ（例）

【図表4―14】 男性、女性の人数とその平均年齢

	人　数	平均年齢
男　性	○○○人	○○．○歳
女　性	○○○人	○○．○歳
計	○○○人	○○．○歳

② 等級と職位の関係

次ページ**図表4―15**は、資格等級制度運用規程から現行の等級と職位の関係表を書き出したものです。現行の人事制度がどうなっているのかを把握することが目的であるため、問題点があろうがなかろうが、とにかく書き出すことが重要です。そして、問題点、気づいた点、特徴を箇条書きにして記載します。先方会社から聞いたことも、時間

が経つと忘れてしまうため、なぜそのようになっているのかもしっかり書き出しておきます。このように書くと、診断報告書でなく、コンサルタントのための備忘録のようであると感じられるかもしれませんが、それでよいのです。

【図表4-15】 等級と職位の関係表（例）

階層	総合職			一般職	
	等級	職能資格	職位	等級	職能資格
管理職層	M-10	参　与	部長		
	M-9	副参与			
	M-8	参　事	課長		
指導職層	S-7	副参事			
	S-6	総括主任			
	S-5	主　任		G-5	一般職1級
執務職層	J-4	社員1級		G-4	一般職2級
	J-3	社員2級 （大学・院卒）		G-3	一般職3級
	J-2	社員3級 （高専卒）		G-2	一般職4級 （大学卒）
	J-1	社員4級 （高校卒）		G-1	一般職5級 （高校卒）

　次に、全社員の賃金データ（395ページ**別表-12**参照）に基づいて、**図表4-16**に示すような等級別社員構成グラフも作成します。

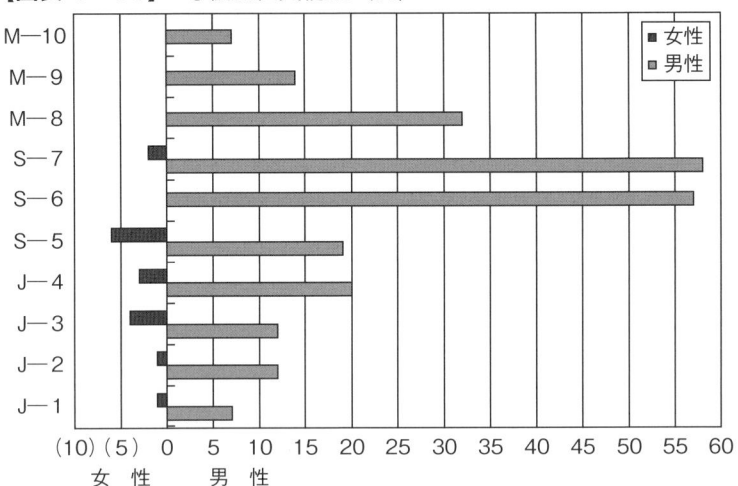

【図表 4−16】 等級別社員構成（例）

等級	女性	男性
M—10		7
M—9		13
M—8		32
S—7	1	58
S—6		57
S—5	6	19
J—4	2	20
J—3	3	12
J—2	1	12
J—1	1	7

③ 昇 格

資格等級制度運用規程から現行の昇格基準を次ページ**図表 4−17**に示すように書き出します。

そして、年度ごとの昇格者人数のデータを提出してもらい、次ページ**図表 4−18**のような分析を行います。

【図表4―17】 昇格基準（例）

等　級	履修要件	在級年数 最短	在級年数 最長	人事考課	上司推薦	適性審査	面接	審査
9級⇒10級	9級の職能要件を満たし10級の職能要件を満たす可能性が十分ある	3年		直近1年A以上	部長	（○○研修）	担当役員	役員会
8級⇒9級	8級の職能要件を満たし9級の職能要件を満たす可能性が十分にある	3年		直近1年A以上	部長	―	担当役員	役員会
7級⇒8級	7級の職能要件を満たし8級の職能要件を満たす可能性が十分にある	4年		直近2年A以上	課長	基礎能力試験 論・作文試験（管理者教育）	部長	役員会
6級⇒7級	6級の職能要件を満たし7級の職能要件を満たす可能性が十分にある	4年		直近1年A以上	課長	（新任管理者教育）	部長	役員会
5級⇒6級	5級の職能要件を満たしている	4年		直近1年B以上	課長	（監督者訓練）	部長	役員会
4級⇒5級	4級の職能要件を満たしている	3年		直近1年最短A以上 他B以上	課長	基礎能力試験 論・作文試験	部長	役員会
3級⇒4級	3級の職能要件を満たしている	3年	5年	直近1年B以上	課長	（中堅社員教育）	部長	役員会
2級⇒3級	2級の職能要件を満たしている	2年	2年	―	課長	―	―	―
1級⇒2級	1級の職能要件を満たしている	2年	2年	―	課長	（新入社員教育）	―	―

【図表4―18】 年度別　総合職　昇格者人数

現　在	⇒	昇格後	○年4月	○年4月	○年4月	○年4月	○年4月
9級	⇒	10級					
8級	⇒	9級					
7級	⇒	8級					
6級	⇒	7級					
5級	⇒	6級					
4級	⇒	5級					
3級	⇒	4級					
2級	⇒	3級					
1級	⇒	2級					
	合　計						

④ 人事考課

　現状の人事考課のやり方について、人事考課制度運用規程等を見て、詳細に書き出します。問題があろうとなかろうと、とにかく書き出すことが重要です。**図表4―19**は人事考課分析の目次です。この会社は職能資格制度の人事考課で行っています。評価制度が異なれば目次項目も異なりますが、大体どのように書けばよいのかはわかると思います。

【図表4―19】　人事考課分析の目次の例

```
（1）　人事考課の対象期間
（2）　人事考課の考課者
（3）　人事考課項目とウェイト
（4）　人事考課項目の定義
（5）　考課基準
（6）　考課配点
（7）　点数の計算
（8）　考課目的別ウェイト
（9）　総合ポイントの集計（絶対考課）
（10）　総合区分（相対区分）
（11）　人事考課の実際
```

　記入例は、紙面の関係ですべてを示すことはできませんが、次に3つほどを挙げておきます。

【図表4―20】　人事考課の対象期間（例）

考課	考課対象	評定区分	対象期間	実施時期
下期考課	夏季賞与	成績考課・情意考課	10月1日～3月31日	4月1日～4月15日
上期考課	冬季賞与	成績考課・情意考課	4月1日～9月30日	10月1日～10月15日
総合考課	昇給	成績考課・情意考課・能力考課	4月1日～3月31日	4月1日～4月15日
総合考課	昇格	成績考課・情意考課・能力考課	4月1日～3月31日	3月1日～3月10日

【図表4−21】 人事考課項目とウェイト（例）

区分	評定要素	執務職層 J−1〜J−4 / G−1〜G−4		指導職層 S−5〜S−7 / G−5		管理職層 M−8〜M−10	
		賞与	昇給	賞与	昇給	賞与	昇給
成績考課	仕事の質	30	15				
	仕事の量	30	10				
	仕事の成果			35	20		
	指導・監督			35	15		
	統率・調整					10	10
	課題達成					40	30
	部下育成					30	20
	小 計	60	25	70	35	80	60
情意考課	規律性	10	15	5	5		
	協調性	10	10	5	5		
	積極性	10	10	10	5	5	
	責任性	10	10	10	10	5	
	企業意識					10	
	小 計	40	45	30	25	20	
能力考課	知識・技能		15		15		15
	表現力		5				
	理解力		5				
	工夫力		5				
	折衝力				5		
	指導力				10		
	判断力				5		
	企画力				5		
	決断力						5
	開発力						5
	渉外力						5
	管理統率力						10
	小 計		30		40		40
総 計		100	100	100	100	100	100

【図表4―22】 能力考課項目の定義（例）

評定要素	定　義
知識・技能	
表現力	自分の考えや意図を正確に要領良く相手に伝える能力
理解力	状況を的確に判断し、指示内容や顧客の希望を正しく捉えることができる能力
工夫力	自ら改善の必要性を見出し効果的な改善案を提案する能力
折衝力	自分の考えや意図を相手に口頭、または文書で正確かつ要領良く伝え、相手を理解、納得させられる能力
指導力	下位者に業務上必要な知識、技能を向上させるため、適切に指導し、仕事上の指示ができる能力
判断力	状況変化を的確に判断し、条件、状況に適合した手段や方法を講じる能力
企画力	改善提案について現実的かつ具体的にまとめる能力
決断力	部門目標を達成するため、あるいは特命を受けて数ある代替案の中から有効なものを選び、決定実行する能力
開発力	将来の予測、見通しに立ち、担当する分野におけるまったく新しい方法を創案し、具現化に向けて展開し得る能力
渉外力	組織を代表して社外の人と接し、協力、理解を取りつけられる能力
管理統率力	下位者の信頼を得て組織全体を協力的な関係に取りまとめ、目標達成に向けて下位者の持てる力を最大限に引き出せる能力

⑤　教育研修制度

現行の教育研修の実態を記載します。**図表4―23**は教育研修制度の目次の例です。**図表4―24**は、教育研修の実際の例です。

【図表4―23】 教育研修制度の目次の例

```
（1）　教育体系
（2）　教育研修計画
（3）　教育研修の実際
```

【図表4―24】 各種セミナー・研修への派遣（例）

開催日	セミナー・研修の内容	参加者
○○年○月○日	「ISO内部監査員養成セミナー」	○○○○、○○○○
○○年○月○日	「中間管理職研修」	○○○○
○○年○月○日	「ISO9001：規格改訂説明会」	○○○○

⑥ 賃金制度

　賃金制度の現状を、給与規程等を見て詳細に書き出します。ここでも問題があろうとなかろうと、とにかく書き出すことが重要です。**図表4—25**は賃金制度の目次です。賃金項目の金額は人事制度再構築プロジェクトで何回も確認するところでもありますので、詳細にきちんと書き出すことが肝要です。

【図表4—25】　賃金制度の目次の例

```
(1) 賃金体系
(2) 基本賃金
    ① 職能本給
    ② 年齢給
(3) 諸手当
    ① 家族手当
    ② 職能資格手当
    ③ 役職手当
(4) 時間外勤務割増手当
```

次に目次の例に従って見ていくことにします。

a　賃金体系

【図表4—26】　賃金体系（例）

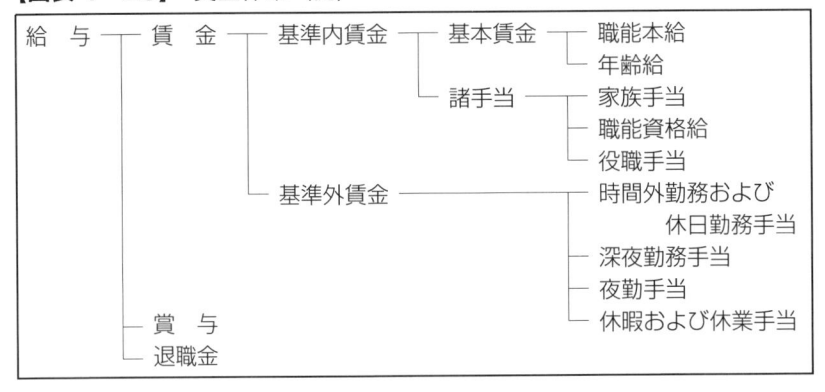

```
給与 ─┬─ 賃金 ─┬─ 基準内賃金 ─┬─ 基本賃金 ─┬─ 職能本給
      │        │              │            └─ 年齢給
      │        │              └─ 諸手当 ─┬─ 家族手当
      │        │                          ├─ 職能資格給
      │        │                          └─ 役職手当
      │        └─ 基準外賃金 ─┬─ 時間外勤務および
      │                        │      休日勤務手当
      │                        ├─ 深夜勤務手当
      │                        ├─ 夜勤手当
      │                        └─ 休暇および休業手当
      ├─ 賞与
      └─ 退職金
```

b　基本賃金―職能本給

　職能本給は、**図表4―27**に示すように賃金表で運用されています。賃金表をすべて表示するのは大変ですので、10号ごとに表示しています。次ページ**図表4―28**はこれをグラフで表示しています。

【図表4―27】　職能本給　賃金表（例）　　　　　　　（単位：円）

ピッチ	J―1 440	J―2 500	J―3 560	J―4 620	S―5 700	S―6 780	S―7 860	M―8 960	M―9 860	M―10 760
1	30,700	36,100	42,600	53,000	69,400	91,900	117,400	151,100	215,100	272,300
10	34,700	40,600	47,600	58,600	75,700	98,900	125,100	159,700	222,800	279,100
20	39,100	45,600	53,200	64,800	82,700	106,700	133,700	169,300	231,400	286,700
30			58,800	71,000	89,700	114,500	142,300	178,900	240,000	294,300
40			64,400	77,200	96,700	122,300	150,900	188,500	248,600	301,900
50			70,000	83,400	103,700	130,100	159,500	198,100	257,200	309,500
60			75,600	89,600	110,700	137,900	168,100	207,700	265,800	317,100
70			81,200	95,800	117,700	145,700	176,700	217,300	274,400	324,700
80			86,800	102,000	124,700	153,500	185,300	226,900	283,000	332,300
90			92,400	108,200	131,700	161,300	193,900	236,500	291,600	339,900
100			98,000	114,400	138,700	169,100	202,500	246,100	300,200	347,500
110			103,600	120,600	145,700	176,900	211,100	255,700	308,800	355,100
120			109,200	126,800	152,700	184,700	219,700	265,300	317,400	362,700
130			114,800	133,000	159,700	192,500	228,300	274,900	326,000	370,300
140			120,400	139,200	166,700	200,300	236,900	284,500	334,600	377,900
150			126,000	145,400	173,700	208,100	245,500	294,100	343,200	385,500
160			131,600	151,600	180,700	215,900	254,100	303,700	351,800	393,100
170			137,200	157,800	187,700	223,700	262,700	313,300	360,400	400,700
180			142,800	164,000	194,700	231,500	271,300	322,900	369,000	408,300
190			148,400	170,200	201,700	239,300	279,900	332,500	377,600	415,900
200			154,000	176,400	208,700	247,100	288,500	342,100	386,200	423,500
201			154,600	177,000	209,400	247,900	289,400	343,100	387,100	424,300

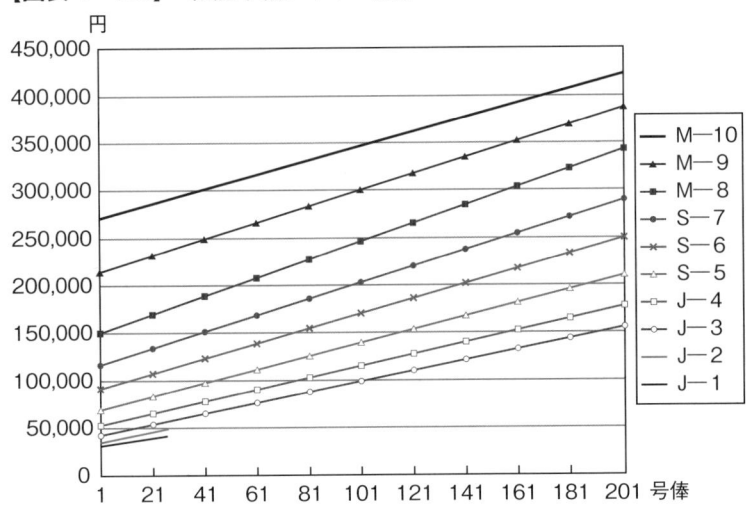

【図表4—28】 職能本給グラフ（例）

（グラフ：縦軸 円、0～450,000／横軸 号俸 1～201、系列 M—10, M—9, M—8, S—7, S—6, S—5, J—4, J—3, J—2, J—1）

c 基本賃金―年齢給

年齢給が、**図表4—29**に示すように運用されている場合、**図表4—30**はこれをグラフで表示したものです。

【図表4—29】 年齢給（例）　　　　　　　　　　　　　　（単位：円）

年齢	年齢給	年齢	年齢給	年齢	年齢給	年齢	年齢給
18歳	122,800	26歳	144,400	34歳	165,200	42歳	178,400
19歳	125,400	27歳	147,200	35歳	167,000	43歳	179,600
20歳	128,000	28歳	150,000	36歳	168,800	44歳	180,800
21歳	130,600	29歳	152,900	37歳	170,600	45歳	182,000
22歳	133,200	30歳	155,800	38歳	172,400	46歳	183,200
23歳	136,000	31歳	158,700	39歳	174,200	47歳	184,400
24歳	138,800	32歳	161,600	40歳	176,000	48歳以上	185,600
25歳	141,600	33歳	163,400	41歳	177,200		

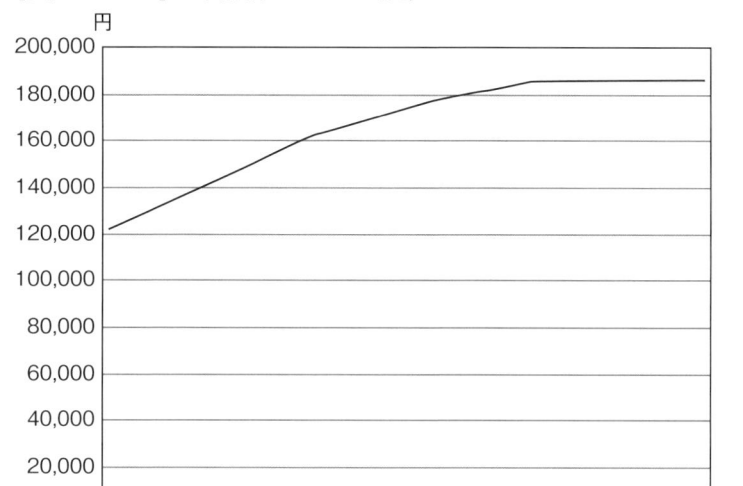

【図表 4—30】 年齢給のグラフ（例）

d　諸手当―家族手当

家族手当は**図表 4—31** に示す通り、金額をしっかり書き込みます（本書では金額は省略。以下の賃金項目も同じ）。

【図表 4—31】 家族手当（例）

家　族	金　額
最初の一人	円
第 2 人目	円
第 3 人目	円
第 4 人目および第 5 人目	円
第 6 人目以上 1 人につき	円

e　諸手当—職能資格手当

職能資格手当は**図表4—32**に示す通りです。

【図表4—32】 職能資格手当（例）

資格等級	金　額
M—10	円
M—9	円
M—8	円
S—7	円
S—6	円
S—5	円
J—4	円
J—3	円
J—2	円
J—1	円

f　諸手当—役職手当

役職手当は**図表4—33**に示す通りで、こちらも金額をしっかり書き込みます。

【図表4—33】 役職手当（例）

役　職	金　額
部長、所長	円
課長	円

g　時間外勤務割増手当

全社員の賃金データ（395ページ**別紙—12**参照）の時間外データに基づいて、時間外が多い者（例えば50時間以上の者）を抽出し、**図表4—34**のような表に示します。

どの部門の者が多いのか、等級別にはどうか、年収に占める時間外の割合はどうかが分析できます。

【図表 4—34】 時間外勤務が 50 時間以上の者

| 年齢 | 勤続 | 所属 | 等級 | 時間外 | | 年間時間外 | 年収に占める時間外の割合 |
歳	年			時間	金額		

⑦ 昇 給

a 昇給の実態

全社員の賃金データ（395 ページ**別表—12** 参照）の昇給データに基づいて、**図表4—35**に示すような昇給の実態を分析します。

【図表 4—35】 昇給の実態

平均昇給額	円
昇給前平均基準内賃金	円
昇給率	％

b 昇給の方法

現行の昇給のやり方を詳細に書き込みます。昇給が年齢給昇給、職能本給昇給、昇格昇給で行われている会社の場合は、次の**図表4—36〜図表4—38**のようになります。

【図表 4—36】 年齢給昇給(例)

年　齢	年齢給昇給額
19歳〜22歳	円
23歳〜28歳	円
29歳〜32歳	円
33歳〜40歳	円
41歳〜48歳	円
48歳〜	円

【図表 4—37】 職能本給昇給(例)

人事考課	分　布	昇給号俸
S	5%	7号
A	20%	6号
B	55%	5号
C	15%	4号
D	5%	3号

【図表 4—38】 昇格昇給(例)

等　級	金　額
M—9 ⇒ M—10	円
M—8 ⇒ M—9	円
S—7 ⇒ M—8	円
S—6 ⇒ S—7	円
S—5 ⇒ S—6	円
J—4 ⇒ S—5	円
J—3 ⇒ J—4	円
J—2 ⇒ J—3	円
J—1 ⇒ J—2	円

⑧ 賞　与

a　賞与の実態

全社員の賃金データ（395ページ**別表―12**参照）の賞与データに基づいて、**図表4―39**に示すような賞与の実態を分析します。

【図表4―39】 賞与の実態

	○年夏季	○年冬季
平均賞与支給額	円	円
平均基準内賃金	円	円
賞与支給月数	カ月	カ月
賞与支給対象人数（異常値を除く）	人	人

b　賞与計算の方法

現行の賞与計算のやり方を詳細に書き込みます。

【図表4―40】 ○○年夏季賞与計算

賞与額	基本賞与（賞与算定基礎額×○.○○カ月）
	成績賞与（賞与算定基礎額×成績賞与支給テーブルの月数）
	（平均○.○○）

【図表4―41】 成績賞与支給テーブル（例）

		S	A	B	C	D
総合職	S―7	0.617	0.558	0.512	0.459	0.408
	S―6	0.565	0.508	0.468	0.420	0.370
	S―5	0.512	0.458	0.424	0.380	0.333
	J―4	0.459	0.408	0.380	0.341	0.295
	J―3	0.407	0.358	0.336	0.301	0.258
	J―2	0.354	0.308	0.293	0.262	0.220
	J―1	0.301	0.258	0.249	0.222	0.182
一般職	一般職1級	0.486	0.433	0.402	0.361	0.314
	一般職2級	0.433	0.383	0.358	0.321	0.276
	一般職3級	0.380	0.333	0.314	0.282	0.239
	一般職4級	0.328	0.283	0.271	0.242	0.201
	一般職5級	0.275	0.232	0.227	0.203	0.164

⑨　賃金水準

　全社員の賃金データ（395ページ**別表―12**参照）の賞与データに基づいて、次のような賃金水準の分析を行います。

　図表4―42、**図表4―43**は男性社員の所定内賃金を年齢別・勤続年数別に分析したものです。該当会社の社員をプロットして表示しています。世間水準は東京都が発表している数字を入れています。

　同様に、220ページ**図表4―44**、**図表4―45**は女性社員の所定内賃金を年齢別・勤続年数別に分析したものです。該当会社の社員をプロットして表示しています。世間水準は東京都が発表している数字を入れています。

　賃金水準は、賞与、時間外を含めた年収で分析するとよくわかります（221ページ**図表4―46**、**47**参照）。世間水準については、国税庁「税務統計から見た民間給与の実態」のデータから表示しています。

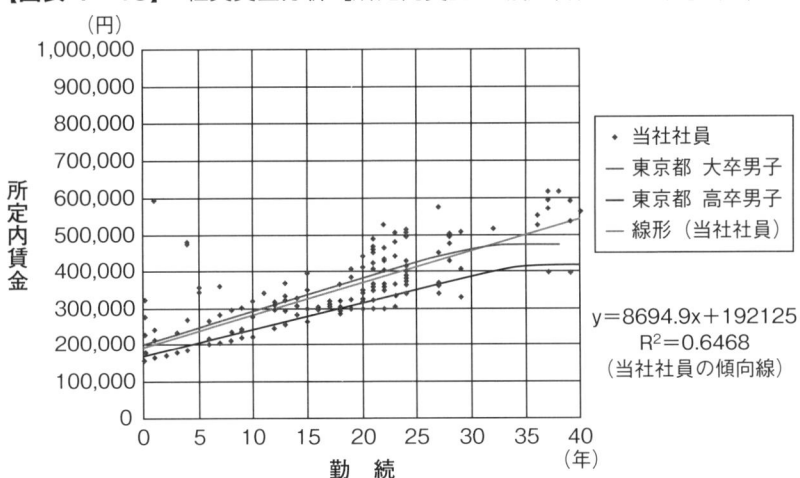

【図表4—42】 社員賃金分析［所定内賃金　年齢別　男性］（例）

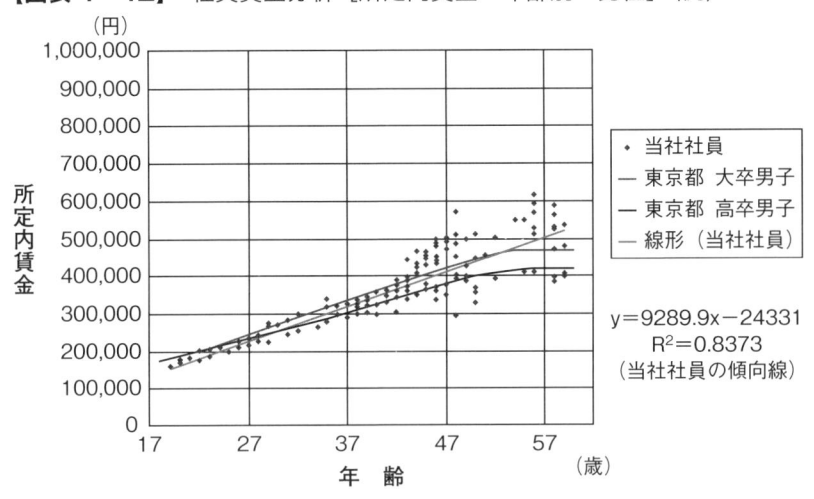

- 当社社員
- 東京都 大卒男子
- 東京都 高卒男子
- 線形（当社社員）

$y = 9289.9x - 24331$
$R^2 = 0.8373$
（当社社員の傾向線）

【図表4—43】 社員賃金分析［所定内賃金　勤続年数別　男性］（例）

- 当社社員
- 東京都 大卒男子
- 東京都 高卒男子
- 線形（当社社員）

$y = 8694.9x + 192125$
$R^2 = 0.6468$
（当社社員の傾向線）

【図表4—44】 社員賃金分析［所定内賃金　年齢別　女性］（例）

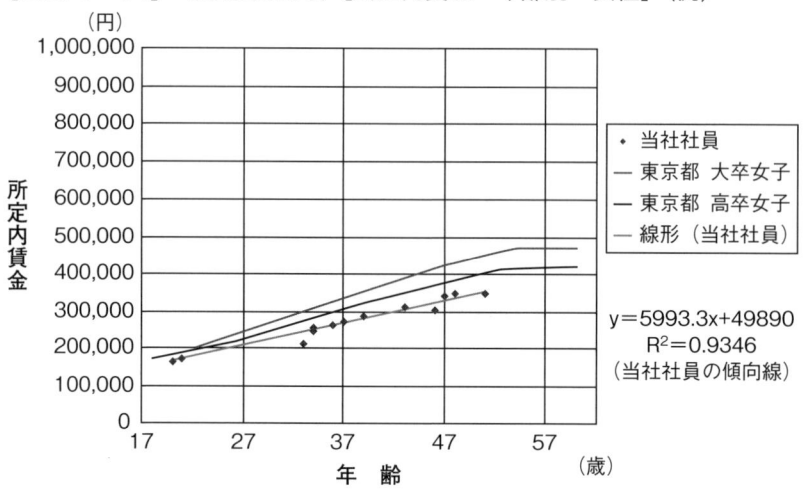

- 当社社員
- 東京都 大卒女子
- 東京都 高卒女子
- 線形（当社社員）

$y = 5993.3x + 49890$
$R^2 = 0.9346$
（当社社員の傾向線）

【図表4—45】 社員賃金分析［所定内賃金　勤続年数別　女性］（例）

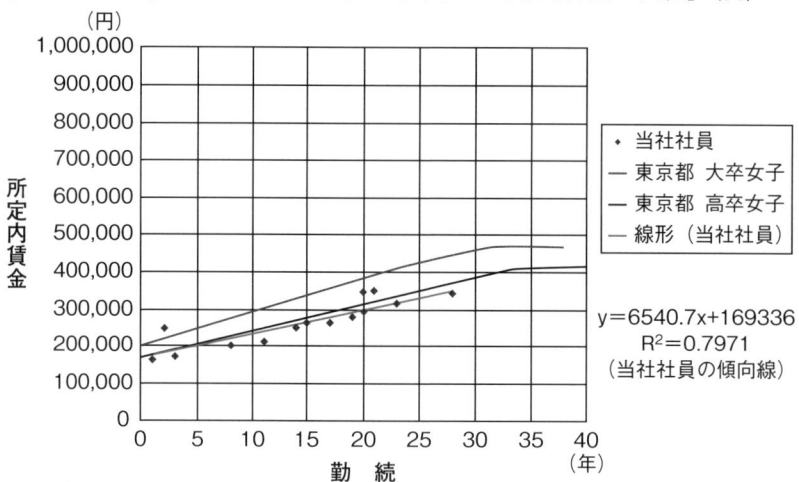

- 当社社員
- 東京都 大卒女子
- 東京都 高卒女子
- 線形（当社社員）

$y = 6540.7x + 169336$
$R^2 = 0.7971$
（当社社員の傾向線）

【図表4—46】 社員年収分析　男性（例）

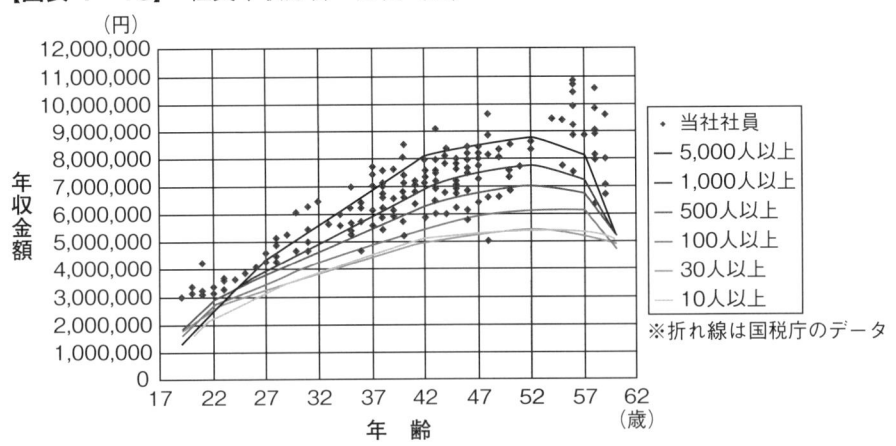

（円）／年収金額／年齢（歳）
※折れ線は国税庁のデータ

凡例：当社社員、5,000人以上、1,000人以上、500人以上、100人以上、30人以上、10人以上

【図表4—47】 社員年収分析　女性（例）

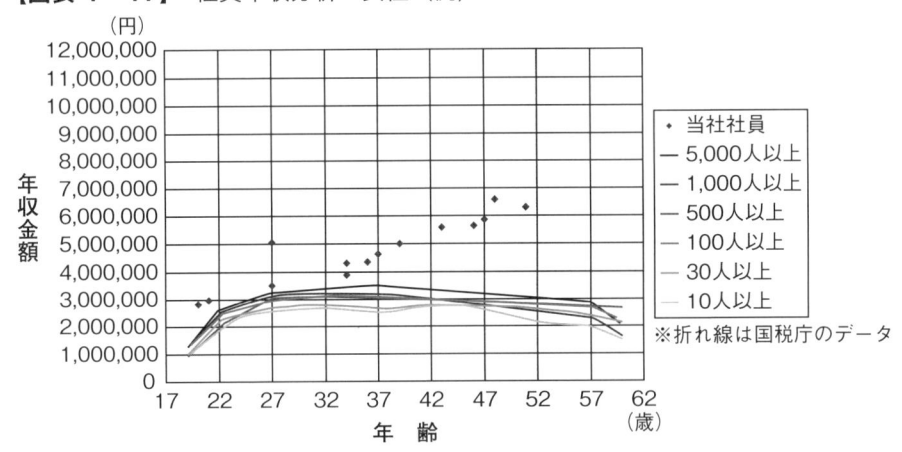

（円）／年収金額／年齢（歳）
※折れ線は国税庁のデータ

凡例：当社社員、5,000人以上、1,000人以上、500人以上、100人以上、30人以上、10人以上

⑩　モデル別賃金・年収の推計

　現在の賃金体系でモデルを設定して賃金、年収を推計してみると、定年までどのようなカーブを描くのかがよくわかります。モデルはその会社でありそうなものを3〜4パターン設定して行います。
　例では、本部長コース、部長コース、課長コース、主任コースを設

定し、賃金合計、年収の推計を行って**図表4―48**、**図表4―49**のようにグラフで表しました。

【図表4―48】 モデル別　賃金合計　年齢別推移（例）

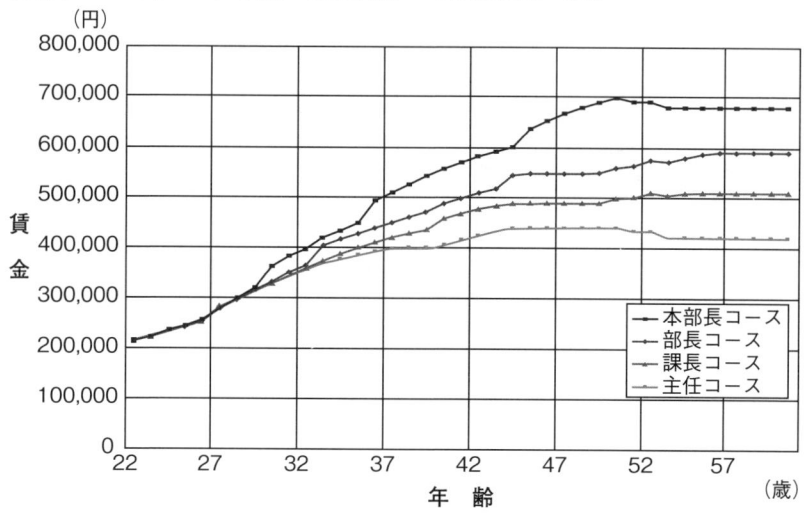

【図表4―49】 モデル別　年収　年齢別推移（例）

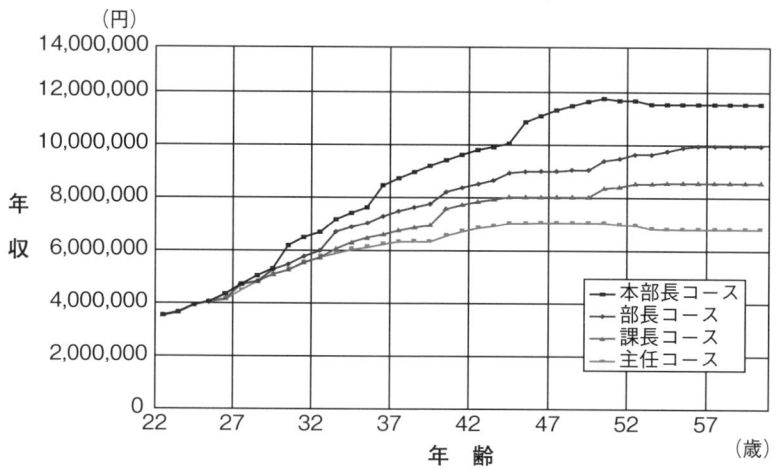

⑪ 退職金

　退職金規程から現行の退職金計算のやり方を詳しく書き出し、モデルを設定して退職金の推定を行います（**図表4―50～図表4―57**）。

【図表4―50】 退職金の計算

退職金＝（年齢定額＋勤続定額）×等級乗率×退職事由別乗率

【図表4―51】 年齢定額（例）

年齢(歳)	年齢定額(円)	年齢(歳)	年齢定額(円)	年齢(歳)	年齢定額(円)	年齢(歳)	年齢定額(円)
18	40,000	31	190,000	44	600,000	57	970,000
19	50,000	32	210,000	45	650,000	58	980,000
20	60,000	33	230,000	46	700,000	59	990,000
21	70,000	34	250,000	47	750,000	60	1,000,000
22	80,000	35	280,000	48	800,000		
23	90,000	36	310,000	49	850,000		
24	100,000	37	340,000	50	900,000		
25	110,000	38	370,000	51	910,000		
26	120,000	39	400,000	52	920,000		
27	130,000	40	440,000	53	930,000		
28	140,000	41	480,000	54	940,000		
29	150,000	42	520,000	55	950,000		
30	170,000	43	560,000	56	960,000		

【図表 4—52】 勤続定額（例）

勤続(年)	勤続定額(円)	勤続(年)	勤続定額(円)	勤続(年)	勤続定額(円)	勤続(年)	勤続定額(円)
0		13	450,000	26	2,010,000	39	3,630,000
1		14	500,000	27	2,190,000	40	3,650,000
2	60,000	15	590,000	28	2,370,000	41	3,660,000
3	80,000	16	680,000	29	2,550,000	42	3,670,000
4	100,000	17	770,000	30	2,730,000		
5	130,000	18	860,000	31	2,870,000		
6	160,000	19	950,000	32	3,010,000		
7	190,000	20	1,090,000	33	3,150,000		
8	220,000	21	1,230,000	34	3,290,000		
9	250,000	22	1,370,000	35	3,430,000		
10	300,000	23	1,510,000	36	3,490,000		
11	350,000	24	1,650,000	37	3,550,000		
12	400,000	25	1,830,000	38	3,610,000		

【図表 4—53】 等級乗率（例）

資格等級	等級乗率
1等級	1.00
2等級	1.20
3等級	1.40
4等級	1.60
5等級	1.80
6等級	2.00
7等級	2.00

【図表 4—54】 退職事由別乗率（例）

退職事由		退職事由別乗率
定年に達したとき		1.20
自己都合	勤続満　2年以上　5年未満	0.70
	勤続満　5年以上　10年未満	0.75
	勤続満　10年以上　20年未満	0.80
	勤続満　20年以上	1.00

【図表4—55】 退職金の推定　部長　モデル（例）

勤続年数（年）	年齢（歳）	等級	年齢定額（円）	勤続定額（円）	合　計（円）	等級乗率	退職事由別乗率	退職金（円）
0	22	1	80,000		80,000	1.00	1.20	96,000
1	23	1	90,000		90,000	1.00	1.20	108,000
2	24	2	100,000	60,000	160,000	1.20	1.20	230,400
3	25	2	110,000	80,000	190,000	1.20	1.20	273,600
4	26	2	120,000	100,000	220,000	1.20	1.20	316,800
5	27	3	130,000	130,000	260,000	1.40	1.20	436,800
6	28	3	140,000	160,000	300,000	1.40	1.20	504,000
7	29	3	150,000	190,000	340,000	1.40	1.20	571,200
8	30	4	170,000	220,000	390,000	1.60	1.20	748,800
9	31	4	190,000	250,000	440,000	1.60	1.20	844,800
10	32	4	210,000	300,000	510,000	1.60	1.20	979,200
11	33	4	230,000	350,000	580,000	1.60	1.20	1,113,600
12	34	4	250,000	400,000	650,000	1.60	1.20	1,248,000
13	35	5	280,000	450,000	730,000	1.80	1.20	1,576,800
14	36	5	310,000	500,000	810,000	1.80	1.20	1,749,600
15	37	5	340,000	590,000	930,000	1.80	1.20	2,008,800
16	38	5	370,000	680,000	1,050,000	1.80	1.20	2,268,000
17	39	5	400,000	770,000	1,170,000	1.80	1.20	2,527,200
18	40	6	440,000	860,000	1,300,000	2.00	1.20	3,120,000
19	41	6	480,000	950,000	1,430,000	2.00	1.20	3,432,000
20	42	6	520,000	1,090,000	1,610,000	2.00	1.20	3,864,000
21	43	6	560,000	1,230,000	1,790,000	2.00	1.20	4,296,000
22	44	6	600,000	1,370,000	1,970,000	2.00	1.20	4,728,000
23	45	7	650,000	1,510,000	2,160,000	2.00	1.20	5,184,000
24	46	7	700,000	1,650,000	2,350,000	2.00	1.20	5,640,000
25	47	7	750,000	1,830,000	2,580,000	2.00	1.20	6,192,000
26	48	7	800,000	2,010,000	2,810,000	2.00	1.20	6,744,000
27	49	7	850,000	2,190,000	3,040,000	2.00	1.20	7,296,000
28	50	7	900,000	2,370,000	3,270,000	2.00	1.20	7,848,000
29	51	7	910,000	2,550,000	3,460,000	2.00	1.20	8,304,000
30	52	7	920,000	2,730,000	3,650,000	2.00	1.20	8,760,000
31	53	7	930,000	2,870,000	3,800,000	2.00	1.20	9,120,000
32	54	7	940,000	3,010,000	3,950,000	2.00	1.20	9,480,000
33	55	7	950,000	3,150,000	4,100,000	2.00	1.20	9,840,000
34	56	7	960,000	3,290,000	4,250,000	2.00	1.20	10,200,000
35	57	7	970,000	3,430,000	4,400,000	2.00	1.20	10,560,000
36	58	7	980,000	3,490,000	4,470,000	2.00	1.20	10,728,000
37	59	7	990,000	3,550,000	4,540,000	2.00	1.20	10,896,000
38	60	7	1,000,000	3,610,000	4,610,000	2.00	1.20	11,064,000

【図表4—56】 モデル別退職金の推計（例）

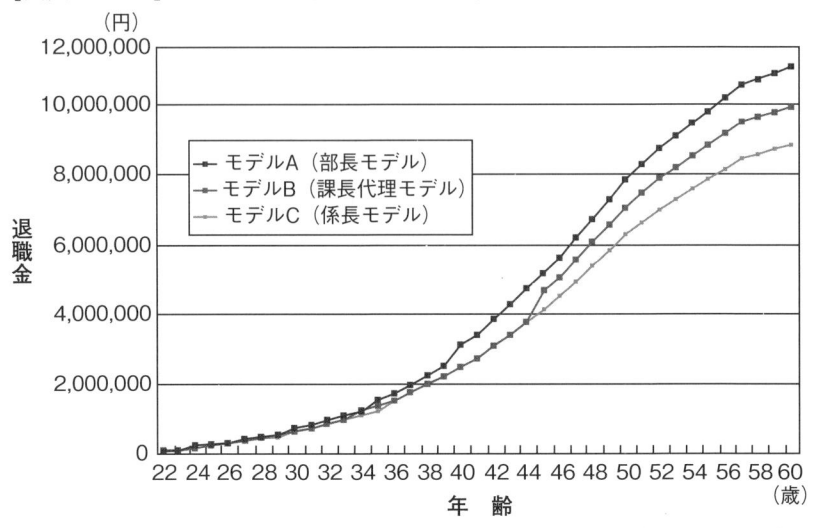

凡例：
- モデルA（部長モデル）
- モデルB（課長代理モデル）
- モデルC（係長モデル）

縦軸：退職金（円）　0～12,000,000
横軸：年齢（歳）　22～60

【図表4—57】 退職金の世間水準との比較（例）

(単位：千円)

勤続年数(年)	年齢(歳)	当社			世間相場	
		部長モデル	課長代理モデル	係長モデル	東京都 全産業（大卒）	日経連 大卒事務
10	32	979	857	857	1,661	2,121
20	42	3,864	3,091	3,091	5,295	7,582
30	52	8,760	7,884	7,008	10,553	17,657
38	60	11,064	9,957	8,851	14,375	18,655

（6） 財務分析

　会社から提出してもらった5期分の財務諸表に基づき、財務分析を行います。財務分析は人事制度再構築とは直接関係はありませんが、先方の会社を理解するためには必要です。また、総額人件費管理を行う場合は、付加価値を計算し、付加価値と人件費から適正労働分配率線を求める際に必要となります。230ページ**図表4—62**のグラフがこれに当たります。

【図表4—58】 売上高・経常利益の推移（例）

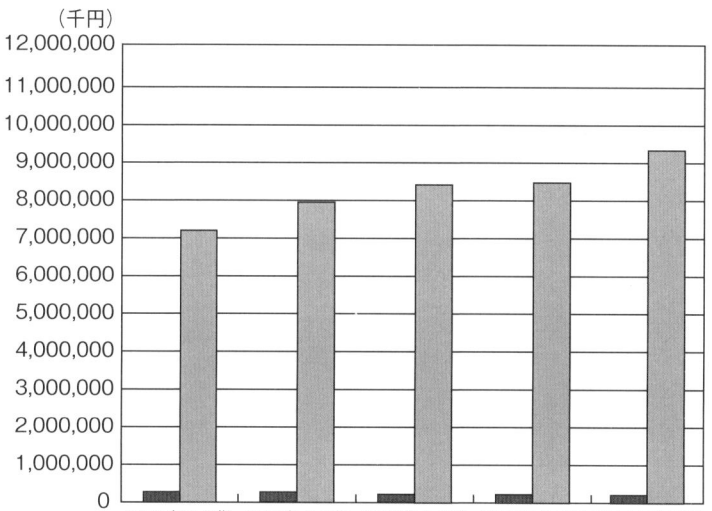

（千円）

（単位：千円）

	2010年3月期	2011年3月期	2012年3月期	2013年3月期	2014年3月期
売上高	7,185,830	7,962,872	8,250,291	8,475,072	9,055,580
経常利益	243,149	240,370	186,165	217,876	173,354

【図表4—59】 財務分析指標のレーダーチャート（例）

2014年3月期 　　　　　　―■―当社 -■- 指標 ――▲―最高 ―◆―最低

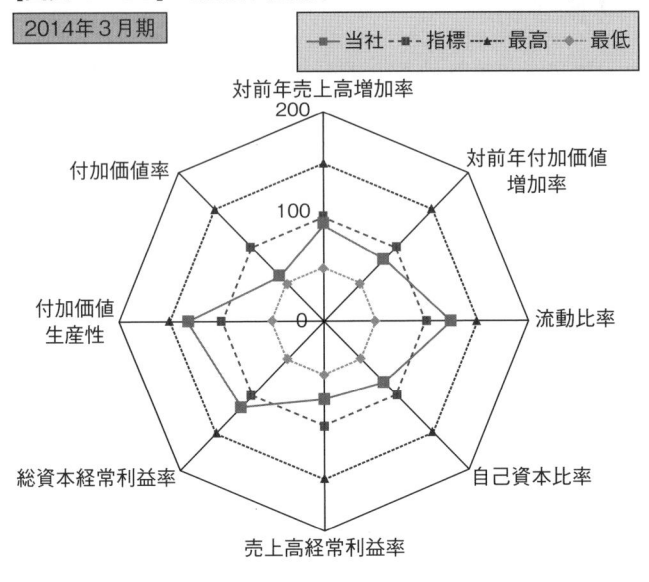

対前年売上高増加率
対前年付加価値増加率
流動比率
自己資本比率
売上高経常利益率
総資本経常利益率
付加価値生産性
付加価値率

【図表4—60】 損益分岐点分析（例）

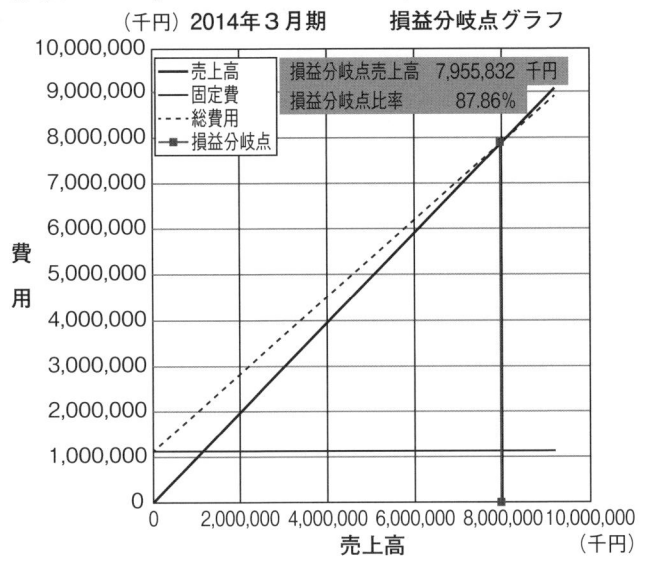

（千円）2014年3月期　　　損益分岐点グラフ

損益分岐点売上高　7,955,832 千円
損益分岐点比率　　87.86%

― 売上高
― 固定費
--- 総費用
―■― 損益分岐点

費用

売上高　（千円）

【図表 4—61】 資金調達・運用表例（例：2011 年 3 月期〜2014 年 3 月期）

(単位：千円)

項目			運用	調達	差額
流動面	運用	受取勘定	304,749		
		在庫	28,188		
		その他流動資産	88,234		
		計	421,171		
	調達	支払勘定		117,468	
		その他流動負債		57,175	
		計		174,643	
差引					−246,528
固定面	運用	設備投資	1,539,365		
		無形固定資産	0		
		投資等	−101,894		
		繰延資産	0		
		決算流出	355,781		
		計	1,793,252		
	調達	税引前利益		615,749	
		増資		60,000	
		資本準備金		0	
		任意積立金取崩額		0	
		減価償却費		171,316	
		その他固定負債		236,616	
		計		1,083,681	
差引					−709,571
金融面	運用	現金・預金	123,901		
		計	123,901		
	調達	短期借入金		0	
		長期借入金		1,080,000	
		割引手形		0	
		計		1,080,000	
差引					956,099

【図表4—62】 付加価値と人件費グラフ（例）

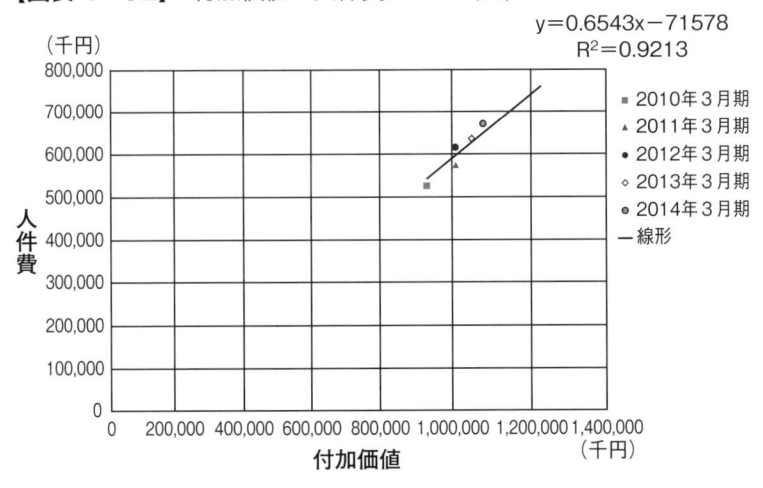

（千円）
縦軸：人件費　0〜800,000
横軸：付加価値　0〜1,400,000（千円）

$y=0.6543x-71578$
$R^2=0.9213$

凡例：
- 2010年3月期
- 2011年3月期
- 2012年3月期
- 2013年3月期
- 2014年3月期
- ― 線形

付加価値と人件費のグラフから次の傾向線が導き出されている。
Y＝0.6543X－71,578
　Y： 人件費
　X： 付加価値
　R2： 0.9213

　この5期分の売上高は順調に上伸し、経常利益も安定して計上されている。こういう経営状態の中での付加価値と人件費の傾向線であるので、この傾向線を適正労働分配率線とすることも可能である。これを適正労働分配率線とし、付加価値を1,200,000千円と計画をした場合は、下記の計算式の通り、人件費は713,582千円と計画できる。

　Y＝0.6543×1,200,000－71,578
　Y＝713,582千円

5　報告会

　予備診断報告書を作成したら経営トップに報告します。たっぷり時間を取って説明したほうがよいでしょう。経営トップから「社員に話してほしい」という話があることもありますので、その場合は要約したものを作成し、説明会を開き、社員に説明します。
　報告会では、単純に報告書を読み上げるようなことは避けたほうがよいでしょう。自分の言葉に置き換えてしっかり説明します。
　報告会ということで、こちらが報告するものだと考える必要はないと思います。時にはクライアント会社のトップの話をよく聴いてあげることが重要です。こちらが会社の問題点を1つ指摘するとそれに触発されて、その背景やら原因を熱心に語るトップもいます。そういう場合はよく聴いてあげることです。こちらが話せば、その倍以上語るので、少しも報告会が進まないこともありますが、それはそれでよいと思って、先方の気が済むまで語ってもらいましょう。その話し合いの中から信頼関係が生まれ、次の人事制度再構築プロジェクトもスムーズに進めることができます。

《予備診断報告会》

経営トップ:
皆さんもそのように感じられましたか…。
私も常々感じているところです。
これを何とかしたいと思ってコンサルティングをお願いしたのです。
何しろ当社は業歴も古く、資産も十分あるものですから、万事のんびりしているのです。
……（延々と続く）

コンサルタント:
何となく"ぬるま湯"のような感じです。
"春眠暁を覚えず"といったところでしょうか…。

アシスタント

〜経営トップの話をよく聴いてあげることが重要〜

Lesson V

人事制度再構築

　人事コンサルティングの中核をなすのは、人事制度の再構築です。通常はプロジェクトチームを組成して行いますが、小規模会社の場合は、経営トップ、人事責任者とでこぢんまり行います。Lesson Vではプロジェクトチームを組成して行う場合の1回ごとの進め方を詳しく述べています。
　各種シミュレーション、新人事制度諸規程、新人事制度解説書、役割能力要件表、現行人事制度と新人事制度の主な変更点の作成が人事制度再構築の成果物になります。

1 プロジェクトチームを組成して行うか、こぢんまり行うか

　予備診断の基本構想に基づいて人事制度再構築を行います。その場合、プロジェクトチームを組成して行うか、こぢんまり行うかを選択する必要があります。ある程度規模が大きくなると、プロジェクトチームを組成して行ったほうがよいでしょう。その理由は次の通りです。

（1）　会社の実態に合った人事制度が再構築できる

　これまでの人事制度再構築は、人事の専門家である人事部門が中心になって行うのが通例でした。あまり現場の意見も聴かず、現場の実態もわからないまま、最新の人事理論で再構築するのですが、出来上がった人事制度は何かピッタリこないと感じるようなことがあります。

　プロジェクトチームを組成して行うことになれば、プロジェクトチームには、人事部門だけでなく、社内のあらゆる部門の者が参加します。衆知を集めて再構築するため、会社の実態に合った人事制度が再構築できます。

（2）　役割能力要件表の作成がスムーズにできる

　人事制度再構築で最も労力を使うところは、役割能力要件表の作成です。業務に精通した者をプロジェクトチームのメンバーに含めれば、役割能力要件表の作成がスムーズにできます。

（3）　再構築した人事制度の運用がスムーズにできる

　人事制度は運用が第一で、社員から支持されることがスムーズな運

用の基礎になります。

「今度の新しい人事制度は自分たちで作ったのだ」「自分の意見も反映されている」とプロジェクトメンバーが感じれば、新人事制度に所有感が出てきます。そのため、運用にあたってはプロジェクトメンバーが推進役を果たしてくれますし、他の社員もわからないところがあれば、プロジェクトメンバーに聞けばわかるということになります。

（4）　労働組合の理解が得やすい

労働組合の役員をプロジェクトメンバーに入れることができれば、新人事制度に対する理解が深くなり、そのあとの労働組合の理解が得やすくなります。

小規模の会社では、プロジェクトチームを組成するような人数がそもそもいませんので、その場合は経営トップ、人事責任者とコンサルタントがこぢんまり行います。行う内容は、プロジェクトチームを組成して行うものとほとんど同じです。

2 プロジェクトチームを組成して行う場合

　プロジェクトチームを組成して行う場合は、どの程度の人数にするか、どのようなメンバーにするかを決める必要があります。

（1）　プロジェクトの組成

①　プロジェクトの人数は何人がよいか

　一般に、議論して何かを決定する場合の人数は、7～8人が最適といわれています。そのため、プロジェクトチームの人数も、7～8人を基本とするのがよいと思います。

　プロジェクトチームで最も骨の折れる仕事は、役割能力要件表の作成ですが、そのためには各部門の業務に精通した人がプロジェクトメンバーになることが望ましく、規模の大きい会社であれば部門の数は相当な数になり、それぞれ1名ずつ参加となると7～8人というわけにはいきません。その場合でも最大12～13人程度に抑えたほうがよいと思います。そうなると、プロジェクトにメンバーを出さない部門が発生し、役割能力要件表の作成に困ることになりますが、適宜事務局（人事部門）から協力を要請します。

②　プロジェクトの時間はどうするか

　プロジェクトの時間は、その会社の始業時間、終業時間を基本とします。9：00～17：00であれば、プロジェクトもその時間に行います。会社によっては10：00を開始とするところもあります。メンバーが9：00～10：00の時間をその日の個人業務の連絡事項に充てるためです。

③ プロジェクトチームのメンバーをどう選ぶか

a　各部門から選ぶ

　人事のことだからということで、人事部門の者だけにせず、各部門から選ぶことが必要です。しかし、後の運用は人事部門で行うため、もちろん人事部門の者は、メンバーに含まれるようにしましょう。人事部門は責任者と若手の2名を選び、若手にはプロジェクトの事務局として、プロジェクトの運営に当たってもらうとよいでしょう。

b　各部門の業務に精通した者を選ぶ

　人事制度再構築で最もエネルギーが必要なのは、役割能力要件表の作成です。そのため、各部門の業務に精通した者が作成するのが効果的・効率的です。

c　若手をメンバーに入れる

　bで上げたこととやや矛盾しますが、若手も加え、その意見を聴き、全員で再構築したという形をとるほうが、新人事制度に対して所有感が湧き、運用がスムーズにいきます。

d　労働組合の役員をメンバーに入れる

　新人事制度をスムーズに運用するためには、労働組合の賛成と理解は必要です。そのため、労働組合の役員を加えるのは意味のあることです。ただ、人事評価そのものを否定的に捉える労働組合もありますので、そのような場合はプロジェクトが論争の場になる恐れがあるため、メンバーには加えないほうがよいと思います。

　労働組合の役員を加えた場合、「プロジェクトは労使交渉の場ではないので、組合を代表して意見を言うということではなく、社員としてこの会社の人事制度をよくするにはどうすればよいかという観点から意見がほしい。ここで了解したからといって、組合が了解したとい

うことにはしない。組合の中での議論は人事制度再構築完了後に十分時間をかけて行ってほしい」と釘を刺しておくことが必要です。

　e　コンピュータ部門の者をメンバーに入れる

　再構築した人事制度の運用には、コンピュータの力が必要です。ソフトの開発を自社で行う場合は、担当者が人事制度の仕組みをよく理解していなければなりませんので、コンピュータ部門の者をメンバーに入れたほうがよいと思います。

④　経営トップをプロジェクトチームのメンバーに入れるかどうか

　経営トップをメンバーに入れるかどうかですが、次のようなこともあり、基本的には入れないほうがよいと思います。

> a　ワンマン経営で、経営トップの顔色をうかがってばかりの会社であれば、経営トップがいることで、メンバーは自由に発言することができない
> b　経営トップがプロジェクトの場にいれば、決定が早くなり効率的だが、プロジェクトは議論が行ったり戻ったりすることがある。一旦決めたこともよく考えたら変更しようということがあるため、経営トップがいちいち決定してしまうと、逆に不都合である

　経営トップにはプロジェクト議事録を毎回提出し、プロジェクトの進行状況を報告することにし、必要があればプロジェクトに出席してもらい、意見を聴くことにすればよいでしょう。また、コンサルタントが経営トップとのパイプ役になり、進行過程の節目、節目で経営トップに報告・説明し、意見を聴くようにします。

⑤　プロジェクトチームを公式なものとする

　プロジェクトを組成したら、メンバーには人事発令を行い、社内にプロジェクト発足をアナウンスします。そして、第1回プロジェクト

の日時をメンバーに通知します。

（2） プロジェクトのスケジュール

　人事制度再構築をする場合、2つの方法があります。1つは、白紙の状態から1つひとつ議論して規程を作り上げるという方法、もう1つは、とりあえずすべての規程を作成し、これをたたき台にして修正しながら作り上げていくという方法です。

　やり方によってスケジュールは大きく異なります。前者の方法で行うと、丁寧な議論ができますが、時間は相当かかります。後者のほうが効率的に行うことができますので、筆者は後者の方法で行っています。予備診断の段階で新人事制度の基本構想ができており、経営トップとのすり合わせもできているため、基本構想に基づいて行えば、効率的に進めることができるからです。ここで示すプロジェクトのスケジュールも、後者のやり方に基づいたスケジュールです。

　標準的なプロジェクトの進行を示すと、次ページ**図表5―1**の通りです。242ページ～246ページの**図表5―2**は、時系列でスケジュールを表したものです。プロジェクトの回数は12回で、毎月2回のペースで行えば6カ月かかることになります。会社の規模、検討する項目の数、難度によって、回数は若干増減します。

【図表5—1】 人事制度再構築プロジェクトの進行

項目	1回	2回	3回	4回	5回	6回	7回	8回	9回	10回	11回	12回
予備診断の概要説明	→											
現行人事制度の概要と問題点の把握	→											
人事制度再構築の方向性の確認	→											
新人事制度諸規程(たたき台)の一通りの説明	→											
ステージ制度運用規程		→								――→		
ステージと職位・職掌の関係表		→										
ステージ呼称										――→		
昇格・降格基準										――→		
移行格付け										――→		
役割能力要件表		――――――――――――――――――――――→										
全職掌 役割能力マトリックス表			―――――――→									
職掌固有 役割能力マトリックス表				――――――――→								
監督職・管理職・専門職 役割能力要件						――――→						
役割能力要件表の完成										――→		
個人目標制度運用規程			→									
個人目標設定練習			→									
業績評価制度運用規程					―――――――――→							
業績評価項目とウェイト表					→		→					
業績評価得点計算演習							→					
評価者一覧表									→			
部門業績評価制度運用規程							―――→					
部門業績評価項目とウェイト							―――→					
チャレンジ加点制度運用規程							→					
能力評価制度運用規程							→					
給与規程										――→		
賃金組替演習										→		
調整手当の処理の仕方											→	
昇給管理規程											→	
昇給計算演習											→	

項　目	1回	2回	3回	4回	5回	6回	7回	8回	9回	10回	11回	12回
賞与管理規程										→		
賞与計算演習										→		
退職金規程										→		
シミュレーション										→		
移行格付け										→		
賃金組替										→		
昇　給										→		
賞　与										→		
退職金											→	
新人事制度諸規程の完成											→	
新人事制度解説書											→	
現人事制度と新人事制度の主な変更点の確認											→	
新人事制度導入・定着化												→

Lesson Ⅴ　人事制度再構築

【図表 5—2】 人事制度再構築プロジェクト・スケジュール

回	月 日 ( )	プロジェクト	宿 題
0			コンサルタントがたたき台作成 ・ステージ制度運用規程 ・業績評価制度運用規程 ・個人目標制度運用規程 ・部門業績評価制度運用規程 ・チャレンジ加点制度運用規程 ・能力評価制度運用規程 ・給与規程 ・昇給管理規程 ・賞与管理規程 ・退職金規程
1	月 日 ( )	・経営トップの挨拶 ・コンサルタントおよびメンバーの自己紹介 【説 明】 ・プロジェクト日程の決定 ・プロジェクト進行にあたっての留意事項 ・予備診断の概要 ・現行人事制度の概要と問題点 ・人事制度再構築の方向性 ・新人事制度諸規程（たたき台）の一通りの説明 　・ステージ制度運用規程 　・業績評価制度運用規程 　・個人目標制度運用規程 　・部門業績評価制度運用規程 　・チャレンジ加点制度運用規程 　・能力評価制度運用規程 　・給与規程 　・昇給管理規程 　・賞与管理規程 　・退職金規程	・新人事制度諸規程の熟読（次回までの宿題）
2	月 日 ( )	【説明・討議】 ・ステージ制度運用規程 ・ステージと職掌・職位の関係表 ・役割能力要件表作成方法 ・全職掌共通・期待される役割マトリックス表の作成方法 ・全職掌共通・必要とされる知識技能マトリックス表の作成方法 ・個人目標制度運用規程 ・個人目標設定の仕方	・全職掌共通・期待される役割マトリックス表の作成（次回までの宿題） ・全職掌共通・必要とされる知識技能マトリックス表の作成（次回までの宿題） ・個人目標の設定（第4回までの宿題）

回	月 日 ( )	プロジェクト	宿 題
3	月 日 ( )	【発表・討議】 ・全職掌共通・期待される役割マトリックス表 ・全職掌共通・必要とされる知識技能マトリックス表 【説 明】 ・全職掌共通・必要とされる知識技能の具体的内容の作成方法 ・職掌固有の期待される役割マトリックス表の作成方法と分担 ・職掌固有の必要とされる知識技能マトリックス表の作成方法と分担 ・職掌固有・必要とされる知識技能の具体的内容の作成方法と分担	・全職掌共通・必要とされる知識技能の具体的内容の作成（第5回までの宿題） ・職掌固有の期待される役割マトリックス表の作成（第6回までの宿題） ・職掌固有の必要とされる知識技能マトリックス表の作成（第6回までの宿題） ・職掌固有の必要とされる知識技能の具体的内容の作成（第6回までの宿題） ・全職掌共通・期待される役割マトリックス表の修正、清書（第5回までの宿題）（事務局） ・全職掌共通・必要とされる知識技能マトリックス表の修正、清書（第5回までの宿題）（事務局）
4	月 日 ( )	【発表・講評】 ・個人目標 【説 明】 ・業績評価制度運用規程 ・業績評価項目とウェイトの設定方法 ・評価項目の意味	・業績評価項目とウェイト表の作成（次回までの宿題）
5	月 日 ( )	【討 議】 ・全職掌共通・期待される役割マトリックス表の修正 ・全職掌共通・必要とされる知識技能マトリックス表の修正 ・全職掌共通・必要とされる知識技能の具体的内容 【発表・討議】 ・業績評価項目とウェイト表	・全職掌共通・期待される役割マトリックス表の修正（次回までの宿題）（事務局） ・全職掌共通・必要とされる知識技能マトリックス表の修正（次回までの宿題）（事務局） ・全職掌共通・必要とされる知識技能の具体的内容（次回までの宿題）（事務局）

回	月 日 ( )	プロジェクト	宿 題
6	月 日 ( )	【確 認】 ・全職掌共通・期待される役割マトリックス表の完成 ・全職掌共通・必要とされる知識技能マトリックス表の完成 ・全職掌共通・必要とされる知識技能の具体的内容の完成 【発 表】 ・担当する職掌固有・期待される役割マトリックス表 ・担当する職掌固有・必要とされる知識技能マトリックス表 ・担当する職掌固有・必要とされる知識技能の具体的内容 【説 明】 ・監督職・管理職・専門職の役割能力要件の作成方法	・担当する職掌固有・期待される役割マトリックス表の修正（第8回までの宿題） ・担当する職掌固有・必要とされる知識技能マトリックス表の修正（第8回までの宿題） ・担当する職掌固有・必要とされる知識技能の具体的内容の修正（第8回までの宿題） ・監督職・管理職・専門職の役割能力要件の作成（第8回までの宿題）
7	月 日 ( )	【討 議】 ・業績評価項目とウェイト 【演 習】 ・業績評価得点計算 【説 明】 ・部門業績評価制度運用規程 ・部門業績評価項目とウェイトの設定方法	・自部門の部門業績評価項目とウェイトワークシートの作成（次回までの宿題） ・自部門の部門業績の把握方法ワークシートの作成（次回までの宿題） ・自部門の部門業績評価基準ワークシートの作成（次回までの宿題）
8	月 日 ( )	【発表・討議】 ・担当する職掌固有・期待される役割マトリックス表の修正 ・担当する職掌固有・必要とされる知識技能マトリックス表の修正 ・担当する職掌固有・必要とされる知識技能の具体的内容の修正 ・監督職・管理職・専門職の役割能力要件 ・自部門の部門業績評価項目とウェイト 【説 明】 ・チャレンジ加点制度運用規程 ・能力評価制度運用規程	・担当する職掌固有・期待される役割マトリックス表の修正（次回までの宿題） ・担当する職掌固有・必要とされる知識技能マトリックス表の修正（次回までの宿題） ・担当する職掌固有・必要とされる知識技能の具体的内容の修正（次回までの宿題） ・全部門の部門業績評価項目とウェイトの作成（次回までの宿題） ・全部門の部門業績の把握方法の作成（次回までの宿題） ・全部門の部門業績評価基準の作成（次回までの宿題）

回	月 日（ ）	プロジェクト	宿 題
9	月 日 （ ）	【討 議】 ・担当する職掌固有・期待される役割マトリックス表の修正 ・担当する職掌固有・必要とされる知識技能マトリックス表の修正 ・担当する職掌固有・必要とされる知識技能の具体的内容の修正 ・部門業績評価項目とウェイト ・能力評価制度 ・チャレンジ加点制度 ・ステージ制度運用規程 　・ステージ呼称 　・昇格・降格 　・移行格付け	・担当する職掌固有・期待される役割マトリックス表の修正（次回までの宿題） ・担当する職掌固有・必要とされる知識技能マトリックス表の修正（次回までの宿題） ・担当する職掌固有・必要とされる知識技能の具体的内容の修正（次回までの宿題） ・部門業績評価項目とウェイトの修正（次回までの宿題）
10	月 日 （ ）	【確 認】 ・担当する職掌固有・期待される役割マトリックス表 ・担当する職掌固有・必要とされる知識技能マトリックス表 ・担当する職掌固有・必要とされる知識技能の具体的内容 ・部門業績評価項目とウェイト 【説明・討議】 ・給与規程 ・昇給管理規程 ・退職金規程 【演 習】 ・賃金組替 【討 議】 ・ステージ制度運用規程 　・ステージ呼称 　・昇格・降格 　・移行格付け	・全職掌および職掌固有の「期待される役割マトリックス表」「必要とされる知識技能マトリックス表」「必要とされる知識技能の具体的内容」を「役割能力要件表」の書式にまとめる（次回までの宿題）（事務局） ・監督職・管理職・専門職の役割能力要件を「役割能力要件表」の書式にまとめる（次回までの宿題）（事務局） ・移行格付けシミュレーション ・賃金組替シミュレーション ・昇給シミュレーション ・賞与シミュレーション ・退職金シミュレーション （次回までの宿題）（コンサルタント）

回	月 日 ( )	プロジェクト	宿 題
11	月 日 ( )	【確 認】 ・「役割能力要件表」の書式にまとめたものを確認 【説明・討議】 ・調整手当の処理の仕方 ・退職金規程 【演 習】 ・昇給計算 ・賞与計算 【説 明】 ・現行人事制度と新人事制度の主な変更点の作成方法	・新人事制度諸規程の最終的まとめ（次回までの宿題）（コンサルタント） ・新人事制度解説書の作成（次回までの宿題）（コンサルタント） ・現行人事制度と新人事制度の主な変更点の作成（次回までの宿題）
12	月 日 ( )	【説明・確認】 ・新人事制度諸規程の確認 　・ステージ制度運用規程 　・業績評価制度運用規程 　・個人目標制度運用規程 　・部門業績評価制度運用規程 　・チャレンジ加点制度運用規程 　・能力評価制度運用規程 　・給与規程 　・昇給管理規程 　・賞与管理規程 　・退職金規程 【説明・確認】 ・新人事制度解説書 【発 表】 ・現行人事制度と新人事制度の主な変更点 【説 明】 ・新人事制度導入・定着化 【プロジェクトを終えるにあたって】 ・プロジェクトメンバーの感想 ・コンサルタントの挨拶 ・経営トップの挨拶	・現行人事制度と新人事制度の主な変更点の修正（コンサルタント）

（3） プロジェクトの具体的進め方・留意事項

　次に、プロジェクトの各回でどのようなことをするのか、具体的進め方、留意点について説明することにします。
　ちなみに、ここでは「事務局」という言葉を使用しますが、事務局

というのは人事制度再構築プロジェクトを円滑に運営するための組織で、通常、当該会社の人事部門が担当します。また、「コンサルタント」というのは、このプロジェクトを指導しているコンサルタントということになります。

① 第1回プロジェクトまでに行うこと

コンサルタントが行うこと

コンサルタントは次の新人事制度諸規程（たたき台）を作成し、事務局に渡します。これらは予備診断の基本構想を検討する際に、同時に作成しておきます。当然、移行格付け、賃金組替、昇給、賞与、退職金のシミュレーションを行って、ここで提案する新人事制度を運用しても問題がないことを確認していることが必要です。

- ・ステージ制度運用規程
- ・業績評価制度運用規程
- ・個人目標制度運用規程
- ・部門業績評価制度運用規程
- ・チャレンジ加点制度運用規程
- ・能力評価制度運用規程
- ・給与規程
- ・昇給管理規程
- ・賞与管理規程
- ・退職金規程

また、コンサルタントは予備診断報告書の要約版を作成し、事務局に渡します。第1回プロジェクトで予備診断の概要と問題点を説明するためです。予備診断の内容をPower Pointにすれば、わかりやすい説明になります。

事務局が行うこと

- 第1回プロジェクトでプロジェクトの全日程を決めるため、会社の年間スケジュール表を用意する
- メンバー各人に、第1回プロジェクトに自身の年間スケジュール表を持参することを案内する
- 図表5—2（242〜246ページ参照）の人事制度再構築プロジェクト・スケジュール、人事制度諸規程（たたき台）、予備診断報告書の要約版をプリントアウトして人数分用意する

会場の準備——以降同じ

- パソコン
- プロジェクター
- ホワイトボード

② 第1回プロジェクト

a　経営トップの挨拶

　第1回プロジェクトには経営トップに出席を求め、冒頭に挨拶してもらいます。本プロジェクトの目的、狙い、プロジェクトメンバーに期待していること等が内容になります。経営トップがプロジェクトの冒頭で挨拶することは、会社を挙げてプロジェクトに取り組んでいることをプロジェクトメンバーに示すうえで大変重要です。

b　コンサルタントおよびプロジェクトメンバーの自己紹介

　まず、コンサルタントが自己紹介し、次にプロジェクトメンバーが自己紹介します。各人に本プロジェクトへの抱負を語ってもらうよう促しましょう。

c　議事録を作成することを伝える

　プロジェクトは議事録を作成することが必要です。議事録の作成は、事務局が行う場合とプロジェクトメンバーが交代で行う場合があります。メンバーの意見を聴いてどちらかに決めます。議事録のフォーマットは、当該会社に定まったものがあればそれを使ってもらって構いません。なければ、**別紙―16**（399ページ参照）のような議事録フォーマットを提示して、使用するようにします。

　議事録を書くうえでの留意事項は次の通りです。

- ・プロジェクトが終了したら3営業日以内に作成し、事務局に提出する
- ・事務局でプリントアウトし、経営トップ、コンサルタント、プロジェクトメンバーに配付する
- ・議事録に絶対に記載しなければならないことは「決定事項」「宿題」で、議論の内容は簡潔に書く
- ・メンバーは議事録を受け取ったらよく読んで、次回のプロジェクトには必ず持参する

d　プロジェクトの全日程を決める

　各人は自分のスケジュール表、事務局は全社のスケジュール表を用意していますので、**図表5―2**（242～246ページ参照）の人事制度再構築プロジェクト・スケジュールに基づき、プロジェクトの全日程を決定します。

　日程は全社的行事の日は避け、各人のスケジュールで最も多くの出席者が見込める日に設定し、設定した日は、必ず出席すること、仕事を入れないように仕事の組み立てを考えておくことを伝えます。

　また、プロジェクトの開催時間は、会社の勤務時間を考えて設定します（例えば10：00～17：00等）。

e　プロジェクトの約束事と心構えを述べる

　プロジェクトの約束事として、以下の内容をメンバーに周知しておきます。

1）答申案であること
　コンサルタントは次のように話します。

> 　このプロジェクトで決まったことは答申案であり、まだ会社の決定事項ではないことに留意してください。このプロジェクトの答申を受けて、会社は決定機関の審議を経て決定します。したがって、このプロジェクトで議論したこと、決定したことは、外部に漏らさないようにしてください。人事制度再構築に対しては、社員の関心は高いところですので、質問を受けることもあるかと思いますが、『このプロジェクトが終わり、会社の決定後に、しっかり解説書を作成して説明するので、それまで待ってほしい』と伝えてください。それでも、役割能力要件表作成等にあたって、ある程度新人事制度について説明しなければ、協力が得られないということも起こり得ます。その場合は事務局から関係者へ必要な情報をしっかり伝えることになっています。

2）約束を守ること
　次に、「約束を守る」ということについて次のように話します。

> 　プロジェクトのメンバーに留意していただきたいのは『約束を守る』ということです。
> 　ⅰ　宿題は必ず行うこと
> 　プロジェクトが終わると、その次の回までの宿題が出ます。宿題は期限までに必ず行うようにしてください。
> ⅱ　プロジェクトには必ず出席すること
> 　先ほどプロジェクトの日程を決定しました。決めた日程を最優先にして仕事の段取りをし、必ずプロジェクトには出席してください。
> ⅲ　時間を守ること

プロジェクトの時間は10：00〜17：00と決めましたので、その時間はプロジェクトに充ててください。遅刻・早退はないようにしてください。適宜休憩を入れますが、休憩終了時間は厳守してください。
ⅳ　電話についての取り決めを守ること
　携帯電話は原則として電源を切るかマナーモードにしてください。電話は、緊急時以外は取りつがないことにします。

3）心構え

　最後にプロジェクトチームのメンバーの心構えについて次のように話します。

ⅰ　誇りと責任を持って当たること
　プロジェクトメンバーに選ばれたということは、選ばれた理由があるわけです。その誇りと責任を持ってプロジェクトに臨んでください。特に「約束を守る」という点は重要です。
ⅱ　立場にこだわらないこと
　プロジェクトでは議論したり、意見を求められることがあります。そのときは、社内の地位（役職）は関係なく、平等ですので、率直な意見を述べてください。また、ここでは多くの部門の方がメンバーになっています。部門の利益代表として選ばれているわけではありませんので、全社的見地から意見を述べてください。組合役員も組合を代表しているという意識は持たないでほしいと思います。
ⅲ　フランクな意見を述べること
　何も発言しなければ、プロジェクトに参加している意味がありません。率直に自分の意見を述べてください。

f　予備診断報告書の概要説明

　予備診断報告書の要約版に基づいて、概要を「経営課題」「課題解決の施策」を中心に説明します。以下のg、hも同様ですが、Power Pointを使って説明するとわかりやすいと思います。

g　現行人事制度の概要と問題点の説明

予備診断報告書の要約版に基づいて、「現行人事制度の分析」を説明します。

h　人事制度再構築の方向性の説明

予備診断報告書の要約版に基づいて「新人事制度の基本構想」を説明します。

i　新人事制度諸規程（たたき台）の一通りの説明

作成した新人事制度諸規程（たたき台）を、1つひとつ詳しく説明します。ここでは、全体がどのようになっているのか概略を理解していただく程度でよいと思います。

- ステージ制度運用規程
- 業績評価制度運用規程
- 個人目標制度運用規程
- 部門業績評価制度運用規程
- チャレンジ加点制度運用規程
- 能力評価制度運用規程
- 給与規程
- 昇給管理規程
- 賞与管理規程
- 退職金規程

宿　題

- 新人事制度諸規程（たたき台）を熟読する（次回までの宿題）

③ 第2回プロジェクトまでに行うこと

コンサルタントが行うこと

- 役割能力要件表構築マニュアル（本書290〜320ページをマニュアルとして書き直す）を作成し、事務局に渡しておく
- Wordファイルの全職掌共通・期待される役割マトリックス表・フォーマット（403ページ**別紙―22**）を作成し、事務局に渡しておく
- Wordファイルの全職掌共通・必要とされる知識技能マトリックス表・フォーマット（404ページ**別紙―23**）を作成し、事務局に渡しておく
- Wordファイルの個人目標シート・フォーマット（387ページ**別紙―4**）を作成し、事務局に渡しておく
- Wordファイルの目標設定ワークシート（411ページ**別紙―30**）を作成し、事務局に渡しておく

事務局が行うこと

- 役割能力要件表構築マニュアルをプリントアウトし、人数分用意する

④ 第2回プロジェクト

a　前回議事録の確認

　前回議事録の確認は、毎回必ず行います。各メンバーは前回議事録を必ず持参することが必要です。

b　ステージ制度運用規程の説明

　ステージ制度運用規程（たたき台）を一通り説明します。

c　ステージと職掌・職位の関係表を定める

　次に、ステージと職掌・職位の関係表（46ページ**図表2―4**）を定

めます。検討する事項は次の通りです。

> ・ステージの段階を何段階にするか
> ・管理職はどのステージ以上にするか
> ・職掌はどのようなものがあるか
> ・ステージの呼称を設けるか、設けるとすればどのような呼称にするか
> ・ステージに職位をどのように対応させるか
> ・監督職にはどのようなものがあるか
> ・管理職にはどのようなものがあるか
> ・専門職を設けるか、設けるとすればどのステージに対応させるか

　このステージと職掌・職位の関係表が定まらなければ、次の役割能力要件表作成に進めないため、最初に決定する必要があります。

d　役割能力要件表作成方法の説明

　役割能力要件表構築マニュアルを配付して、役割能力要件表作成方法を説明します。

e　全職掌共通・役割能力要件表作成方法の説明

　役割能力要件表は、全職掌共通のものと職掌固有のものを作ることが必要ですが、まず、全職掌共通のものから作成します。第2回プロジェクトでは、全職掌共通・役割能力要件表を作成する方法を説明します。以下の作成が次回までの宿題になりますので、宿題に取り組むことができる程度の説明が必要です。

> ・全職掌共通・期待される役割マトリックス表
> ・全職掌共通・必要とされる知識技能マトリックス表

全職掌共通・必要とされる知識技能の具体的内容も作成することが必要ですが、必要とされる知識技能を固めてからにするため、今回の宿題にはしません。

f　個人目標制度運用規程の説明

　個人目標制度運用規程（たたき台）に基づいて、個人目標制度を説明します。

g　個人目標設定の仕方の説明

　個人目標制度を検討するとき、個人目標がどういうものか、よく理解していることが必要です。そのために、メンバーに目標設定を体験してもらいます。

　自分の個人目標設定が宿題になります。目標設定ワークシート（411ページ**別紙―30**）の活用の仕方も説明します。

h　事務局は宿題に使用する用紙のWordファイルをメンバーに送る

　事務局は、第2回プロジェクトが終了したら直ちに、全職掌共通・期待される役割マトリックス表、全職掌共通・必要とされる知識技能マトリックス表、個人目標シートのフォーマット、目標設定ワークシートのWordファイルをメールに添付してメンバーに送ります。

　メンバーは宿題（個人目標設定を除く）が終わり次第、第3回プロジェクトの4～5日前までに事務局にメールに添付して送ります。これを事務局でプリントアウトし、人数分をコピーして第3回プロジェクト当日に配付します。これは、資料に基づいてしっかり議論するためです。これからの宿題で資料を作成する場合も同様であることを伝えておきましょう。

> **宿　題**
>
> ・全職掌共通・期待される役割マトリックス表を作成する（次回までの宿題）
> ・全職掌共通・必要とされる知識技能マトリックス表を作成する（次回までの宿題）
> ・自分の個人目標を設定する（第4回までの宿題）

⑤ 第3回プロジェクトまでに行うこと

> **コンサルタントが行うこと**

- Wordファイルの全職掌共通・必要とされる知識技能の具体的内容・フォーマット（405ページ**別紙―24**）を作成し、事務局に渡しておく
- Wordファイルの職掌固有・期待される役割マトリックス表・フォーマット（406ページ**別紙―25**）を作成し、事務局に渡しておく
- Wordファイルの職掌固有・必要とされる知識技能マトリックス表・フォーマット（407ページ**別紙―26**）を作成し、事務局に渡しておく
- Wordファイルの職掌固有・必要とされる知識技能の具体的内容・フォーマット（408ページ**別紙―27**）を作成し、事務局に渡しておく

> **事務局が行うこと**

- 各人が作成した全職掌共通・期待される役割マトリックス表をプリントアウトし、人数分用意する
- 各人が作成した全職掌共通・必要とされる知識技能マトリックス表をプリントアウトし、人数分用意する

⑥ 第3回プロジェクト

a　前回議事録の確認

　前回議事録の確認は、毎回必ず行います。各メンバーは前回議事録を必ず持参します。

b　各人が作成した全職掌共通・期待される役割マトリックス表を発表する

　全員が発表すると相当時間がかかりますが、ここはしっかり行います。

c　全職掌共通・期待される役割マトリックス表を討議し、まとめる

　全員の発表が終わったら、誰か適当な人の「期待される役割マトリックス表」をプロジェクターで映写し、その場で役割項目1つひとつを討議し、皆の意見を聴きながら修正していきます。

d　各人が作成した全職掌共通・必要とされる知識技能マトリックス表を発表する

　全員が発表すると相当時間がかかりますが、しっかり行います。

e　全職掌共通・必要とされる知識技能マトリックス表を討議し、まとめる

　cと同様に、全員の発表が終わったら、誰か適当な人の「必要とされる知識技能マトリックス表」をプロジェクターで映写し、その場で知識技能項目1つひとつを討議し、皆の意見を聴きながら修正していきます。修正が終わったところで、全職掌共通・必要とされる知識技能マトリックス表が完成します。

　次に、この知識技能項目をベースにした「必要とされる知識技能の具体的内容」の作成が次回までの宿題である旨を案内します。

f　職掌固有の役割能力要件マトリックス表の作成と分担を決める

　職掌固有・期待される役割マトリックス表（406ページ**別紙—25**）、職掌固有・必要とされる知識技能マトリックス表（407ページ　**別紙—26**）、職掌固有・必要とされる知識技能の具体的内容（408ページ**別紙—27**）の作成方法を説明し、分担を決めます。作成方法は全職掌共通と同じです。分担はメンバーが最も得意としている部門を担当にします。担当が決まらない部門は分担を募ります。

宿題

- 全職掌共通・必要とされる知識技能の具体的内容を作成する（第5回までの宿題）
- 職掌固有・期待される役割マトリックス表を作成する（第6回までの宿題）
- 職掌固有・必要とされる知識技能マトリックス表を作成する（第6回までの宿題）
- 職掌固有・必要とされる知識技能の具体的内容を作成する（第6回までの宿題）

（事務局の宿題）
- 全職掌共通・期待される役割マトリックス表を修正し、清書する（第5回までの宿題）
- 全職掌共通・必要とされる知識技能マトリックス表を修正し、清書する（第5回までの宿題）

⑦ 第4回プロジェクトまでに行うこと

コンサルタントが行うこと

- 業績評価項目とウェイト　ワークシート（400ページ**別紙—17**）、新規に設定する業績評価項目（401ページ**別紙—18**）をExcelで作成する（第4回の宿題で使用）

事務局が行うこと

- 各人が設定した個人目標をプリントアウトし、人数分用意する

⑧ 第4回プロジェクト

a　前回議事録の確認

　前回議事録の確認は、毎回必ず行います。各メンバーは前回議事録

を必ず持参します。

b　個人目標の発表とコメント

　第2回プロジェクトの宿題だった個人目標を、各人が発表します。コンサルタントは、これにコメント・アドバイスを行います。

c　業績評価制度運用規程の説明

　業績評価制度運用規程を読み上げ、次の項目について詳しく説明します。

1）業績評価項目とウェイトの設定方法の説明

　業績評価項目とウェイト表作成は今回のプロジェクトの宿題になりますので、理解できる程度の説明を行います。宿題は、業績評価項目としてはどのようなものがあるかを考えること、各ステージ・職掌に期待される役割を勘案して全体が100になるようにウェイトを記入してもらうことです。各業績評価項目の意味、評価段階は一応コンサルタントが示したものを前提にしますが、示したもの以外の評価項目が必要と考える場合は、401ページ**別紙—18**の「新規に設定する業績評価項目」に評価項目の名前、意味、評価段階を記入するように指示します。

2）部門業績についての説明

　部門業績評価については第7回プロジェクトで検討しますが、個人の業績評価項目とウェイトを設定する際に、部門業績評価についてある程度の知識がなければ設定することができませんので、部門業績評価の概要をここで説明します。

3）評価項目の意味の解説

　評価項目の1つひとつの意味をしっかり説明します。

宿　題

- 業績評価項目とウェイト表（400 ページ**別紙—17**）を作成する（次回までの宿題）

⑨　第5回プロジェクトまでに行うこと

事務局が行うこと

- 第3回の宿題で事務局が修正し、清書した以下の表をプリントアウトし、人数分用意する
  1）全職掌共通・期待される役割マトリックス表
  2）全職掌共通・必要とされる知識技能マトリックス表
- 第3回の宿題だった全職掌共通・必要とされる知識技能の具体的内容をプリントアウトし、人数分用意する
- 前回の宿題だった各メンバーが作成した業績評価項目とウェイト表をプリントアウトし、人数分用意する

⑩　第5回プロジェクト

a　前回議事録の確認

　前回議事録の確認は、毎回必ず行います。各メンバーは前回議事録を必ず持参します。

b　第3回の宿題で事務局が修正し、清書した以下の表の討議

- 全職掌共通・期待される役割マトリックス表
- 全職掌共通・必要とされる知識技能マトリックス表

c　第3回の宿題だった全職掌共通・必要とされる知識技能の具体的内容の討議

　全職掌共通・必要とされる知識技能の具体的内容をメンバーが発表し、その後、1つひとつの知識技能について討議して決定していきます。

d　業績評価項目とウェイト表の討議

　プロジェクトメンバーが作成した業績評価項目とウェイト表を発表します。全員の発表が終わったら、誰か適当な人の「業績評価項目とウェイト表」をプロジェクターで映写し、これをベースにステージ・職掌ごとに討議し、皆の意見を聴きながら修正していきます。意見が集約できたら「業績評価項目とウェイト表」は完成です。さらに討議が必要である場合は、第7回プロジェクトで討議します。

宿　題

(事務局の宿題)
- 全職掌共通・期待される役割マトリックス表を修正し、清書する（次回までの宿題）
- 全職掌共通・必要とされる知識技能マトリックス表を修正し、清書する（次回までの宿題）
- 全職掌共通・必要とされる知識技能の具体的内容を修正し、清書する（次回までの宿題）

⑪　第6回プロジェクトまでに行うこと

コンサルタントが行うこと

　第6回の宿題に使用する次の表のフォーマットを作成し、Wordファイルで事務局に渡しておきます。

> **図表 6—16**（309 ページ参照）の「係長に期待される役割・必要とされる知識技能」
> **図表 6—17**（310 ページ参照）の「管理職　期待される役割」
> **図表 6—18**（311 ページ参照）の「管理職　必要とされる知識技能」
> **図表 6—19**（311 ページ参照）の「管理職　必要とされる知識技能の具体的内容」
> **図表 6—20**（312 ページ参照）の「専門職　期待される役割」
> **図表 6—21**（312 ページ参照）の「専門職　必要とされる知識技能」
> **図表 6—22**（312 ページ参照）の「専門職　必要とされる知識技能の具体的内容」

事務局が行うこと

> ・前回の宿題で事務局が修正し、清書した以下の表をプリントアウトし、人数分用意する
> 　1）全職掌共通・期待される役割マトリックス表
> 　2）全職掌共通・必要とされる知識技能マトリックス表
> 　3）全職掌共通・必要とされる知識技能の具体的内容
> ・第3回の宿題だった以下の表をプリントアウトし、人数分用意する
> 　1）職掌固有・期待される役割マトリックス表
> 　2）職掌固有・必要とされる知識技能マトリックス表
> 　3）職掌固有・必要とされる知識技能の具体的内容

⑫　第6回プロジェクト

a　前回議事録の確認

　前回議事録の確認は毎回必ず行います。各メンバーは、前回議事録を必ず持参します。

b　前回の宿題だった事務局が修正し、清書した以下の表の完成の確認

> ・全職掌共通・期待される役割マトリックス表

- 全職掌共通・必要とされる知識技能マトリックス表
- 全職掌共通・必要とされる知識技能の具体的内容

c 第3回の宿題だった以下の表の発表

これは相当な時間がかかりますが、しっかり行います。

1) 職掌固有・期待される役割マトリックス表
2) 職掌固有・必要とされる知識技能マトリックス表
3) 職掌固有・必要とされる知識技能の具体的内容

d 監督職・管理職・専門職の役割能力要件の作成方法の説明

　監督職・管理職・専門職の役割能力要件表の作成が、今回のプロジェクトの宿題です。宿題ができるように作成方法を説明します。

　事務局は、第6回プロジェクトが終了したら直ちに、監督職・管理職・専門職の役割能力要件作成のためのWordファイルをメールに添付してメンバーに送ります。

宿題

- 担当する職掌固有・期待される役割マトリックス表を修正する（第8回までの宿題）
- 担当する職掌固有・必要とされる知識技能マトリックス表を修正する（第8回までの宿題）
- 担当する職掌固有・必要とされる知識技能の具体的内容を修正する（第8回までの宿題）
- 監督職・管理職・専門職の役割能力要件を作成する（第8回までの宿題）

⑬ 第7回プロジェクトまでに行うこと

コンサルタントが行うこと

- 部門業績評価項目とウェイト　ワークシート（401ページ**別紙—19**）、部門業績の把握方法　ワークシート（402ページ**別紙—20**）、部門業績評価基準　ワークシート（402ページ**別紙—21**）をExcelで作成する（今回の宿題で使用）
- 業績評価得点計算の演習問題と解答を作成して事務局に渡しておく

事務局が行うこと

- 第5回で検討した業績評価項目とウェイト表をプリントアウトし、人数分用意する
- 業績評価得点計算の演習問題と解答をプリントアウトし、人数分用意する
- 業績評価得点計算の演習を行うため、電卓持参を案内する

⑭ 第7回プロジェクト

a　前回議事録の確認

　前回議事録の確認は、毎回必ず行います。各メンバーは前回議事録を必ず持参します。

b　業績評価項目とウェイトの討議

　第5回で検討した業績評価項目とウェイト表がまだ完成に至っていない場合は、今回のプロジェクトで討議し、完成させます。

c　業績評価得点計算の演習

　プロジェクトメンバーに業績評価得点計算の仕方を理解してもらうために、演習を行います。

d　部門業績評価制度運用規程の説明

　部門業績評価制度運用規程に基づき、部門業績評価制度について説明します。

e　部門業績評価項目とウェイトの設定方法の説明

　今回のプロジェクトの宿題ができる程度に、部門業績評価項目とウェイトの設定方法について説明します。本来は全部門の部門業績評価項目とウェイトを設定することにしたいのですが、プロジェクトメンバーが、あまり他部門のことを把握していないようであれば、宿題は自部門の部門業績評価項目とウェイトを作成することにします。部門業績評価項目とウェイトとあわせて、部門業績の把握方法、部門業績評価基準についても考えてくるように指示します。

宿題

- 自部門の部門業績評価項目とウェイト　ワークシートを作成する（次回までの宿題）
- 自部門の部門業績の把握方法　ワークシートを作成する（次回までの宿題）
- 自部門の部門業績評価基準　ワークシートを作成する（次回までの宿題）

⑮　第8回プロジェクトまでに行うこと

事務局が行うこと

- 第6回の宿題だった以下の表をプリントアウトし、人数分用意する
  1) 職掌固有・期待される役割マトリックス表（修正したもの）
  2) 職掌固有・必要とされる知識技能マトリックス表（修正したもの）
  3) 職掌固有・必要とされる知識技能の具体的内容（修正したもの）

- 前回の宿題だった以下の表をプリントアウトし、人数分用意する
  1）自部門の部門業績評価項目とウェイト　ワークシート
  2）自部門の部門業績の把握方法　ワークシート
  3）自部門の部門業績評価基準　ワークシート
- 第6回の宿題だった「監督職・管理職・専門職の役割能力要件」をプリントアウトし、人数分用意する

⑯　第8回プロジェクト

a　前回議事録の確認

　前回議事録の確認は、毎回必ず行います。各メンバーは前回議事録を必ず持参します。

b　第6回の宿題だった以下の表の発表、討議

- 職掌固有・期待される役割マトリックス表（修正したもの）
- 職掌固有・必要とされる知識技能マトリックス表（修正したもの）
- 職掌固有・必要とされる知識技能の具体的内容の発表（修正したもの）

c　前回の宿題だった以下の表の発表、討議

- 自部門の部門業績評価項目とウェイト　ワークシート
- 自部門の部門業績の把握方法　ワークシート
- 自部門の部門業績評価基準　ワークシート

　これまでは、自部門の部門業績評価を考えてきましたが、今後は全部門について部門業績評価を考えることにします。次回の宿題として、全部門の部門業績評価項目とウェイトを考えてくるように指示します。

d　監督職・管理職・専門職の役割能力要件の発表、討議

　第6回の宿題だった「監督職・管理職・専門職の役割能力要件」を発表し、討議します。

e　チャレンジ加点制度運用規程の説明

　チャレンジ加点制度運用規程に基づいて、チャレンジ加点制度について説明します。

f　能力評価制度運用規程の説明

　能力評価制度運用規程に基づいて、能力評価制度について説明します。

宿 題

- 担当する職掌固有・期待される役割マトリックス表を修正する（次回までの宿題）
- 担当する職掌固有・必要とされる知識技能マトリックス表を修正する（次回までの宿題）
- 担当する職掌固有・必要とされる知識技能の具体的内容を修正する**（次回までの宿題）**
- 全部門の部門業績評価項目とウェイトを作成する（次回までの宿題）
- 全部門の部門業績の把握方法を作成する（次回までの宿題）
- 全部門の部門業績評価基準を作成する（次回までの宿題）

⑰　第9回プロジェクトまでに行うこと

事務局が行うこと

- 第8回の宿題だった以下の表をプリントアウトし、人数分用意する
  1）職掌固有・期待される役割マトリックス表（修正したもの）
  2）職掌固有・必要とされる知識技能マトリックス表（修正したもの）

3）職掌固有・必要とされる知識技能の具体的内容（修正したもの）
・第8回の宿題だった以下の表をプリントアウトし、人数分用意する
　　1）全部門の部門業績評価項目とウェイト
　　2）全部門の部門業績の把握方法
　　3）全部門の部門業績評価基準

⑱　第9回プロジェクト

a　前回議事録の確認

　前回議事録の確認は、毎回必ず行います。各メンバーは前回議事録を必ず持参します。

b　前回の宿題だった以下の表の発表、討議

・担当する職掌固有・期待される役割マトリックス表（修正したもの）
・担当する職掌固有・必要とされる知識技能マトリックス表（修正したもの）
・担当する職掌固有・必要とされる知識技能の具体的内容（修正したもの）

c　前回の宿題だった以下の表の発表、討議

・全部門の部門業績評価項目とウェイト
・全部門の部門業績の把握方法
・全部門の部門業績評価基準

d　能力評価制度運用規程の討議

　能力評価制度について討議します。

e　チャレンジ加点制度運用規程の討議

　チャレンジ加点制度について討議します。

f　ステージ制度運用規程の討議

ステージ制度の次の項目について討議します。

・ステージ呼称
・昇格・降格基準
・移行格付け

宿題

・担当する職掌固有・期待される役割マトリックス表を修正する（次回までの宿題）
・担当する職掌固有・必要とされる知識技能マトリックス表を修正する（次回までの宿題）
・担当する職掌固有・必要とされる知識技能の具体的内容を修正する（次回までの宿題）
・全部門の部門業績評価項目とウェイトを修正する（次回までの宿題）
・全部門の部門業績の把握方法を修正する（次回までの宿題）
・全部門の部門業績評価基準を修正する（次回までの宿題）

⑲　第10回プロジェクトまでに行うこと

コンサルタントが行うこと

・賃金組替の演習問題と解答を作成して事務局に渡しておく

事務局が行うこと

・第9回の宿題だった以下の表をプリントアウトし、人数分用意する
　1）職掌固有・期待される役割マトリックス表（修正したもの）
　2）職掌固有・必要とされる知識技能マトリックス表（修正したもの）

3）職掌固有・必要とされる知識技能の具体的内容（修正したもの）
・第9回の宿題だった以下の表をプリントアウトし、人数分用意する
　　1）全部門の部門業績評価項目とウェイト（修正したもの）
　　2）全部門の部門業績の把握方法（修正したもの）
　　3）全部門の部門業績評価基準（修正したもの）
・賃金組替の演習問題と解答をプリントアウトし、人数分用意する
・賃金組替の演習をするため、電卓持参を案内する

⑳　第10回プロジェクト

a　前回議事録の確認

　前回議事録の確認は、毎回必ず行います。各メンバーは前回議事録を必ず持参します。

b　前回の宿題だった以下の表の完成を確認

・職掌固有・期待される役割マトリックス表（修正したもの）
・職掌固有・必要とされる知識技能マトリックス表（修正したもの）
・職掌固有・必要とされる知識技能の具体的内容（修正したもの）

c　前回の宿題だった以下の表の完成を確認

・部門業績評価項目とウェイト（修正したもの）
・部門業績の把握方法（修正したもの）
・部門業績評価基準（修正したもの）

d　給与規程の討議

　給与規定について説明し、賃金項目1つひとつを討議します。

e　賃金組替演習

　プロジェクトメンバーに賃金組替の仕方を理解してもらうために、賃金組替の演習問題を解いてもらいます。

f　昇給管理規程の説明

　昇給管理規程についてコンサルタントが説明します。

g　退職金規程の説明

　退職金規程の説明をコンサルタントが行います。

h　ステージ制度運用規程の討議、確認

　ステージ制度の次の項目について討議・確認します。

- ステージ呼称
- 昇格・降格基準
- 移行格付け

宿題

(事務局の宿題)
- 全職掌および職掌固有の「期待される役割マトリックス表」「必要とされる知識技能マトリックス表」「必要とされる知識技能の具体的内容」を「役割能力要件表」の書式にまとめる（次回までの宿題）
- 監督職・管理職・専門職の役割能力要件を「役割能力要件表」の書式にまとめる（次回までの宿題）

(コンサルタントの宿題)
- 移行格付けシミュレーションを行う（次回までの宿題）
- 賃金組替シミュレーションを行う（次回までの宿題）
- 昇給シミュレーションを行う（次回までの宿題）
- 賞与シミュレーションを行う（次回までの宿題）

・退職金シミュレーションを行う（次回までの宿題）

　上記シミュレーションは、予備診断の基本構想の策定時にすでに行っていますが、その後の変更を加味して、再度シミュレーションするものです。

㉑　第 11 回プロジェクトまでに行うこと

コンサルタントが行うこと

・昇給計算の演習問題と解答を作成して、事務局に渡しておく
・賞与計算の演習問題と解答を作成して、事務局に渡しておく
・現行人事制度と新人事制度の主な変更点のフォーマット（409 ページ **別紙―28**）を作成し、Word ファイルを事務局に渡しておく

事務局が行うこと

・前回の宿題だった「役割能力要件表」の書式にまとめたものをプリントアウトし、人数分用意する
・昇給計算の演習問題と解答をプリントアウトし、人数分用意する
・賞与計算の演習問題と解答をプリントアウトし、人数分用意する
・昇給計算、賞与計算の演習をするため、電卓持参を案内する

㉒　第 11 回プロジェクト

a　前回議事録の確認

　前回議事録の確認は毎回必ず行います。各メンバーは前回議事録を必ず持参します。

b　役割能力要件表の確認

　前回の宿題だった役割能力要件表の書式にまとめたものを確認します。

c　調整手当の処理の仕方の説明、討議

調整手当については138～141ページ参照し、この内容を説明し、討議します。

d　退職金規程の討議

退職金シミュレーションに基づき、退職金規程の討議を行います。

e　昇給計算演習

プロジェクトメンバーに昇給計算の仕方を理解してもらうために、昇給計算の演習問題を解いてもらいます。

f　賞与計算演習

プロジェクトメンバーに賞与計算の仕方を理解してもらうために、賞与計算の演習問題を解いてもらいます。

g　現行人事制度と新人事制度の主な変更点の作成方法の説明

社員への説明会、労働組合への説明で、「結局、今度の人事制度はどこが変わったのですか？」という質問が必ず出ます。その対策のためとプロジェクトメンバーがどこまで新人事制度を理解しているかを確認するために、プロジェクトメンバーに「現行人事制度と新人事制度の主な変更点（409ページ**別紙―28**）」をまとめてもらい、これを次回までの宿題とします。

宿　題

・現行人事制度と新人事制度の主な変更点を作成する（次回までの宿題）（コンサルタントの宿題）
・新人事制度諸規程の最終的なまとめをする（次回までの宿題）
・新人事制度解説書を作成する（次回までの宿題）

㉓ 第12回プロジェクトまでに行うこと

コンサルタントが行うこと

- 前回の宿題である新人事制度諸規程を事務局に渡しておく
- 前回の宿題である新人事制度解説書を事務局に渡しておく
- 新人事制度導入・定着化のスケジュールを作成して事務局に渡しておく

事務局が行うこと

- 新人事制度諸規程をプリントアウトし、人数分用意する
- 新人事制度解説書をプリントアウトし、人数分用意する
- 新人事制度導入・定着化のスケジュールをプリントアウトし、人数分用意する
- 現行人事制度と新人事制度の主な変更点をプリントアウトし、人数分用意する
- プロジェクトの最後で挨拶をしてもらうために、経営トップに出席を依頼する

㉔ 第12回プロジェクト

a　前回議事録の確認

　前回議事録の確認は、毎回必ず行います。各メンバーは前回議事録を必ず持参します。

b　新人事制度諸規程の確認

- ステージ制度運用規程
- 業績評価制度運用規程
- 個人目標制度運用規程

- 部門業績評価制度運用規程
- チャレンジ加点制度運用規程
- 能力評価制度運用規程
- 給与規程
- 昇給管理規程
- 賞与管理規程
- 退職金規程

c　新人事制度解説書の説明

　前回のコンサルタントの宿題だった新人事制度解説書に基づいて、新人事制度を説明します。

d　現行人事制度と新人事制度の主な変更点の発表、討議

　前回の宿題だった「現行人事制度と新人事制度の主な変更点」を1人ひとり発表します。そして、このまとめはコンサルタントが行い、社員への説明会で話す内容を伝えます。

e　新人事制度導入・定着化の説明

　新人事制度導入・定着化のスケジュールの資料に基づき、導入後行わなければならないことを説明します。人事制度は運用が大切です。この新人事制度導入・定着化のプロセスでもプロジェクトメンバーの支持と協力が必要であることをよく説明しましょう。

宿　題

（コンサルタントの宿題）
・現行人事制度と新人事制度の主な変更点をまとめる（これは社員への説明会の資料とする）

≪プロジェクトを終えるにあたって≫

　プロジェクトが終了したら、プロジェクトメンバー1人ひとりにプロジェクトに参加して何を学んだか、何に苦労したか、これからの導入・定着化にあたっては、どのような貢献をするか等、感想・抱負を聞きましょう。
　次に、コンサルタントはプロジェクトメンバーにこれまでの貢献を感謝し、次の導入・定着化への協力をお願いする旨伝えましょう。
　最後に経営トップがプロジェクトの完了とプロジェクトメンバーの貢献を感謝する内容について挨拶をします。経営トップに、プロジェクトメンバーの労をねぎらう意味の打ち上げ会をお願いしてもよいと思います。

（4）　コンサルタントの役割

　コンサルタントに期待されている役割は、プロジェクトの進行役、指導役、調整役、経営トップとのパイプ役です。

①　プロジェクトの進行役

　コンサルタントは、プロジェクトのスケジュールを策定し、プロジェクトをスケジュールに沿って進行させることが第一の役割です。具体的にはプロジェクトの進行・司会役を務め、発言の少ないメンバーには発言を促します。
　プロジェクトの目的は人事制度を再構築することです。プロジェクトが効率的に進み、目的を達成したら、当初定めたスケジュールより若干回数が少なくなってもよいと思います。また、議論が多くなったり、作業量が多くなったり、新たな課題が出てきたりして、当初定めたスケジュールより回数が多くなることもあります。その場合は、事前に追加する回数を定め、日程を決めます。

② 指導役

　コンサルタントはプロであり、プロジェクトメンバーより深い人事の知識を持っているはずです。そのため、指導役としてメンバーに人事に関する知識を教えることが期待されていますので、自信のある言葉で、丁寧に教えることが必要です。

　また、プロジェクトの進め方、会議の進め方等について学ぶこともプロジェクトの副次的な狙いですので、そのような観点も含めて、プロジェクトを指導していきます。プロジェクトが終了した時に、メンバーから「プロジェクトに参加して良かった。自分の能力が格段に向上した」と感想が得られれば、指導役としての責任を果たしたと考えてよいでしょう。

③ 調整役

　メンバーから出された宿題において様々な内容や意見があり、その中で1つの結論を出さなければならないときがあります。例えば、業績評価項目とウェイトを決める場合です。1人ひとりの意見をしっかり聴くと共に、効率的に1つの結論を得るようにしければならず、コンサルタントの調整能力が必要な場面です。また、1つの議題でメンバーの間で意見が分かれることがありますので、このような場面でうまく調整役を果たすことも求められます。

④ 経営トップとのパイプ役

　人事制度のベースは、経営理念や経営トップの考え方にあります。経営トップの人事に関する考えや方針をよく理解し、経営トップの方針に沿った人事システムの構築を行うことが必要です。プロジェクト進行の過程で随時経営トップに報告し、考えとずれがないかを確認し、ずれているようであれば軌道修正します。これは経営トップの言いなりになるということではなく、必要があれば経営トップに意見することもあり得るということを意味します。

3 こぢんまり行う場合

　人事制度の再構築を行うときに、小規模会社の場合、プロジェクトチームを組成するまでもなく、経営トップと人事部門責任者とコンサルタントでこぢんまり行うことも考えられます。行う内容とステップは、プロジェクトチームを組成して行うときとほぼ同じです。

　また、小規模会社の場合、人事制度の内容も次のように簡素化することが考えられます。

> (1) 役割能力要件表は全職掌共通だけにする
> (2) 部門業績評価制度を行わない
> (3) 個人目標制度を行わない
> (4) チャレンジ加点制度を行わない
> (5) 業績評価と能力評価を合体させて簡素な評価制度にする

【図表5―3】 簡素化した人事制度の概念図

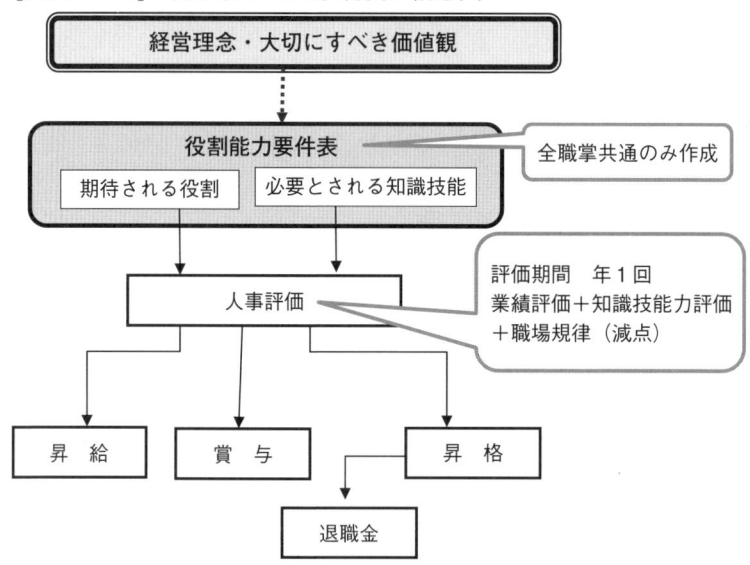

```
         ┌─────────────────────────────┐
         │   経営理念・大切にすべき価値観    │
         └─────────────────────────────┘
                      ┆
         ┌─────────────────────────────┐
         │        役割能力要件表          │─── 全職掌共通のみ作成
         ├──────────────┬──────────────┤
         │  期待される役割  │ 必要とされる知識技能 │
         └──────────────┴──────────────┘
                      │
         ┌─────────────────────┐       評価期間　年1回
         │       人事評価       │─── 業績評価＋知識技能能力評価
         └─────────────────────┘       ＋職場規律（減点）
            │       │       │
        ┌─────┐ ┌─────┐ ┌─────┐
        │ 昇給 │ │ 賞与 │ │ 昇格 │
        └─────┘ └─────┘ └─────┘
                              │
                          ┌─────┐
                          │退職金│
                          └─────┘
```

どのような人事制度なのか想像できないという方のために、大体のイメージを**図表5—3**に図示しておきます。**図表5—4**は業績評価と能力評価を合体させて、簡素な評価制度（ここでは「人事評価」と呼びます）とした評価項目とウェイトのイメージです。次ページからの**図表5—5**、**図表5—6**はこの人事制度を構築する場合の進行、スケジュールを表したものです。打ち合わせの回数は5回になっています。

【図表5—4】　人事評価のイメージ

ステージ	職　掌	業務遂行結果	顧客満足性	報告連絡相談	チームワーク	能力開発	知識伝達	業務改善	リーダーシップ	課題形成	人材育成	人事管理	組織運営	知識技能力	合計
VII	管理職	40							10	10	10	10	10	10	100
VII	専門職	30					20	10	20					20	100
VI	管理職	40							10	10	10	10	10	10	100
VI	専門職	30					20	10	20					20	100
V	管理職	40							10	10	10	10	10	10	100
V	専門職	30					20	10	20					20	100
IV		30	10	5	5	5	10	10	5					20	100
III		30	5	10	10	5	10	10						20	100
II		40		10	10	10	5	5						20	100
I		50		10	10	10								20	100

管理職・専門職は業務遂行結果に個人目標、部門業績の要素が入る

知識技能力評価は能力評価

【減点項目】　職場規律

規律違反の程度	職場規律
他に悪影響を及ぼす等、重大な問題があり、再三の注意にも関わらず改まらなかった	−10点
軽微な問題があり、注意は受け入れるが、また再発する等して改まらなかった	−5点
特に問題なし	0点

【図表5—5】 人事制度再構築の進行

項　目	1回	2回	3回	4回	5回
現行人事制度の概要と問題点の把握	→				
人事制度再構築の方向性の確認	→				
新人事制度諸規程（たたき台）の一通りの説明	→				
ステージ制度運用規程		――――→			
役割能力要件表			――――→		
人事評価制度運用規程			――→		
給与規程			――――→		
昇給管理規程			――――→		
賞与管理規程			――――→		
退職金規程			――――→		
シミュレーション			――――→		
新人事制度諸規程				――――→	
新人事制度解説書				――――→	
現行人事制度と新人事制度の主な変更点の確認				――→	
新人事制度導入・定着化					→

【図表5—6】 人事制度再構築打ち合わせ・スケジュール

回	月 日 ( )	打ち合わせ当日の作業	宿 題
0			コンサルタントがたたき台作成 ・ステージ制度運用規程 ・人事評価制度運用規程 ・給与規程 ・昇給管理規程 ・賞与管理規程 ・退職金規程
1	月 日 ( )	【説明】 ・予備診断の概要説明 ・現行人事制度の概要と問題点 ・人事制度再構築の方向性 ・新人事制度諸規程（たたき台）の一通りの説明	・新人事制度諸規程（たたき台）の熟読
2	月 日 ( )	【説明・討議】 ・ステージ制度運用規程 　・ステージと職掌・職位の関係表 ・役割能力要件の作成方法 ・全職掌共通・期待される役割マトリックス表の作成方法 ・全職掌共通・必要とされる知識技能マトリックス表の作成方法 ・全職掌共通・必要とされる知識技能の具体的内容の作成方法 【説　明】 ・人事評価制度運用規程 ・人事評価項目とウェイトの設定方法 ・評価項目の意味	・全職掌共通・期待される役割マトリックス表の作成 ・全職掌共通・必要とされる知識技能マトリックス表の作成 ・全職掌共通・必要とされる知識技能の具体的内容の作成 ・人事評価項目とウェイト表の作成
3	月 日 ( )	【発表・討議】 ・全職掌共通・期待される役割マトリックス表 ・全職掌共通・必要とされる知識技能マトリックス表 ・全職掌共通・必要とされる知識技能の具体的内容 【発表・討議】 ・人事評価項目とウェイト表 ・ステージ制度運用規程 　・ステージ呼称 　・昇格・降格 　・移行格付け 【説明・討議】 ・給与規程 ・昇給管理規程 ・賞与管理規程 ・退職金規程	・全職掌の「期待される役割マトリックス表」「必要とされる知識技能マトリックス表」「必要とされる知識技能の具体的内容」を「役割能力要件表」の書式にまとめる（事務局） ・移行格付けシミュレーション ・賃金組替シミュレーション ・昇給シミュレーション ・賞与シミュレーション ・退職金シミュレーション （コンサルタント）

回	月 日 （ ）	打ち合わせ当日の作業	宿 題
4	月 日 （ ）	【討 議】 ・「役割能力要件表」の書式にまとめたものを確認 【説明・討議】 ・給与規程 　・調整手当の処理の仕方 ・昇給管理規程 ・賞与管理規程 ・退職金規程 【演 習】 ・賃金組替・昇給計算・賞与計算 【説 明】 ・現行人事制度と新人事制度の主な変更点の作成方法	・現行人事制度と新人事制度の主な変更点の作成（次回までの宿題） ・新人事制度諸規程の最終的まとめ（次回までの宿題）（コンサルタント） ・新人事制度解説書の作成（次回までの宿題）（コンサルタント）
5	月 日 （ ）	【説明・確認】 ・新人事制度諸規程の確認 　・ステージ制度運用規程 　・人事評価制度運用規程 　・給与規程 　・昇給管理規程 　・賞与管理規程 　・退職金規程 【説明・確認】 ・新人事制度解説書の確認 【発 表】 ・現行人事制度と新人事制度の主な変更点 【説 明】 ・新人事制度導入・定着化	

4 シミュレーションと新人事制度諸規程

(1) シミュレーション

　新人事制度がほぼできあがったら、実際に運用して問題は生じないか、現行人事制度とどこが違うか、違いは説明できるか、許容できるかをシミュレーションして確認する必要があります。以下のシミュレーションを行います。

(1) 移行格付けシミュレーション
(2) 賃金組替シミュレーション
(3) 昇給シミュレーション
(4) 賞与シミュレーション
(5) 退職金シミュレーション

【図表5―7】 賃金組替・昇給・賞与・退職金シミュレーションソフト

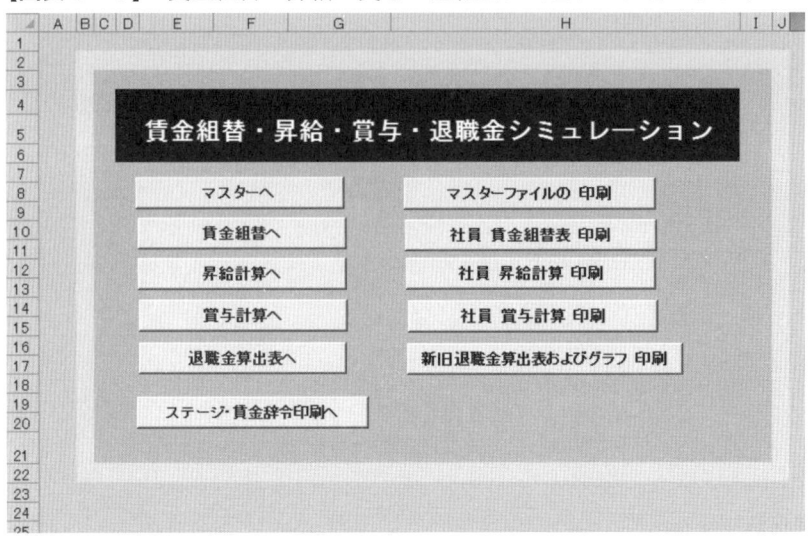

シミュレーションはExcelで行いますが、前ページ**図表5−7**に示すようなソフトを開発して行えば効率的です。賃金組替・昇給・賞与・退職金のシミュレーションができます。また、ステージ・賃金が固まったら辞令を出しますが、ステージ・賃金辞令の印刷もできるようにしておきます。

（2）　新人事制度諸規程

　新人事制度の規程は以下のようなものです。

- （1）　ステージ制度運用規程
- （2）　業績評価制度運用規程
- （3）　個人目標制度運用規程
- （4）　部門業績評価制度運用規程
- （5）　チャレンジ加点制度運用規程
- （6）　能力評価制度運用規程
- （7）　給与規程
- （8）　昇給管理規程
- （9）　賞与管理規程
- （10）　退職金規程

　その他必要があれば、以下のようなものを改訂したり作成したりします。

- （1）　就業規則
- （2）　教育研修制度運用規程

5　新人事制度解説書

　社員への説明は、人事制度諸規程で行うよりも、解説書を作成して行ったほうが理解しやすくなります。解説書は規程に代わるものであり、規程ほど詳しく説明する必要はありませんが、新人事制度については解説書を見れば大体理解できるという程度のものを作成します。解説書には、人事制度を変えた狙い、人事制度の基本的な考え方、各システムの詳しい説明、社員に期待するところ、目標の設定方法等を盛り込み、説明会や研修を行う場合のテキストにすることを想定して作成します。

　図表5—8に解説書の目次を示します。大体どのような内容になっているかわかると思います。この内容の解説書で90ページ程度になります。

【図表5—8】　新人事制度解説書の目次

```
Ⅰ　新しい人事制度の概要と特長
 1　新しい人事制度の概要
 2　役割・能力・成果に応じた処遇・賃金制度
 (1)　役割・能力を明確にする
   ①　ステージと職掌・職位の関係表
   ②　役割能力要件表
     a　役割能力要件表の構成
     b　役割能力要件申告書
     c　期待される役割の読み方
     d　必要とされる知識技能の読み方
     e　役割能力要件と各種評価との関係
     f　役割能力要件と各システムとの関係
 (2)　成果を明確にする
   ①　成果とは
     a　成果の体系
     b　部門の成果（部門業績）
     c　個人の成果（個人業績）
   ②　管理職の成果
     a　部門業績責任者
     b　部門活性化推進者
```

                c　管理職の成果
　　　(3)　役割・能力・成果に応じた賃金制度
　　　　①　賃金体系
　　　　②　役割給
　　　　③　ステージ手当
　　　　④　役職手当
　　　　⑤　住宅手当
　　　　⑥　その他手当
　　　　⑦　賃金組替
　　　(4)　評価制度と処遇制度の関係
　　　　①　評価結果を的確に昇格・昇給・賞与に反映させる仕組み
　　　　②　評価と処遇の時系列の関係
　　3　評価に対する意識改革を促す
　　　(1)　評価を広く捉える
　　　(2)　評価のプロセスでの協働が重要
　　　(3)　評価のパワーに気づき、これを活用する
　　　　①　能力開発
　　　　②　コミュニケーションの促進
　　　　③　モチベーションアップ
　　　　④　リーダーシップ
　　　　⑤　価値観の浸透
　　　　⑥　評価のパワーを支えるもの──上司・部下の信頼関係
　　　(4)　評価は管理職の本源的な役割
Ⅱ　業績評価制度
　1　業績評価とは
　2　業績評価用紙
　3　業績評価の評価対象期間および評価時期
　4　業績評価項目の体系
　　　(1)　業績評価項目
　　　(2)　業績評価項目とウェイト
　　　(3)　個人目標・部門業績・役割期待
　　　(4)　基本項目と減点項目
　　　(5)　業績評価項目別評価基準
　　　(6)　絶対評価
　5　業績評価の評価者と評価方法
　　　(1)　評価者
　　　(2)　評価方法
　6　業績評価得点の計算方法
　　　(1)　基本項目の計算
　　　(2)　加点・減点項目の計算
　　　(3)　業績評価得点の計算
　　　(4)　計算方法の例
Ⅲ　能力評価制度
　1　能力評価とは
　2　能力評価用紙
　3　能力評価の評価時期
　4　職務の評価

5　知識技能力評価
　　　（1）知識技能力評価項目と評価基準
　　　（2）評価の基準（バーの高さ）
　　　（3）評価得点の計算方法
　　6　昇格の可能性の評価
　　7　異動・能力開発必要点の記入
　　8　能力評価の評価者と評価方法
　　　（1）評価者
　　　（2）評価方法
Ⅳ　個人目標制度
　　1　個人目標制度とは
　　　（1）目標管理の経営哲学
　　　（2）個人目標とは
　　2　個人目標シート
　　3　個人目標の評価対象期間および評価時期
　　4　個人目標の設定
　　　（1）目標設定の手順
　　　　①　目標設定の5つのアプローチ
　　　　　a　成果からのアプローチ
　　　　　　ⅰ　営業職の規定目標
　　　　　　ⅱ　管理職の規定目標
　　　　　b　自分の役割からのアプローチ
　　　　　c　自分の顧客からのアプローチ
　　　　　d　仕事の進め方からのアプローチ
　　　　　e　自己啓発からのアプローチ
　　　　②　問題から課題へ
　　　　③　課題から目標へ
　　　　　a　部門目標との整合性チェックと優先順位の決定
　　　　　b　達成基準・方法・スケジュールの明確化
　　　（2）個人目標シートの記入
　　5　個人目標設定のポイント
　　　（1）個人目標の内容に関して
　　　　①　目標は「変化・前進・改善・改革」であるべき
　　　　②　目標は達成基準がポイント
　　　　③　具体的行動レベルに展開すること
　　　　④　目標は自分がコントロール可能であるものであること
　　　（2）個人目標に取り組む姿勢に関して
　　　　①　部門目標を十分理解すること
　　　　②　組織の中で自分の役割を再確認すること
　　　　③　自分の仕事に問題意識を持って取り組むこと
　　　　④　目標は常に考えておくこと
　　6　管理職の役割
　　　（1）目標内容のチェック
　　　（2）目標設定時のコミュニケーション
　　　（3）中間時のフォロー
　　7　個人目標の評価
　　　（1）個人目標評価の仕組み

（2）個人目標評価基準
　　（3）個人目標得点の計算方法
　　（4）評価時の上司と部下のコミュニケーション
Ⅴ　チャレンジ加点制度
　１　チャレンジ加点とは
　２　チャレンジ加点申告書
　３　チャレンジ加点の評価対象期間および評価時期
　４　チャレンジ加点の内容
　　（1）プロジェクト加点
　　（2）パーソナル加点
　　（3）エクセレント加点
　５　チャレンジ加点の評価者
Ⅵ　評価結果の運用
　１　昇格・降格
　　（1）昇格とは
　　（2）昇格基準
　　（3）降　格
　２　昇　給
　　（1）基本昇給額
　　（2）ステージ係数
　　（3）逓減率
　　（4）補正比率
　３　賞　与
　　（1）賞与の支給時期・支給対象期間および評価時期
　　（2）賞与の計算方法
　　（3）個人支給額
　　（4）出勤率
　４　退職金
　　（1）現行退職金の計算
　　（2）新退職金の計算
　　（3）現行退職金から新退職金に切り替え時の処理
|別　紙|
　　（別紙―1）業績評価　用紙
　　（別紙―9）能力評価　用紙
　　（別紙―4）個人目標シート
　　（別紙―6）プロジェクト加点申告書
　　（別紙―7）パーソナル加点申告書
　　（別紙―○）役割能力要件申告書
|別　表|
　　（別表―○）業績評価項目　評価基準
　　（別表―○）知識技能　評価基準
　　（別表―○）個人目標　評価基準
|別　冊|
　　役割能力要件表

Lesson VI

役割能力要件表の構築

　役割能力要件表は人事制度の中核をなすものです。これがしっかりできていないと業績評価、能力評価、目標管理もうまくいきません。
　そのため、役割能力要件表の構築は、人事制度再構築で最もエネルギーを使うところです。内容は企業・組織の経営理念、業種特性によって異なります。ここでは期待される役割マトリックス表、必要とされる知識技能マトリックス表を活用した役割能力要件表作成の進め方を学びます。

1 役割能力要件表構築のアウトライン

（1） 役割能力要件表構築の基本的スタンス

　役割能力要件表を構築するにあたっての基本的スタンスを以下で述べていきます。

① 完璧を狙わない

　まず、「役割能力要件表で完璧に役割や能力が表現できることはあり得ない」ということを念頭において、構築に取りかかるべきです。どうしても漏れが出ますし、1人で行っているような特殊な仕事まではフォローできません。限界があることをあらかじめ理解したうえで、取りかかりましょう。

　それでも、少しでも完璧にと思ってやろうとするとどんどん精緻になってきますので、役割能力要件表の分量も相当なものになります。職務調査を綿密に行い、時間をかけて分析し、労力をかけて作り上げていく、職能資格制度における職能要件書構築のスタンスがそうでした。出来上がったものは相当なボリュームになっていますが、それでも完璧ではないという一抹の不満を残しながらプロジェクトを切り上げます。

　しかし、実際の運用において山のように積み上げられた「職能要件書」を現場の評価者は見るのでしょうか。おそらくほとんど見られることはないでしょう。人事部の棚の中で、それを作り上げた人の満足と共に眠っているのが実態ではないでしょうか。それでは「職能要件書」を構築することが目的になってしまいます。「職能要件書」は構築することが目的ではなく、それが現場で活用されて機能を発揮することが目的のはずです。この点を忘れてはなりません。

　役割能力要件表で完璧に役割・能力が表現できないのであれば、ど

こかで妥協しなければなりません。妥協するポイントは「運用」であると思います。多少不完全でも、多少大雑把でも、現場の評価者や被評価者が見やすいもの、使い勝手の良いもの、メンテナンスがしやすいものを構築することを目指すべきでしょう。

② 職務調査は必ずしも必要ではない

役割能力要件表を構築する場合、職務調査が必要だという声が出ることがあります。しかし筆者は何が何でも職務調査をすべきだとは思っていません。必要があれば行えばよい程度でしょう。大々的に職務調査を行わなくても、大抵のことは仕事に精通した社員等が把握していますので、彼らが中心になって構築すればよいことです。また、総務・経理・人事等の部門の仕事はどこの会社でも大体同じようなことをやっており、改めて職務調査をするまでもありません。職務調査をしても、新しい事実が浮かび上がることは少ないと思います。

筆者はこれまで職務調査を何件も手がけてきましたが、手間ひまをかける割に効果が小さいというのが実感です。コンサルティングのアリバイ作りとしてやっている面もあるように思われます。職務調査をする必要があれば、必要な部署だけに行うなど、実施部署を絞って行うべきでしょう。

役割能力要件表は、実際に行っている、いないにかかわらず、あるべき姿を考えて構築するという面もありますが、職務調査からはこれらはあまり浮かび上がってきません。むしろ、職務に精通した者のステージのイメージに合わせて作り上げたほうが、的確な役割能力要件表を作成することができます。

③ 実際の運用が大切

役割能力要件表は構築することが目的ではなく、これを現場で運用することが目的です。運用という面からすると、「見やすさ」「わかりやすさ」「メンテのしやすさ」がポイントになります。

（2） 構築推進組織

　役割能力要件表の構築は、人事制度再構築と同時に行うことが多いと思います。その場合のメンバーは、業務に精通した、自分の意見をしっかり述べることができるベテランが適しています。また、様々な職掌の役割能力要件表を構築するため、多くの職掌・部門から参加してもらうのがよいでしょう。

（3） 構築のステップ

　役割能力要件表構築のステップは、**図表6―1**の通りです。以下は、このステップの順に従って説明します。

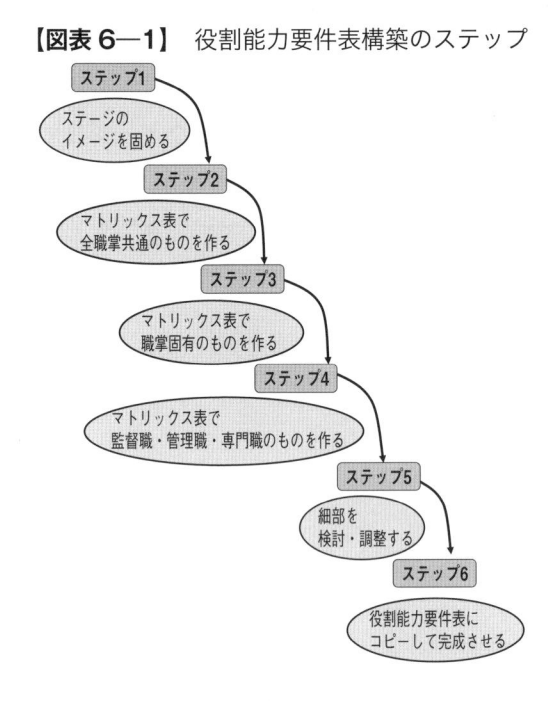

【図表6―1】 役割能力要件表構築のステップ

- ステップ1：ステージのイメージを固める
- ステップ2：マトリックス表で全職掌共通のものを作る
- ステップ3：マトリックス表で職掌固有のものを作る
- ステップ4：マトリックス表で監督職・管理職・専門職のものを作る
- ステップ5：細部を検討・調整する
- ステップ6：役割能力要件表にコピーして完成させる

2　STEP 1　ステージのイメージを固める

(1) ステージの段階をどのくらいにするか

　ステージの段階をどのくらいの数にするかは、その会社の人員構成、社員育成方針、人事方針に基づいて決まります。一般社員が3〜4段階、管理職・専門職が3〜4段階という例が多いようです。

　図表6—2（ステージのイメージ）で示されているのは、一般社員が4段階、管理職・専門職が3段階で、合計7段階の例です。

【図表6—2】　ステージのイメージ

ステージ	（大学新卒モデル）昇格者の昇格時の年齢	大体のイメージ		
Ⅶ	45歳	部　長	部門業績責任者および部門活性化推進者としての役割を果たす	会社方針に沿った部門運営
Ⅵ	37歳	ベテラン課長新任部長		
Ⅴ	30歳	課　長		課内の課題発掘と教育
Ⅳ	28歳	管理職の一歩手前。上司の補佐、部門の戦略策定への進言、後輩指導、職務拡充、問題発見・改善を行う		職場におけるリーダーシップの発揮と後輩の指導
Ⅲ	26歳	部門方針を理解して定型業務、非定型業務、判断業務を遂行するレベル。後輩指導、職務拡充、問題発見・改善も行う		職場における中心的役割の発揮
Ⅱ	24歳	上長の指示およびマニュアルに基づいて定型業務、非定型業務を遂行するレベル		自己スキルの発揮
Ⅰ	22歳	上長の具体的指示およびマニュアルに基づいて定型業務を遂行するレベル		自己スキルの充実

（2） 職掌の設定

　職掌は、営業職、事務職、技術職、技能職、監督職、管理職、専門職等が考えられます。さらに、同じ事務職の中でも総務部門、経理部門、営業事務部門等、部門によって仕事の内容が異なり、期待される役割や必要とされる知識技能も異なるため、それぞれ細かく分ける必要があります。しかし、細かくしていけばいくほど、際限がなくなってしまいますので、適当な括りを設けることが必要です。

　また、社内で1人だけで行っているような特殊な仕事についても、役割能力要件表を作るべきかどうかという問題がありますが、会社の戦略的に重要な仕事で、今後人数が増加するという場合ではない限り、省略しても構わないでしょう。

3 STEP 2 マトリックス表で全職掌共通のものを作る

　ステージのイメージが定まると、大体そのステージにはどのような役割が期待され、どのような知識技能が必要になるのかが明確になってきます。まず、その中で全職掌に共通するものを作成します。

（1） 全職掌共通・期待される役割マトリックス表

　図表6—3は、全職掌共通・期待される役割マトリックス表の例です。マトリックス表を活用すると、上のステージに行くほど段々内容が高度になっていくのがよくわかります。漏れもなくなります。

【図表6—3】 全職掌共通・期待される役割マトリックス表

	役割項目	ステージⅠ	ステージⅡ	ステージⅢ	ステージⅣ
1	個人目標	設定した個人目標を達成する	設定した個人目標を達成する	チャレンジングな個人目標を設定し、これを達成する	チャレンジングな個人目標を設定し、これを達成する
2	定常業務	上長からの具体的指示および定められた業務手順に従い、定常業務を確実・迅速に遂行する	上長からの指示および定められた業務手順に従い、定常業務および非定常業務を確実・迅速に遂行する	部門方針を理解して、定常業務および非定常業務を確実・迅速に遂行する	部門方針を理解して、定常業務および非定常業務、判断業務を確実・迅速に遂行する
3	チームワーク	チームの一員として、円滑な人間関係を構築し、上司・同僚と協調・協働してチームワークに貢献する	チームの一員として、円滑な人間関係を構築し、上司・同僚と協調・協働してチームワークに貢献する	チームの一員として、円滑な人間関係を構築し、上司・同僚と協調・協働し、仕事の隙間を埋めたり、他のメンバーをカバーしたりしてチームワークに貢献する	チームの一員として、円滑な人間関係を構築し、上司・同僚と協調・協働し、仕事の隙間を埋めたり、他のメンバーをカバーしたりしてチームワークに貢献する

役割項目		ステージⅠ	ステージⅡ	ステージⅢ	ステージⅣ
4	報告・連絡・相談	情報の共有と「報告・連絡・相談」を適時・適切に行う	情報の共有と「報告・連絡・相談」を適時・適切に行う	情報の共有と「報告・連絡・相談」を適時・適切に行う	情報の共有と「報告・連絡・相談」を適時・適切に行う
5	能力開発	業務遂行に必要な基礎的知識・技能を修得する	業務遂行に必要な基礎的知識・技能を修得する	業務遂行に必要な一般的知識・技能を修得し、これを自らの仕事に生かす	業務遂行に必要な一般的知識・技能を修得し、これを自らの仕事に生かし、職務拡充する
6	部門業績	自己の職責を果たし、部門業績に貢献する	自己の職責を果たし、部門業績に貢献する	自己の職責を果たし、部門業績に貢献する	自己の職責を果たし、部門業績に貢献する
7	法令等遵守	社会的責任を自覚し、関係法令や就業規則他社内諸規程を遵守して職務を遂行する	社会的責任を自覚し、関係法令や就業規則他社内諸規程を遵守して職務を遂行する	社会的責任を自覚し、関係法令や就業規則他社内諸規程を遵守して職務を遂行する	社会的責任を自覚し、関係法令や就業規則他社内諸規程を遵守して職務を遂行する
8	顧客満足	—	社内外の顧客に明るく対応し、好印象を与え、顧客と良好な関係を構築する	社内外の顧客のニーズを把握し、質の高いサービスを提供して顧客の満足を得る	社内外の顧客のニーズを把握し、質の高いサービスを提供して顧客の満足を得る
9	問題発見・改善	—	担当業務に関して問題を発見し、上長に報告する	担当業務に関して問題を発見し、改善提案を行う	担当業務、部門に関して問題を発見・発掘し、改善を行う
10	後輩指導	—	定常業務について後輩の指導を行う	定常業務・非定常業務について後輩の指導を行う	定常業務・非定常業務について後輩の指導を行う
11	知識伝達	—	—	自分の知識・技能を積極的に部門メンバーに伝達し、部門の知識・技能の蓄積・向上に貢献する	自分の知識・技能を積極的に部門メンバーに伝達し、部門の知識・技能の蓄積・向上に貢献する
12	リーダーシップ	—	—	率先垂範しリーダーシップを発揮する	率先垂範しリーダーシップを発揮する
13	戦略策定	—	—	—	部門計画策定に関して必要な進言を行う
14	上司の補佐	—	—	—	部門の運営に関して上司の補佐を行う

全職掌共通・期待される役割マトリックス表作成にあたっての留意事項は次の通りです。

① 役割項目は、まずステージⅠから始まるものを挙げ、次にステージⅡ、ステージⅢ、ステージⅣと順に上げていきます。したがって、マトリックス表の表示は**図表6—4**のようになります。

【図表6—4】 期待される役割マトリックス表の記入の順番

役割項目	ステージⅠ	ステージⅡ	ステージⅢ	ステージⅣ
1				
2				
3				
4				
5				

② マトリックス表の役割項目は、役割の表札のようなものです。これがそのまま「役割能力要件表」に記載されるものではありません。したがって、各ステージに役割を書くときは、役割項目を省略せずに書くことが必要です。

【図表6—5】 役割項目は省略せずに書く

	役割項目	ステージⅠ	ステージⅡ	ステージⅢ	ステージⅣ
1	個人目標	設定した**個人目標**を達成する	設定した**個人目標**を達成する	チャレンジングな**個人目標**を設定し、これを達成する	チャレンジングな**個人目標**を設定し、これを達成する

（役割項目／役割項目は省略せずに書く）

③ 役割の表現は「〜する」「〜を行う」という表現にし、「〜できる」という表現にしないようにします。役割は行動で示します。「〜できる」「〜することができる」とすると「能力」との混同が起こるためです。

（2） 全職掌共通・必要とされる知識技能マトリックス表

図表6—6は全職掌共通・必要とされる知識技能マトリックス表の例です。

【図表6—6】 全職掌共通・必要とされる知識技能マトリックス表

	知識技能項目	ステージⅠ	ステージⅡ	ステージⅢ	ステージⅣ
1	業務に関する知識	業務に関する基礎知識	業務に関する一般知識	業務に関する一般知識	業務に関する一般知識
2	ビジネスマナーの知識	ビジネスマナーの基礎知識	ビジネスマナーの基礎知識	ビジネスマナーの基礎知識	ビジネスマナーの基礎知識
3	就業規則等の知識	就業規則等の基礎知識	就業規則等の基礎知識	就業規則等の基礎知識	就業規則等の一般知識
4	関係法令に関する知識	関係法令に関する基礎知識	関係法令に関する基礎知識	関係法令に関する一般知識	関係法令に関する一般知識
5	ISO9001の知識	ISO9001の基礎知識	ISO9001の基礎知識	ISO9001の基礎知識	ISO9001の基礎知識
6	当社の概要に関する知識	当社の概要に関する基礎知識	当社の概要に関する基礎知識	当社の概要に関する基礎知識	当社の概要に関する基礎知識
7	5Sに関する知識	5Sに関する基礎知識	5Sに関する基礎知識	5Sに関する基礎知識	5Sに関する基礎知識
8	文書報告書作成に関する知識	文書報告書作成に関する基礎知識	文書報告書作成に関する基礎知識	文書報告書作成に関する基礎知識	文書報告書作成に関する一般知識
9	個人目標設定に関する知識	個人目標設定に関する基礎知識	個人目標設定に関する基礎知識	個人目標設定に関する基礎知識	個人目標設定に関する基礎知識
10	問題発見問題解決技法に関する知識	—	問題発見問題解決技法に関する基礎知識	問題発見問題解決技法に関する基礎知識	問題発見問題解決技法に関する一般知識
11	OJT後輩指導に関する知識	—	OJT後輩指導に関する基礎知識	OJT後輩指導に関する基礎知識	OJT後輩指導に関する基礎知識
12	政治・経済・社会に関する知識	—	—	政治・経済・社会に関する基礎知識	政治・経済・社会に関する基礎知識
13	OA機器とその操作に関する知識	—	—	—	OA機器とその操作に関する基礎知識
14	労働基準法に関する知識	—	—	—	労働基準法に関する基礎知識
15	マネジメントに関する知識	—	—	—	マネジメントに関する基礎知識

全職掌共通・必要とされる知識技能マトリックス表作成にあたっての留意事項は、次の通りです。

① 知識技能項目は、まずステージⅠから始まるものを挙げ、次にステージⅡ、ステージⅢ、ステージⅣと順に上げていきます。したがって、マトリックス表の表示は**図表6—7**にようになります。

【図表6—7】 必要とされる知識技能マトリックス表の記入の順番

知識技能項目	ステージⅠ	ステージⅡ	ステージⅢ	ステージⅣ
1 ———				
2 ———				
3 ———				
4 ———				
5 ———				

② マトリックス表の知識技能項目は「～の知識」「～に関する知識」という表現にし、各ステージ欄に記入するときは「～の基礎知識」「～に関する基礎知識」という表現にします。知識は「基礎知識」「一般知識」「高度知識」の順に高度になっていきます。

【図表6—8】 必要とされる知識技能・マトリックス表の表示

知識技能項目	ステージⅠ	ステージⅡ	ステージⅢ	ステージⅣ
1 業務に関する知識	業務に関する基礎知識	業務に関する一般知識	業務に関する一般知識	業務に関する一般知識

知識技能項目は「～の知識」という表現にする

各ステージに記入するときは「～の基礎知識」「～の一般知識」「～の高度知識」という表現にする

③ 「期待される役割」と「必要とされる知識技能」は、混同しやすいため注意が必要です。特に、「期待される役割」を「～することができる」と表現すると、「必要とされる知識技能」との混同が起こりや

すくなります。「〜することができる」と表現すると、「能力の保有」を意味するように捉えられ、「必要とされる知識技能」と区別がつかなくなってしまうためです。「期待される役割」は「どういう行動をすることが期待されているか」という、『行動』がその内容になっているため、「〜する」「〜を行う」と表現しなければなりません。

一方、「必要とされる知識技能」は「知識技能の保有」を意味するため、「〜の基礎知識」というように、基本的には「名詞」で終わるように表現します。「必要とされる知識技能」で「〜することができる」「〜の理解」と表現すると、「行動」のように捉えられ、「期待される役割」との混同が起こりやすいためです。

基本的には「知識技能」というものは教えることのできるもの、修得することのできるものという認識を持つとよいでしょう（**図表6—9**）。

【図表6—9】「期待される役割」と「必要とされる知識技能」の関係

```
   期待される          必要とされる
     役割      ⇔      知識技能

  行 動                保有している知識技能
        〜する                        〜の基礎知識
    ↑                       ↑
  業績評価              知識技能力評価
```

（3） 全職掌共通・必要とされる知識技能の具体的内容

図表6—10は、全職掌共通・必要とされる知識技能の具体的内容の例です。図表6—6の知識技能項目について、その具体的内容を基礎知識、一般知識、高度知識に展開し、さらに参考図書を示しています。

【図表6—10】 全職掌共通・必要とされる知識技能の具体的内容

	知識技能項目	基礎知識	一般知識	高度知識	参考図書
1	業務に関する知識	各部門・各職務に定められた「日常反復して行っている」定常業務の手順	各部門・各職務に定められた非定常型(突発的であるがある程度やり方が決まっている)業務の手順		各部門のマニュアル、作業標準書
2	ビジネスマナーの知識	社会人としての心構え・身だしなみ・挨拶・言葉づかい・電話応対			『〇〇〇〇』□□△△著
3	就業規則等の知識	就業規則・各種届出用紙	給与規程・ステージ制度運用規程等人事制度関連規程		就業規則、人事制度関連規程
4	関係法令に関する知識	道路交通法、労働安全衛生法、個人情報保護法、男女雇用機会均等法、PL法(製造物責任法)等の法律の概要がわかる	道路交通法、労働安全衛生法、個人情報保護法、男女雇用機会均等法、PL法(製造物責任法)等の内容がわかる		『〇〇〇〇』□□△△著
5	ISO9001の知識	ISO9001の理念・品質方針・ISO9001の概要			当社『品質マニュアル』『〇〇〇〇』□□△△著
6	当社の概要に関する知識	経営理念・創業・沿革・資本金・社員数・売上高・営業品目・組織・主要販売先・当社製品			会社案内、ホームページ、経営計画
7	5Sに関する知識	5Sの定義・進め方・効果			『〇〇〇〇』□□△△著
8	文書報告書作成に関する知識技能	社内文 議事録	社外文		『〇〇〇〇』□□△△著
9	個人目標設定に関する知識	個人目標制度運用規程、目標設定の5つのアプローチ			新人事制度解説書、個人目標制度運用規程『〇〇〇〇』□□△△著

	知識技能項目	基礎知識	一般知識	高度知識	参考図書
10	問題発見問題解決技法に関する知識	QC7つ道具・新QC7つ道具	QC7つ道具・新QC7つ道具を利用できる		『〇〇〇〇』□□△△著
11	OJT後輩指導に関する知識	OJTとは、OJTの進め方			『〇〇〇〇』□□△△著
12	政治・経済・社会に関する知識	一般新聞をほぼ読みこなせる程度			一般新聞、電子ニュース
13	OA機器とその操作に関する知識	メール・Word・Excelの基本操作ができる			『〇〇〇〇』□□△△著
14	労働基準法に関する知識	36協定（時間外労働・休日）労働時間・年次有給休暇など職場で必要な法規が一定程度理解できる			『〇〇〇〇』□□△△著
15	マネジメントに関する知識	リーダーシップ、コミュニケーション、PDCA、管理職の役割			『〇〇〇〇』□□△△著

　全職掌共通・必要とされる知識技能の具体的内容の作成にあたっての留意事項は、次の通りです。

① 298ページ**図表6—6**の全職掌共通・必要とされる知識技能マトリックス表の知識技能項目の順に表示します。知識技能項目の名称も同じものにします（コピーすればよい）。
② 298ページ**図表6—6**の全職掌共通・必要とされる知識技能マトリックス表の「基礎知識」「一般知識」「高度知識」という表示に完全に対応させて表示します。

【図表6—11】 マトリックス表と具体的内容は完全に対応させる

【図表6—6】 全職掌共通・必要とされる知識技能マトリックス表

	知識技能項目	ステージⅠ	ステージⅡ	ステージⅢ	ステージⅣ
1	業務に関する知識	業務に関する基礎知識	業務に関する一般知識	業務に関する一般知識	業務に関する一般知識

<対応させる>

【図表6—10】 全職掌共通・必要とされる知識技能の具体的内容

	知識技能項目	基礎知識	一般知識	高度知識	参考図書
1	業務に関する知識	各部門・各職務に定められた「日常反復して行っている」定常業務の手順	各部門・各職務に定められた非定常型（突発的であるがある程度やり方が決まっている）業務の手順		各部門のマニュアル、作業標準書

③　知識技能の具体的内容は、これに基づいて知識技能力評価を行いますので、できる限り具体的に記入します。

④　参考図書は、当該知識技能を開発する場合のツールになるものであり、よく調べたうえで記入します。参考図書に挙げた書籍は会社で購入し、希望者には貸し出すようにすれば効果的でしょう。

STEP 3 マトリックス表で職掌固有のものを作る

次に職掌固有のものを作成します。やり方は全職掌共通の場合と同じです。職掌固有のものについては、その職掌の仕事に精通している者が作成しますので、プロジェクトチームで作成する場合は、その者をプロジェクトチームのメンバーに選びましょう。

図表6—12は、総務部の期待される役割マトリックス表です。この例では、総務部は総務、人事、経理、システムの保守・開発の仕事を行っているため、様々な業務が挙がっています。

【図表6—12】 （総務部）期待される役割マトリックス表

	役割項目	ステージⅠ	ステージⅡ	ステージⅢ	ステージⅣ
1	人事	人事に関する補助的業務を行う	人事に関する業務を行う	人事に関する業務を行う	人事に関する計画・企画立案の補助を行う
2	社内および社外行事等	社内および社外行事の準備を行う	社内および社外行事の準備を行う	社内および社外行事の企画・運営の補助を行う	社内および社外行事の企画・運営を行う
3	経理・売掛・買掛業務	経理または売掛または買掛業務の補助的業務を行う	経理または売掛または買掛業務の補助的業務を行う	経理または売掛または買掛業務を行う	経理または売掛または買掛業務を行う
4	給与計算	給与計算のデータ作成の補助を行う	給与計算のデータ作成を行う	給与計算のデータ作成を行う	給与計算のデータ作成、明細のチェックを行う
5	システムの保守・開発	システムの保守・開発に必要な知識を修得する（システム担当者）	依頼された仕様の内容を理解し、システムの保守・開発の補助を行う（システム担当者）	依頼された仕様の内容を理解し、システムの保守・開発の補助を行う（システム担当者）	依頼された仕様の内容を理解し、システムの保守・開発を行う（システム担当者）
6	福利施設管理	社内の福利施設管理の補助的業務を行う	社内の福利施設管理の補助的業務を行う	社内の福利施設管理の補助的業務を行う	社内の福利施設管理を行う
7	年末調整(所得税)		年末調整（所得税）のデータ作成の補助を行う	年末調整（所得税）のデータ作成を行う	年末調整（所得税）のデータ作成、確認および明細の確認を行う

	役割項目	ステージⅠ	ステージⅡ	ステージⅢ	ステージⅣ
8	入退社・再雇用手続		入退社・再雇用手続の補助を行う	入退社・再雇用手続の補助を行う	入退社・再雇用手続を行う
9	社外文書作成・届出		社外文書作成・届出の補助を行う	社外文書作成・届出を行う	社外文書作成・届出を行う
10	昇給計算			昇給計算の補助を行う	昇給計算の補助を行う
11	賞与計算			賞与計算の補助を行う	賞与計算の補助を行う
12	労働組合関係			労働組合関係の補助的業務を行う（労使協定等）	労働組合関係の業務を行う（労使協定等）
13	就業規則等管理				就業規則その他社内規程の見直し・改廃等の補助を行う

　職掌固有・期待される役割マトリックス表作成にあたっての留意事項は、全職掌共通・期待される役割の場合と同じですが、次の点を追加します。

---

① 全職掌共通・期待される役割で挙げている役割項目は挙げないようにする
② 職掌固有で挙げる役割のレベルは、全職掌共通のレベルを基準にする
③ **図表6—12**の例の総務部のように、総務、人事、経理、システムの保守・開発など様々な業務を行っており、それぞれの担当が決まっている場合は、本人に期待される役割は、本人が担当している業務に関するところだけとする。その場合は、次のように担当を括弧書きにする。これは必要とされる知識技能についても同様
≪システムの保守・開発に必要な知識を修得する（システム担当者）≫

【図表6—13】 （総務部）必要とされる知識技能マトリックス表

	知識技能項目	ステージⅠ	ステージⅡ	ステージⅢ	ステージⅣ
1	人事に関する知識	人事に関する基礎知識	人事に関する基礎知識	人事に関する基礎知識	人事に関する一般知識
2	経理、売掛、買掛に関する知識	経理、売掛、買掛に関する基礎知識	経理、売掛、買掛に関する基礎知識	経理、売掛、買掛に関する基礎知識	経理、売掛、買掛に関する基礎知識
3	所得税・住民税に関する知識	所得税・住民税に関する基礎知識	所得税・住民税に関する基礎知識	所得税・住民税に関する一般知識	所得税・住民税に関する一般知識
4	賃金に関する知識	賃金に関する基礎知識	賃金に関する基礎知識	賃金に関する一般知識	賃金に関する一般知識
5	社内システムに関する知識	社内システムに関する基礎知識	社内システムに関する一般知識	社内システムに関する一般知識	社内システムに関する一般知識
6	システムの保守・開発に関する知識	システムの保守・開発に関する基礎知識（システム担当者）	システムの保守・開発に関する一般知識（システム担当者）	システムの保守・開発に関する一般知識（システム担当者）	システムの保守・開発に関する高度知識（システム担当者）
7	社会保険・労働保険に関する知識		社会保険・労働保険に関する基礎知識	社会保険・労働保険に関する基礎知識	社会保険・労働保険に関する一般知識
8	労働基準法に関する知識		労働基準法に関する基礎知識	労働基準法に関する基礎知識	労働基準法に関する一般知識
9	退職金に関する知識			退職金に関する基礎知識	退職金に関する基礎知識
10	労働組合に関する知識			労働組合に関する基礎知識	労働組合に関する基礎知識

　職掌固有・必要とされる知識技能マトリックス表作成にあたっての留意事項は、全職掌共通・必要とされる知識技能の場合と同じです。

【図表6―14】 （総務部）必要とされる知識技能の具体的内容

	知識技能項目	基礎知識	一般知識	高度知識	参考図書
1	人事に関する知識	人事制度関連規程、および人事制度解説書の基本を理解している	人事制度関連規程、および人事制度解説書を理解している		「人事制度関連規程」
2	経理、売掛、買掛に関する知識	仕訳伝票作成等で必要な勘定科目の知識がある			『○○○○』□□△△著
3	所得税・住民税に関する知識	「源泉徴収のあらまし」、「年末調整のしかた」の基本を理解している	「源泉徴収のあらまし」、「年末調整のしかた」を理解している		「源泉徴収のあらまし」「年末調整のしかた」
4	賃金に関する知識	就業規則、給与規程、給与計算の基本等を理解している	就業規則、関係規程および給与計算等を理解している		就業規則、給与規程、昇給管理規程、賞与管理規程
5	社内システムに関する知識	担当業務の社内システムの操作ができる	担当業務の社内システムを理解し、指導できる		社内システム端末メニュー画面
6	システムの保守・開発に関する知識	開発言語を理解している（システム担当者）	システムを理解している（システム担当者）	システムの構築ができる（システム担当者）	
7	社会保険・労働保険に関する知識	社会保険・労働保険の基本的な届出および手続きができる	社会保険・労働保険の特殊な届出および手続きができる		「社会保険事務便覧」「雇用保険のしおり」日本年金機構・労働局等のホームページ
8	労働基準法に関する知識	36協定・（時間外労働・休日）労働時間・年次有給休暇等の職場で必要な法規が一定程度理解できる	労働基準法全般がわかる		『○○○○』□□△△著
9	退職金に関する知識	退職金規程			退職金規程
10	労働組合に関する知識	労働協約、関係書類および資料の作成			労働協約

　職掌固有・必要とされる知識技能の具体的内容作成にあたっての留意事項は、全職掌共通・必要とされる知識技能の具体的内容の場合と同じです。

5 STEP 4 マトリックス表で監督職、管理職、専門職のものを作る

次に、監督職、管理職、専門職の期待される役割、必要とされる知識技能を作成します。

(1) 監督職

図表6—15の係長は、一般職としての仕事を行いながら、加えて係長の仕事を行っています。その場合は、**図表6—16**のようにマトリックス表を作成します。

期待される役割は、「所属する部門・職掌のステージⅢ・Ⅳに期待される役割に加えて」として、係長としての役割を加えます。

必要とされる知識技能は、係長としては特にない場合は「所属する部門・職掌のステージⅢ・Ⅳに必要とされる知識技能」とします。

【図表6—15】 ステージと職掌・職位の関係表

ステージ	一般職			監督職	管理職・専門職		
Ⅶ						部長	専門職
Ⅵ					課長		
Ⅴ							
Ⅳ				係長			
Ⅲ	技術職	営業職	事務職				
Ⅱ							
Ⅰ							

【図表6—16】 係長に期待される役割・必要とされる知識技能

係 長			
役割項目		期待される役割	必要とされる知識技能
ステージⅢ・Ⅳに期待される役割		所属する部門・職掌のステージⅢ・Ⅳに期待される役割に加えて	所属する部門・職掌のステージⅢ・Ⅳに必要とされる知識技能
1	係長としての役割 部署目標策定	社長方針、経営計画を理解し、部署目標達成のための実行計画を作成し、実行する。	
2	部署目標達成	部署目標を部署内に周知させる	
3	部署内の人員配置の段取り	部署内の人員配置の段取りを行う	
4	リーダーシップ	率先垂範しリーダーシップを発揮する	
5	他部署との調整	他部署との調整を行う	
6	会議に出席	出席が必要な会議に出席し、他部署にも伝えるべき情報をまとめ、報告する。会議の内容を部署内に伝える	
7	例外、突発的な業務	部下が対応できない例外、突発的な事項の対処を行う	
8	出勤簿の管理	出勤簿の管理を行う	

（2） 管理職

　図表6—15のステージと職掌・職位の関係表にある課長、部長に期待される役割、必要とされる知識技能、知識技能の具体的内容は310～311ページ図表6—17～図表6—19の通りになります。

【図表6—17】 管理職　期待される役割

役割項目		課　長	部　長
1	部門目標策定	経営トップおよび上位部門の方針戦略を理解し、担当する課の機会損失の少ない目標を策定する	経営トップおよび上位部門の方針戦略を理解し、担当する部の機会損失の少ない目標を策定する
2	部門目標達成	担当する課の目標の達成状況を管理し、構成員を動機づけながら達成する	担当する部の目標の達成状況を管理し、構成員を動機づけながら達成する
3	部門内の人間配置の段取り	部門内の人間配置の段取りを行う	部門内の人間配置の段取りを行う
4	他部門との調整	他部門との調整を行う	他部門との調整を行う
5	会議に出席	出席が必要な会議に出席し、他部門に伝えるべき情報をまとめ、伝える。会議の内容を部門内に伝える	出席が必要な会議に出席し、他部門に伝えるべき情報をまとめ、伝える。会議の内容を部門内に伝える
6	例外、突発的な業務	部下が対応できない例外、突発的な事項の対処を行う	部下が対応できない例外、突発的な事項の対処を行う
7	出勤簿の管理	出勤簿の管理を行う	出勤簿の管理を行う
8	個人目標の管理	部下の個人目標のチェック、フォロー、評価、フィードバックを行う	部下の個人目標のチェック、フォロー、評価、フィードバックを行う
9	人事評価、フィードバック	部下の人事評価を適正に行い、必要なフィードバックを行う	部下の人事評価を適正に行い、必要なフィードバックを行う
10	社内外関係者との情報交換、人的ネットワークの構築	社内外関係者との情報交換と同時に人的ネットワークの構築を行う	社内外関係者との情報交換と同時に人的ネットワークの構築を行う
11	コミュニケーション	部下および上司とのコミュニケーションを円滑に行い、働きやすい職場風土を作る	部下および上司とのコミュニケーションを円滑に行い、働きやすい職場風土を作る
12	部下育成	部下の能力・特性に応じたOJTを行い、部下を育成する	部下の能力・特性に応じたOJTを行い、部下を育成する
13	リーダーシップ・サポート	的確な指示で部下を動かし、また部下をサポートする	的確な指示で部下を動かし、また部下をサポートする

【図表6—18】 管理職　必要とされる知識技能

知識技能項目		課　長	部　長
1	ステージⅣに必要とされる知識技能	所轄する部門・職掌のステージⅣに必要とされる知識技能に加えて	
2	政治・経済・社会全体に関する知識	政治・経済・社会全体に関する基礎知識	政治・経済・社会全体に関する基礎知識
3	労務管理に関する知識	労務管理に関する基礎知識	労務管理に関する基礎知識
4	評価に関する知識	評価に関する基礎知識	評価に関する基礎知識

【図表6—19】 管理職　必要とされる知識技能の具体的内容

知識技能項目		知識技能の具体的内容	参考図書
所轄する部門・職掌のステージⅣに必要とされる知識技能に加えて			
1	政治・経済・社会全体に関する知識	一般新聞・日本経済新聞を読みこなし、得た情報から敏感に変化を読み取り、所属部門の戦略に活用できる	一般新聞・日本経済新聞
2	労務管理に関する知識	賃金・解雇・残業・休日出勤・年次有給休暇・育児・介護休暇など労働基準法で定められていることを理解しており、日常起こり得る様々な労務管理上の問題を事前に予防し、もしくは起こった問題について適切な解決法を知っている	『〇〇〇〇』□□△△著
3	評価に関する知識	評価の手順、評価エラー、評価の心構え、フィードバック、評価項目の意味等の理解	『〇〇〇〇』□□△△著

（3）　専門職

　308ページ**図表6—15**のステージと職掌・職位の関係表にある専門職に期待される役割、必要とされる知識技能、知識技能の具体的内容は、次ページ**図表6—20**～**図表6—22**の通りになります。

【図表6—20】 専門職　期待される役割

	役割項目	専門職
1	担当分野の戦略・目標の策定	経営トップまたは部門責任者の方針を受けて、情報を感度良く収集・分析し、担当分野の戦略・目標を策定する
2	個人目標達成	自らの個人目標を達成する
3	提言	所属部門の戦略・方針および会社全体の経営戦略・方針について必要な提言を行い、部門業績・会社業績に貢献する
4	知識伝達	自分の保有する知識・スキルを積極的に後輩および関係者に伝え、後輩の指導・育成を行うと共に、所属部門および会社全体の知識蓄積に貢献する
5	能力開発	担当分野における専門能力を養成する
6	顧客満足	社内外の顧客との信頼関係を構築・維持発展させる
7	倫理	健全な倫理観を持ち、企業人として責任ある行動をとる

【図表6—21】 専門職　必要とされる知識技能

	知識技能項目	専門職
1	ステージⅣに必要とされる知識技能	所轄する部門・職掌のステージⅣに必要とされる知識技能に加えて
2	政治・経済・社会全体に関する知識	政治・経済・社会全体に関する基礎知識
3	自分の担当する職務に関する知識	自分の担当する職務に関する専門知識

【図表6—22】 専門職　必要とされる知識技能の具体的内容

	知識技能項目	知識技能の具体的内容	参考図書
	所轄する部門・職掌のステージⅣに必要とされる知識技能に加えて		
1	政治・経済・社会全体に関する知識	一般新聞・日本経済新聞を読みこなし、得た情報から敏感に変化を読み取り、所属部門の戦略に活用できる	一般新聞・日本経済新聞
2	自分の担当する職務に関する知識	自分の担当する職務に関する専門知識	

6 STEP 5 細部を検討・調整する

マトリックス表が完成したら、細部を次のように検討・調整します。

(1) 横の関係を見る

職掌間の横の関係を見て、役割、知識技能のレベルが同じステージでは大体同じレベルになるように調整します。

その場合、**図表6―23**、**図表6―24**のようなワークシートを作り、

【図表6―23】 「期待される役割」の横の関係を見る

ステージ	期待される役割				
	全職掌共通	営業職	事務職		
			総務部	経理部	営業事務
Ⅳ	① ② ③ ④ ⑤	① ② ③ ④ ⑤	① ② ③ ④ ⑤	① ② ③ ④ ⑤	① ② ③ ④ ⑤
Ⅲ	① ② ③ ④ ⑤	① ② ③ ④ ⑤	① ② ③ ④ ⑤	① ② ③ ④ ⑤	① ② ③ ④ ⑤
Ⅱ	① ② ③ ④ ⑤	① ② ③ ④ ⑤	① ② ③ ④ ⑤	① ② ③ ④ ⑤	① ② ③ ④ ⑤
Ⅰ	① ② ③ ④ ⑤	① ② ③ ④ ⑤	① ② ③ ④ ⑤	① ② ③ ④ ⑤	① ② ③ ④ ⑤

Lesson Ⅵ 役割能力要件表の構築

【図表6—24】「必要とされる知識技能」の横の関係を見る

ステージ	必要とされる知識技能				
	全職掌共通	営業職	事務職		
			総務部	経理部	営業事務
Ⅳ	① ② ③ ④ ⑤	① ② ③ ④ ⑤	① ② ③ ④ ⑤	① ② ③ ④ ⑤	① ② ③ ④ ⑤
Ⅲ	① ② ③ ④ ⑤	① ② ③ ④ ⑤	① ② ③ ④ ⑤	① ② ③ ④ ⑤	① ② ③ ④ ⑤
Ⅱ	① ② ③ ④ ⑤	① ② ③ ④ ⑤	① ② ③ ④ ⑤	① ② ③ ④ ⑤	① ② ③ ④ ⑤
Ⅰ	① ② ③ ④ ⑤	① ② ③ ④ ⑤	① ② ③ ④ ⑤	① ② ③ ④ ⑤	① ② ③ ④ ⑤

横の関係を確認します。ワークシートの一番左側の欄は「全職掌共通」とし、その右に各職掌を順番に展開するようにして、横の関係が一覧できる表を作成しましょう。

職掌間の横の関係を検討する場合は、まず「全職掌共通」に表示されている各ステージのレベルを基調として捉えます。例えば、営業職から検討するときは「営業職」と「全職掌共通」を比較し、次に事務職（総務部）を検討するときは「事務職（総務部）」と「全職掌共通」を比較します。このようにすべての職掌を「全職掌共通」と比較するようにするわけです（**図表6—25**）。

【図表6―25】　「全職掌共通」と各職掌を比較

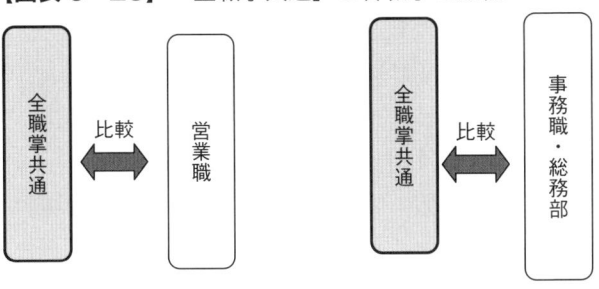

全職掌共通 ←比較→ 営業職
全職掌共通 ←比較→ 事務職・総務部

　そして、すべての職掌について「全職掌共通」と比較後に、次は各職掌を横に見て、最終調整を行います。

（2）　業績評価項目との整合性をとる

　ステージごとに展開されている「期待される役割」が業績評価項目できちんと評価できる仕組みになっているかを検討します。もし「期待される役割」に挙げられており業績評価項目に該当するものがない場合は、評価項目を付け加えることも必要になってきます。また、逆に業績評価項目にあって「期待される役割」にない場合は、「期待される役割」を付け加えることが必要です。

（3）　用語を統一する

　役割能力要件表作成を担当する人は職掌ごとに異なるため、同じような行動や知識について異なる言葉で表現されることもあります。例えば、知識技能についての記述に「〜の基礎知識」という表現もあれば、「〜の基本知識」という表現もあるという具合です。これらの用語を統一することが必要です。
　知識技能については、レベルの違いを「〜の基礎知識」「〜の一般知識」「〜の高度知識」というような言葉で統一するようにします。

(4) その他の検討・調整

　また、職掌間の横の関係を見ていると、他部門にある期待される役割、必要とされる知識技能が自部門にも適用できると気づくことがあります。その場合は付け加えることが必要です。

　さらに、すべての部門・職掌に出ている期待される役割、必要とされる知識技能が見つかることがありますが、その場合、その項目は全職掌共通のものとし、全職掌共通にした項目は二重になりますので、職掌固有のところから削除します。

7 STEP 6 役割能力要件表にコピーして完成させる

　以上の手順で検討し、最終調整が終わったら、実際の現場で活用しやすいようなレイアウトにして完成させます。

　検討の段階では、漏れがないかどうか、職掌別の横の関係はどうか、用語が統一されているか等から全職掌共通のものを作成し、それから各職掌を横断した表を作成して検討しましたが、実際の現場で使う場合には、あちこち見ないとわからようでは不便です。自分の関係するところが、的確に、コンパクトに一覧できればよいのであって、他の職掌については時間があったら見ることができる程度でよいのです。

　したがって、実際の表にまとめる場合は、**図表6—26**のような構造にして職掌ごとに「期待される役割」「必要とされる知識技能」が一覧できるようにします。「全職掌共通」は何度も出てきますが、構わず職掌ごとにはめ込みます。

【図表6—26】 役割能力要件表の構造（一般社員）

ステージ	（職掌）	営業職		
	（部門）			
	期待される役割		必要とされる知識技能	
	A列	B列	C列	D列
Ⅳ	A—Ⅳ	B—Ⅳ	C—Ⅳ	D—Ⅳ
Ⅲ	A—Ⅲ	B—Ⅲ	C—Ⅲ	D—Ⅲ
Ⅱ	A—Ⅱ	B—Ⅱ	C—Ⅱ	D—Ⅱ
Ⅰ	A—Ⅰ	B—Ⅰ	C—Ⅰ	D—Ⅰ

Lesson Ⅵ　役割能力要件表の構築

（1） 役割能力要件表を一覧化する

　自分の職掌と部門のところをめくれば、この１枚ですべて見ることができるようにします。「期待される役割」の左側の列（A列）は全職掌共通で「期待される役割」を記載し、右側の列（B列）は当該職掌に固有の「期待される役割」を記載します。また、「必要とされる知識技能」の左側の列（C列）は全職掌共通で「必要とされる知識技能」を記載し、右側の列（D列）は当該職掌に固有の「必要とされる知識技能」を記載します。

　項目数が少ない場合は、１ページに収めることができますが、項目数が多い場合は、１ページに収まらないことがあります。その場合は、**図表６—27**のように２ページに渡って表示するようにします。

【図表６—27】 役割能力要件表の表示（一般社員）

左ページ		右ページ	
期待される役割		必要とされる知識技能	
A—Ⅳ	B—Ⅳ	C—Ⅳ	D—Ⅳ
A—Ⅲ	B—Ⅲ	C—Ⅲ	D—Ⅲ
A—Ⅱ	B—Ⅱ	C—Ⅱ	D—Ⅱ
A—Ⅰ	B—Ⅰ	C—Ⅰ	D—Ⅰ

必要とされる知識技能の具体的内容も、全職掌共通のものと当該職掌固有を**図表6—28**のように、左ページと右ページに見開きで表示するようにします。

【図表6—28】　知識技能の具体的内容の表示

左ページ	右ページ
全職掌共通 知識技能の具体的内容	当該職掌固有 知識技能の具体的内容

（2）　監督職、管理職、専門職の役割能力要件表

　監督職、管理職、専門職の役割能力要件表は、**STEP 4**で作成したマトリックス表をそのまま使います。

（3）　役割能力要件表の実際例

　このようにして作成した役割能力要件表の実際例を示すと次のようになります（380～384ページ参照）。

① 　一般社員の役割能力要件表

別表—1　役割能力要件表　期待される役割（総務部）
別表—2　役割能力要件表　必要とされる知識技能（総務部）
別表—3　必要とされる知識技能の具体的内容（全職掌共通）
別表—4　必要とされる知識技能の具体的内容（総務部）

② 監督職、管理職、専門職の役割能力要件表

別表—5　役割能力要件表（監督職—係長）
別表—6　役割能力要件表（管理職—課長）
別表—7　必要とされる知識技能の具体的内容（管理職—課長）

Lesson Ⅶ

説明会・研修・運用指導・ソフト開発

　人事制度はしっかり運用することが重要です。まず、説明会です。新人事制度の内容を社員にしっかり知らしめます。
　また、各種研修も必要です。管理職向け、一般社員向けの各種研修を示しました。この研修の引き出しを数多く持っていることがコンサルタントの強みであり、コンサルティングのうま味になります。
　最後に、運用指導、運用ソフトについても説明します。

1 人事制度は運用がポイント

　人事制度は運用がポイントです。いくら立派な人事制度を構築しても、運用できなければ意味がないからです。ところが、多くの会社で目にするのは、人事制度構築に精魂を使い果たし、運用まで頭が回っていない例です。構築はできても、運用については経験がなく、コンサルティングできずに会社任せにしているコンサルタントもいます。
　しかし、人事コンサルティングで最もうま味のあるところは、実はこの運用コンサルティングなのです。例えば、評価者研修などは導入当初だけでなく、管理職に昇進する者が出るたびに必要になりますし、また、実際運用してみると評価がうまくいかない、目標設定がうまくいかないという問題が絶えず出てきます。評価者研修や目標設定研修を１回やっただけではなかなかレベルは上がりませんので、繰り返し研修を行う必要があります。また、人事管理は、評価⇒昇給⇒賞与⇒昇格といった一連の作業が１年サイクルで回っており、これをスムーズに行うための運用指導も発生します。そのため、年間で顧問契約を結べば、安定した収益になります。さらに、人事制度を運用するにはコンピュータソフトが必要ですので、ソフトの開発と運用の面でもコンサルタントの出番があります。
　Lesson Ⅶでは、説明会・研修・運用指導・ソフト開発について、どう行うのかを見ていくことにします。
　まず、説明会と研修のスケジュールは**図表７−１**に示す通りです。ここでは運用開始第１年度のスケジュールしか出ていませんが、第２年度、第３年度も当然あります。ただ第２年度、第３年度は、当該会社の運用の状況を見て、問題だと感じたところを改善する研修が主体になるため、何をやるかはその時点で協議して決めることになります。

【図表7—1】 説明会・研修のスケジュール

説明会 研修		構築年度 下期 第3四半期	構築年度 下期 第4四半期	運用第1年度 上期 第1四半期	運用第1年度 上期 第2四半期	運用第1年度 下期 第3四半期	運用第1年度 下期 第4四半期
新人事制度説明会			○				
管理職	部門重点施策設定研修		○				
	評価者基礎研修			○			
	評価者実践研修—1				○		
	能力評価研修				○		
	個人目標設定指導研修					○	
	評価者実践研修—2						○
一般社員	個人目標設定研修		○				
	被評価者研修			○			
	能力評価研修				○		
	個人目標実践研修						○

（運用開始：運用第1年度 上期 第1四半期）

次に**図表7—1**の説明会・研修のスケジュールに沿って1つひとつを解説しますが、研修にはどういったものがあるのか、研修の流れがどうなっているのか程度に見てください。研修の具体的な中身については「グレーゾーン」等、初めて登場する言葉もあります。これを詳細に説明すると話が横道に逸れてしまいますので、本筋を見失わない程度に簡単に説明するにとどめています。

2　新人事制度説明会

①　新人事制度説明会の狙い

　人事制度の再構築ができたら、これを社員によく理解してもらうことが必要です。そのために、新人事制度の運用開始前に全社員に説明会を開いて説明します。説明会の終わりに理解度テストがあることを事前にアナウンスしておくと、緊張感が生まれ、社員も真剣に聴くようになりますので効果的です。

②　カリキュラム

　新人事制度説明会の進行は**図表7―2**の通りです。1日たっぷり時間を取り、丁寧に説明します。どうしても時間が取れない場合は、午後の半日で行うこともできます。

③　使用するテキスト

　テキストには以下のものを事務局が人数分用意して使用します。

---
①　新人事制度解説書
②　役割能力要件表
③　現行人事制度と新人事制度の主な変更点
④　業績評価得点計算の問題と解答
⑤　新人事制度について理解を深める問題と解答

【図表7—2】 新人事制度　説明会

時　間	カリキュラム例
10：00	【オリエンテーション】 経営トップの挨拶
10：30	【説　明】　新人事制度導入の狙い 　　　　　　新人事制度の全体像（鳥瞰図） 　　　　　　ステージ制度
11：00	
11：30	役割能力要件表
12：00	昼　食
13：00	【説　明】　業績評価制度 【演　習】　業績評価得点計算
13：30	【説　明】　チャレンジ加点制度 　　　　　　個人目標制度
14：00	部門業績評価制度 　　　　　　能力評価制度
14：30	賃金組替 　　　　　　昇給・賞与の仕組み
15：00	
15：30	【説　明】　現行人事制度と新人事制度の主な変更点 【演　習】　新人事制度について理解を深める問題
16：00	【説　明】　新人事制度について理解を深める問題の解説
16：30	【質　疑】
17：00	

④　コンサルタントが用意するもの

　コンサルタントは、新人事制度解説書の図表をPowerPointにして、プロジェクターで映写しながら説明するため、PowerPointのデータを用意します。

⑤　説明会の流れ

　まず、冒頭で経営トップに挨拶してもらいます。その後は新人事制度解説書に沿って丁寧に解説しますが、PowerPointを活用して説明すればわかりやすくなります。また、演習を挟みながら進めると、変化があってよいと思います（業績評価得点計算の演習等）。

　最後には、プロジェクトの最終回で作成した「現行人事制度と新人事制度の主な変更点」を説明してまとめとし、「新人事制度について理解を深める問題」を解いてもらいます。理解をしてもらうのが目的ですので、テキスト等は見て構わないこととします。解答は1人ひとり当てていき、その後、正解と理由を説明します。

　なお、説明会の後は、個人目標設定研修を予定していますので、個人目標の説明は簡単に行い、詳しくは個人目標設定研修で説明します。

3 管理職向け研修

（1） 部門重点施策設定研修

① 部門重点施策設定研修の狙い

　新人事制度の運用は、まず目標設定（ここでは部門目標を「部門重点施策」と呼びます）から始まります。したがって、運用が始まる前に部門重点施策設定研修を行うことが必要です。タイミングとしては新人事制度説明会の後、個人目標設定研修の前にします。

　部門目標の設定はすでに行っている会社もあると思いますので、その場合はこの研修は必要ありませんが、現在行っている部門目標設定に不満がある場合は、研修を通して基礎から学んでもらうことは意味のあることでしょう。

　ここでは部門の業績を「部門目的の達成度合、実現度合い」と考えていますので、「部門目標」を設定する場合、「部門の目的」を部門長が的確につかんでいることが必要です。そのため、部門目標設定の前に「部門の目的」設定演習を行うようにしています。

② カリキュラム

　部門重点施策設定研修のカリキュラムは、329ページ**図表7―3**の通りです。

③ 使用するテキスト

　テキストは以下のものを使用します。c～hについては事務局が人数分用意します。

```
a  新人事制度解説書（出席者が持参）
b  役割能力要件表（出席者が持参）
c  部門重点施策設定研修テキスト
     部門重点施策設定研修テキストの目次例は 330 ページ**図表 7―4**
     の通り
d  部門の目的設定　ワークシート（その 1）（412 ページ**別紙―31**）
e  部門の目的設定　ワークシート（その 2）（413 ページ**別紙―32**）
f  部門重点施策シート（385 ページ**別紙―1**の部門業績評価表の部門
   重点施策の欄を使用）
g  部門目標分担マトリックス表（410 ページ**別紙―29**）
h  目標設定　ワークシート（411 ページ**別紙―30**）
```

④　コンサルタントが用意するもの

コンサルタントは、映写用に部門重点施策設定研修テキストの図表をPowerPointデータにしたものを用意します。

⑤　**研修の流れ**

研修では、部門業績評価制度の概要、部門重点施策の設定の仕方の説明を行い、その後演習に入ります。演習は、「部門の目的」の設定を行い、次に「部門重点施策」の設定、「部門目標分担マトリックス表」の作成を行います。

発表は人数が少ない場合、全員に行ってもらいます。人数が多い場合は、時間の許す限りの最大人数にして、適当に選びます。発表は、手書きの用紙をプロジェクターで映写できる装置があれば、プロジェクターで映写して行います。なければ発表者が作成した資料を人数分コピーし、配付して行います。

コンサルタントは、各人の部門重点施策の発表が終わったら、目標の内容に関してコメントします。各部門の業務がよくわかっていなければ、意見を述べるのは難しいと思いますので、まず、次のような観点からコメントします。

> i 目標の形式は整っているか（ブランクの項目はないか、ウェイトは合計すると100％になっているか等）
> ii 目標項目、達成基準、実施方法の関係はしっかり理解されているか
> iii 達成基準は明確であるか
> iv 規定項目と重複していないか（※）
> v 部門目標分担マトリックス表で明確に分担がなされているか

※ 「規定項目」とは、94ページの**図表2―59**の部門業績評価項目・ウェイトの例の「部門重点施策」以外の部門業績評価項目をいいます。

【図表7―3】 部門重点施策設定研修

時　間	カリキュラム例
10：00	【オリエンテーション】
10：30	【説　明】　部門業績評価制度の概要　　　　　　部門重点施策の設定の仕方
11：00	
11：30	【演　習】「部門の目的」の設定
12：00	昼　食
13：00	【発　表】「部門の目的」の設定
13：30	
14：00	【演　習】「部門重点施策」の設定　　　　　　「部門目標分担マトリックス表」の作成
14：30	
15：00	【発　表】「部門重点施策」　　　　　　「部門目標分担マトリックス表」
15：30	
16：00	
16：30	【講　義】まとめ
17：00	

【図表7—4】 部門重点施策設定研修テキストの目次例

```
1  部門業績評価制度
  （1） 部門業績とは
  （2） 部門業績評価項目・ウェイト
  （3） 部門業績の把握方法
  （4） 部門業績の評価基準
2  部門業績評価の中での部門重点施策の位置づけ
3  部門重点施策策定のアプローチ
  （1） 会社目標、上位部門目標からのアプローチ
  （2） 部門の目的・使命からのアプローチ
  （3） 前期部門重点施策からのアプローチ
  （4） 問題発見からのアプローチ
    ① 「部門に期待される役割」からのアプローチ
    ② 「部門の顧客」からのアプローチ
    ③ 「仕事の進め方」からのアプローチ
4  部門重点施策　策定上の留意事項
  （1） 部門の目的を明確にする
  （2） 部門構成員を巻き込んで行う
  （3） 部門目標分担マトリックス表で部門構成員に分担させる
  （4） 問題意識・当事者意識を常に持つ
  （5） 挑戦する気構えで目標を設定する
  （6） 規定項目と重複しない
  （7） 部下の個人目標の指標となる部門重点施策
  （8） 部門重点施策の記入は的確に
【別紙—1】 部門業績評価表
【別紙—30】 目標設定ワークシート
【別紙—29】 部門目標分担マトリックス表
【別紙—31】 部門の目的設定ワークシート（その1）
【別紙—32】 部門の目的設定ワークシート（その2）
```

（2） 評価者基礎研修

① 評価者基礎研修の狙い

　人事制度の運用がうまくできるかどうかは、評価者にかかっていると言っても過言ではありません。評価者の評価能力を高めるため、評価者基礎研修はできる限り早めに実施します。評価は評価期間が終

わったところで行いますが、期中に評価のプロセスでの被評価者との協働、観察記録を付けることが必要であるからです。講義では、「評価は管理職の本源的な役割」、「評価の進め方」、「評価で陥りやすいエラー」、「フィードバック」、「一次・二次評価者間の意見交換」等について説明し、評価の基礎を学んでもらいます。演習としては「グレーゾーン」、「フィードバック面接の問題点」の指摘を行い、最後に「理解度テスト」を実施します。

② カリキュラム

評価者基礎研修のカリキュラムは次ページ、**図表7—5**の通りです。

③ 使用するテキスト

テキストには以下のものを使用します。c〜iについては事務局が人数分用意します。

```
a  新人事制度解説書（出席者が持参）
b  役割能力要件表（出席者が持参）
c  評価者基礎研修テキスト
     評価者基礎研修テキストの目次例は333ページ図表7—6の通り
d  グレーゾーン―問題（※1）
e  グレーゾーン―会社としての判断
f  フィードバック面接の問題点―問題（※2）
g  フィードバック面接の問題点―解答
h  理解度テスト
i  理解度テスト―解答
```

※1　グレーゾーン
　評価の対象となる行動は「職務行動」です。しかし「職務行動」か「職務とは関係のない行動」か、明確に区分できない行動があります。これを「グレーゾーン」といいます。具体的には334ページの**図表7—7**グレーゾーン（例）に示すような行動です。グレーゾーンの行動は「職務行動」か「職務とは関係のない行動」か、明確にする必要があります。研修では**図表7—7**のグレーゾーンの問題

を各人に判断させ、グレーゾーン集計表（Excel）で集計し、実態を確認します。その後、会社としての判断を示し、その理由を説明します。

※2　フィードバック面接の問題点
　フィードバック面接で問題のある行動をしている管理職の事例（文書）を作成し、研修参加者に問題点を指摘させます。その後、解答を説明します。

【図表7—5】　評価基礎研修

時　間	カリキュラム例
10：00	【オリエンテーション】 【講　義】　評価は管理職の本源的な役割
10：30	【講　義】　評価に対する意識を変えよう 【演　習】　評価のプロセスで評価者に期待される行動チェックリスト
11：00	【講　義】　評価方法の基礎知識
11：30	【講　義】　評価の進め方の基礎知識 【演　習】　グレーゾーン
12：00	昼　食
13：00	【講　義】　評価で陥りやすいエラー
13：30	【講　義】　評価のプロセス、やることの確認、やっていることの確認
14：00	【講　義】　フィードバックのタイプ 【演　習】　フィードバック面接 ─ 悪い例のどこが悪いのか
14：30	【講　義】　フィードバック面接 ─ 悪い例の悪い点のまとめ
15：00	【講　義】　フィードバック面接の良い例の解説、フィードバック面接の留意事項
15：30	【講　義】　一次評価者と二次評価者間の意見交換 【講　義】　評価者の心得、評価のパワーを生かしきる
16：00	【理解度テスト】
16：30	【質　疑】
17：00	

【図表7—6】 評価者基礎研修テキストの目次例

1 評価は管理職の本源的な役割
2 評価に対する意識を変えよう
　(1) 評価は評価者だけで行うものではない
　　　部下（被評価者）と協働して評価を作り上げる
　(2) 評価のパワーに気づき、生かしきる
3 人事評価のプロセス
　(1) やることの確認
　(2) やっていることの確認
　(3) やったことの確認
　(4) フィードバック
　(5) 一次評価者と二次評価者間の意見交換
4 評価方法の基礎知識
　(1) 相対評価と絶対評価
　(2) 総合評価と分析評価
　(3) 評価タイプの選択
5 評価の進め方の基礎知識
　(1) 職務行動の選択
　　　グレーゾーン
　(2) 評価項目の選択
　(3) 評価段階の選択
6 評価で陥りやすいエラー
　(1) ハロー効果
　(2) 対比誤差
　(3) 寛大化傾向
　(4) 逆算誤差
　(5) 中心化傾向
　(6) 期末効果
　(7) 論理誤差
7 評価者の心得
8 評価のパワーを生かしきる

④ 研修の流れ

グレーゾーンの例を**図表7－7**に示しています。これを参考に、自社の実態に合った例を作成します。また、グレーゾーンに対する会社としての判断（解答）は、理由・根拠を明確に示し、事前に経営トップの了承を得ておく必要があります。

【図表7－7】 グレーゾーン（例）

番号	次のような行動は職務行動であろうか、それとも職務行動ではないであろうか	職務行動である	職務行動ではない
①	終業後に行う職場の懇親会に、特別な理由もないのにいつも不参加である者をチームワークに欠けると評価するのはどうか		
②	営業部の一般社員が、同期入社の研究開発部の社員、製造部の社員など5名で、週に1回、終業後に会社の会議室で、約2時間ほど自主的に勉強会を開いている。テーマは自社製品や同業界の動向や商品で、時々先輩の係長クラスを招いている。このような場合はどうであろうか		
③	有給休暇を全然取らないで、快く応じて頑張っている者はどうか		
④	終業後、よく飲み屋に立ち寄るが、酒癖が悪く喧嘩が絶えないという話が伝わってくるのはどうか		
⑤	昼休みに客が来たが、同僚が不在の場合でも昼休みであるからといって応対しないのはどうか		
⑥	バレンタインチョコのとりまとめをしている人気の女性社員の評価はどうか		
⑦	職場対抗の野球試合で抜群の活躍をした者はどうか		
⑧	QC活動を熱心に行い、発表大会でも大活躍した場合はどうか		
⑨	地震の被災地にボランティアに行き、感謝された場合はどうか		
⑩	休みの日に業務に関係ある見本市に行って情報収集した場合はどうか		

⇑ 評価の対象とする　　⇑ 評価の対象としない

(3) 評価者実践研修—1

① 評価者実践研修の狙い

　この研修はケース（※）に基づいた実践的な研修です。前に行った評価者基礎研修のアドバンス研修と位置づけられます。ケースは市販のケースを使用します。市販のケースに適当なものがなければ、自社で作成します。

　まず、各人が個人で評価し、次にグループで討議してグループとしてのコンセンサスを得るようにします。次ページ**図表7—8**にあるように、同じケースを読んでも個人の評価はまちまちです。これをグループで討議して、評価の根拠を明らかにし、グループとしての評価を決定します。この討議を通じて評価項目や評価基準の理解を深め、自分の評価は甘いのか辛いのかを知るのが研修の大きな目的です。

　グループ討議の結果は模造紙にまとめ、翌日発表します。グループの発表・議論の後、会社としての評価（解答）をコンサルタントが説明します。その後、そのケースの解答を使って、管理職役（評価者）、本人役（被評価者）を決めてフィードバックのロール・プレイングをします。コンサルタントはロール・プレイングに対するコメントとアドバイスを行うことになります。

※　ケース

　ケースとは、被評価者の評価期間中の行動や結果を文書または映像で表したものです。内容としては、本人のプロフィール、個人目標、観察記録、やることの確認面談等です。市販のケースは様々なものがありますが、筆者が監修しているものとしては、次のようなものがあります。

・DVDケース『【ディスカッション教材】一次評価者のための人事評価』
　（日本経済新聞出版社）
・文書ケース『CD-ROM　一次評価者のための人事評価アシストパック』（日本経済新聞出版社）

【図表7―8】 人事評価表（グループ作業用）

社員コード	10961		氏　名	加藤誠司	
所属	人事教育課	ステージ	2	職掌	事務職

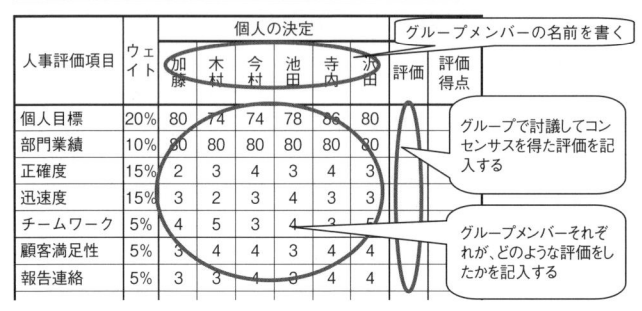

人事評価項目	ウェイト	個人の決定					評価	評価得点
		加藤	木村	今村	池田	寺内	次田	
個人目標	20%	80	74	74	78	86	80	
部門業績	10%	80	80	80	80	80	80	
正確度	15%	2	3	4	3	4	3	
迅速度	15%	3	2	3	4	3	3	
チームワーク	5%	4	5	3	4	3	5	
顧客満足性	5%	3	4	4	3	4	3	
報告連絡	5%	3	3	4	3	4	3	

（吹き出し）
- グループメンバーの名前を書く
- グループで討議してコンセンサスを得た評価を記入する
- グループメンバーそれぞれが、どのような評価をしたかを記入する

② カリキュラム

評価者実践研修―1のカリキュラムは**図表7―9**の通りです。

【図表7―9】 評価者実践研修―1

時　間	第1日目		第2日目	
9：00	【オリエンテーション】		【発　表】	○○○○君のケースグループ発表
9：30	【説　明】	『新人事制度解説書』に基づいて、評価項目の意味を説明		
10：00	【説　明】	○○○○君のケースの説明		
10：30				
11：00	【演　習】	○○○○君のケース各人自己評価		
11：30			【説　明】	フィードバック演習の進め方
12：00	昼　食			
12：30				
13：00	【演　習】	○○○○君のケース各人自己評価	【演　習】	○○○○君のケースフィードバックグループ討議ロール・プレイングのシナリオ作成
13：30				
14：00	【演　習】	○○○○君のケースグループ討議		
14：30				
15：00			【発　表】	○○○○君のケースフィードバックグループ発表（ロール・プレイング）
15：30				
16：00		グループ討議の整理		
16：30		模造紙にまとめる	まとめ	
17：00				
17：30				
18：00				

③ 使用するテキスト

テキストは以下のものを使用します。c～fについては事務局が人数分用意します。

---
a 新人事制度解説書（出席者が持参）
b 役割能力要件表（出席者が持参）
c ケース
d ケースに対する会社としての評価（解答）（※）
e 業績評価表（個人作業）（次ページ**図表7―10**）
f 業績評価表（グループ作業）（339ページ**図表7―11**）

※ ケースに対する会社としての評価（解答）

　ケースを使用して評価者研修を行う場合「会社としての評価」を事前にしっかり行い、その根拠を明確に示しながら自信を持って説明する必要があります。「会社としての評価」は、法律に言い換えれば「判例」に相当します。評価に関しては、それぞれの会社は「評価基準」を持っていますが、これだけでは具体的な事象に関してどう判断したらよいかよくわからないことがあります。それを解き明かすのが「会社としての評価」です。「会社としての評価」は、ケースという具体的事実によって明らかにする会社の価値観の表明でもありますので、経営トップが加わって討議するか、経営トップの了承は必要です。経営トップの判断が入って初めて「会社としての評価」に魂が吹き込まれ、講師は自信を持って説明できます。

④ 研修の流れ

　演習に入る前に、新人事制度解説書に基づいて、1つひとつの評価項目の意味、評価の段階をしっかり説明することが必要です。

　グループ討議の結果をまとめるのは模造紙にまとめるやり方と、パソコン上でまとめ、プロジェクターで映写するやり方があります。筆者は、書いている内容をグループのメンバーが見ることができること、発表時にグループ間の比較ができること等を勘案し、模造紙にまとめることをお勧めしています。

【図表 7—10】 業績評価表（個人作業）

	目標項目	ウェイト	評　価	評価得点	具体的事実・根拠・意見
1					
2					
3					
4					
5					
	合計得点				

社員コード　　　　　氏　名
所　属　　　　ステージ　　　職　掌

	業績評価項目	ウェイト	評　価	評価得点	具体的事実・根拠・意見
役割期待					
減　点					
	合　計				

【図表 7—11】 業績評価表(グループ作業)

社員コード		氏　名	
所　属		ステージ		職　掌	

業績評価項目	ウェイト	個人の決定					グループの決定	
							評　価	評価得点
個人目標								
役割期待								
減　点									
							合　計	

Lesson Ⅶ　説明会・研修・運用指導・ソフト開発

（4） 能力評価研修

① 能力評価研修の狙い

運用開始した上期が終了したところで（大体10月頃）、初めての能力評価をすることになります。これに向けて8月〜9月に能力評価研修を行います。評価者実践研修—1で使用したケースをここでも使いますので、評価者実践研修—1が終わってからそれほど時間を置かずに、本研修を行うようにします。

能力評価のやり方をケースに基づいて理解したところで、次に部下1人を選び、職務の評価ワークシート、知識技能力評価ワークシートを活用した能力評価のやり方を実地でマスターします。個人作業、グループ作業、グループ発表のやり方は評価者実践研修—1と同様です。

② カリキュラム

能力評価研修のカリキュラムは**図表7—12**の通りです。

③ 使用するテキスト

テキストは以下のものを使用します。d〜hについては事務局が人数分用意します。i〜kは「部下1人を選んで能力評価を実践」で使用する用紙です。この説明は343ページ「⑤研修の流れ」に詳述しています。

- a　新人事制度解説書（出席者が持参）
- b　役割能力要件表（出席者が持参）
- c　評価者実践研修—1で使用したケース（出席者が持参）
- d　能力評価研修テキスト
  　　能力評価研修テキストの目次例は342ページ**図表7—13**の通り
- e　職務の評価ワークシート（個人作業・グループ作業）（393ページ**別紙—10**）

 f 知識技能力評価ワークシート(個人作業・グループ作業)(394ページ**別紙―11**)
 g 能力評価表(個人作業)(392ページ**別紙―9**)
 h 能力評価表(グループ作業)(342ページ**図表7―14**を使用)

 i 職務の評価ワークシート(実践作業)
 j 知識技能力評価ワークシート(実践作業)
 k 能力評価表(実践作業)

【図表7―12】 能力評価研修

時　間	カリキュラム例	
10:00	【オリエンテーション】	
	【講　義】	能力評価について
10:30		・役割能力要件表と知識技能力評価・職務の評価の関係
		・職務の評価ワークシート・知識技能力評価ワークシート
	【説　明】	ケースの確認
11:00	【演　習】	個人で評価
		・職務の評価ワークシート
11:30		・知識技能力評価ワークシート
		・能力評価
12:00	昼　食	
13:00	【演　習】	グループ討議
		・職務の評価ワークシート
13:30		・知識技能力評価ワークシート
		・能力評価
14:00		
	【発　表】	グループ発表
14:30		職務の評価ワークシート
		知識技能力評価ワークシート
15:00		能力評価
15:30	【演　習】	部下1人を選んで能力評価を実践
		・職務の評価ワークシート
16:00		・知識技能力評価ワークシート
		・能力評価
16:30	【説　明】	まとめ
17:00		

【図表 7―13】 能力評価研修テキストの目次例

```
1  能力評価の位置づけ
  (1) 役割能力要件の読み方
  (2) 役割能力要件と評価制度との関係
2  能力評価の処遇への反映
3  職務の評価
  (1) 職務の評価とは
  (2) 職務の評価ワークシート
  (3) 「職務の評価」評価基準
  (4) 職務の評価と業績評価の違い
4  知識技能力評価
  (1) 知識技能力評価ワークシート
  (2) 知識技能力評価評価基準
  (3) 知識技能力評価と業績評価の「能力開発」の違い
5  能力評価のポイント
【別紙―9】 能力評価用紙
【別紙―10】 職務の評価ワークシート
【別紙―11】 知識技能力評価ワークシート
```

【図表 7―14】 能力評価表（グループ作業）

社員コード		氏　名	
所　属	ステージ	職　掌	

能力評価項目	個人の決定					グループの決定
知識技能力評価						
職務の評価						
上位ステージへの昇格可能性						

④　コンサルタントが用意するもの

　コンサルタントは、能力評価研修テキストの図表を PowerPoint にして用意します。

⑤　研修の流れ

　評価者実践研修—1で使用したケースと同じケースを使うため、出席者にはこちらで使用したケースを持参するように伝えます。

　カリキュラムの「【演習】部下を1人選んで能力評価を実践」のときに使用する「職務の評価ワークシート」「知識技能力評価ワークシート」は、選んだ部下の役割能力要件に対応したものとする必要があります。Excelでソフトを開発することはできますが、それがない場合は、期待される役割、必要とされる知識技能を出席者が書き入れることが必要です。

（5）　個人目標設定指導研修

①　個人目標設定指導研修の狙い

　管理職は部下の個人目標の設定指導ができる必要があります。これが十分できていない場合、易しい目標や問題意識の欠如した目標のオンパレードになってしまい、目標管理が形骸化してしまいます。研修では、個人目標の形式、個人目標の内容、個人目標に取り組む姿勢に関する指導について講義で学びます。

　次に個人目標ケースに基づいて、どこが問題なのか、どうすればよいのか、改善後の目標はどうしたらよいのかを演習を通じて学びます。

② カリキュラム

個人目標設定指導研修のカリキュラムは**図表7—15**の通りです。

【図表7—15】 個人目標設定指導研修

時　間	カリキュラム例
10：00	【説　明】　個人目標の指導のポイント 　　　　　　・個人目標の形式に関する指導
10：30	・個人目標の内容に関する指導 　　　　　　・個人目標に取り組む姿勢に関する指導
11：00	【講　義】　個人目標設定指導の実際 　　　　　　・Aさんの個人目標設定指導の良い点（解説）
11：30	【講　義】　・複数の要因からなる目標（Bさんの個人目標）
12：00	昼　食
13：00	【演習・発表】　個人目標のケーススタディ 　　　　　　　　Cさんの個人目標の問題点
13：30	【講　義】　個人目標のケーススタディの解説 　　　　　　・Cさんの個人目標の問題点とその指導
14：00	【個人目標ケースの説明】　Dさんの個人目標設定指導 【演　習】　個人目標のケーススタディ　Dさんの個人目標
14：30	個人作業（40分）
15：00	【演　習】　個人目標のケーススタディ　Dさんの個人目標 　　　　　　グループ討議
15：30	
16：00	【発　表】　個人目標のケーススタディ　Dさんの個人目標 　　　　　　グループ発表
16：30	まとめ/質疑
17：00	

③ 使用するテキスト

テキストは以下のものを使用します。c〜fについては事務局が人数分用意します。

---
a　新人事制度解説書（出席者が持参）
b　役割能力要件表（出席者が持参）
c　個人目標設定指導研修テキスト
　個人目標設定指導研修テキストの目次例は次ページ**図表7—16**の通り
d　Cさんの個人目標の問題点の指摘フォーマット（347ページ**図表7—17**）
e　Dさんの個人目標の問題点の指摘フォーマット（347ページ**図表7—17**）
f　Dさんの改善後の個人目標フォーマット（347ページ**図表7—18**）

---

④ コンサルタントが用意するもの

コンサルタントは以下のものを用意します。

---
a　個人目標設定指導研修テキストの図表のPowerPointデータ
b　個人目標ケース（Aさん、Bさん）（個人目標設定指導研修テキストに組み込む）
c　個人目標ケース（Cさん、Dさん）
d　個人目標ケース（Cさん、Dさん）の問題点の指摘の解答
e　個人目標ケース（Cさん、Dさん）改善後の個人目標の解答

---

⑤ 研修の流れ

Dさんの個人目標設定指導は、個人作業、グループ作業、グループ発表の順で行いますが、そのやり方は評価者実践研修―1と同様です。
　また、目標の形式に関する指導では、「目標設定ワークシート」（411ページ**別紙—30**）の使い方を示しながら説明します。

【図表7―16】 個人目標設定指導研修テキストの目次例

1　個人目標設定時の指導
　（1）個人目標の形式に関する指導
　　①「目的」「目標項目」「達成基準」「実施方法」の関係をきちんと理解する
　（2）個人目標の内容に関する指導
　　① 目標は「変化・前進・改善・改革」であるべき
　　② 目標は達成基準がポイント
　　③ 具体的行動レベルに展開すること
　　④ 目標は自分がコントロール可能であるものであるべきこと
　（3）個人目標に取り組む姿勢に関する指導
　　① 部門目標を十分理解すること
　　② 組織の中で自分の役割を再確認すること
　　③ 自分の仕事に問題意識を持って取り組むこと
　　④ 目標は常に考えておくこと
2　個人目標設定指導の実際
　（1）Aさんへの個人目標設定指導
　（2）複数の要因からなる目標（Bさんの個人目標）
　（3）挙がるべき目標が挙がっていない
　（4）Cさんへの個人目標設定指導
3　【演習】　個人目標のケーススタディ
4　【発表】　個人目標のケーススタディ
5　個人目標設定指導にあたって留意すべきこと
　（1）個人目標のもとになる部門目標
　　① 部門目標設定ミーティング
　　② 部門目標分担ミーティング
　（2）個人目標設定面接
　（3）個人目標のチェック
【別紙―30】目標設定ワークシート

【図表 7―17】 個人目標　問題点の指摘フォーマット

	問題があると思われる点	どうすればよいか
1		
2		
3		
4		
5		

【図表 7―18】 改善後の個人目標フォーマット

番号	目標項目	ウェイト	達成基準	実施方法
1		%		
2		%		
3		%		
4		%		
5		%		

上司への要望事項	

（6） 評価者実践研修—2

① 評価者実践研修—2の狙い

　新人事制度を実際に運用してみると、様々問題が発生してきます。評価者実践研修—2は、ケースを通して問題のある管理職の行動や思考パターンを気づかせ、改めさせる目的で行う実践的研修です。ケースはその会社の問題意識に基づいて独自に作成します。

　例えば、その会社の管理職には次のような行動や思考パターンがあったとします。

> a　多忙への逃避になっている
> 　仕事を抱え込んで部下に任せない。自分だけ忙しくやっているが、部下への指示が十分でなく、遊んでいる部下がいる。忙しくやっているために部下が報告・相談したい時に席にいない。結果的に部門の業績は伸びない。
>
> b　人事評価、フィードバックを真剣に行わない
> 　人事評価は管理職の本源的な役割であるという意識が薄い。片手間の仕事のように考えている。人事評価、フィードバックを真剣に行わない。
>
> c　部下の能力開発に無関心である
> 　部下を育てようという意識が薄い。部下の能力開発に無関心である。したがって、いつまで経っても部下は成長しない。
>
> d　部門目標設定時に何も考えない
> 　部門目標設定に対する関心が薄い。上位部門の目標の丸写しであり、自部門の問題を発見・発掘するという意識や行動は少ない。何も考えていない。

　このような行動、思考パターンの管理職をモデルにケースを作成し、この管理職のどこが問題で、どのように改善すればよいのか、このケースの管理職の評価はどのようになるのかを実感させるようにします。

大変厳しい評価結果になることが予想され、これを反面教師にして管理職に行動変革、意識変革を促すわけです。

② カリキュラム

評価者実践研修―2のカリキュラムは**図表7―19**の通りです。

【図表7―19】 評価者実践研修―2

時　間	第1日目		第2日目	
9：00	【説　明】	評価項目の意味を説明 ・上司の補佐、 ・リーダーシップ ・課題形成 ・人材育成 ・人事管理 ・組織運営	【発　表】	○○課長のケース グループ発表
9：30				
10：00				
10：30				
11：00	【説　明】	○○課長の文書のケースの説明		
11：30				
12：00	昼　食			
12：30				
13：00	【演　習】	○○課長のケース 各人自己評価	【演　習】	○○課長のケース ・フィードバック ・グループ討議 ・ロール・プレイングのシナリオ作成
13：30				
14：00				
14：30	【演　習】	○○課長のケース グループ討議		
15：00			【発　表】	○○課長のケース ・フィードバック ・グループ発表 （ロール・プレイング）
15：30				
16：00				
16：30		グループ討議の整理 模造紙にまとめる	まとめ	
17：00				
17：30				
18：00				

③　使用するテキスト

テキストは以下のものを使用します。c～f は事務局が人数分用意します。

```
a　新人事制度解説書（出席者が持参）
b　役割能力要件表（出席者が持参）
c　ケース（※1）
d　ケースに対する会社としての評価（解答）（※2）
e　業績評価表（個人作業）（338 ページ**図表 7―10** と同様の様式）
f　業績評価表（グループ作業）（339 ページ**図表 7―11** と同様の様式）
```

※1　ケース

評価者実践研修―2 では、348 ページに示すような問題意識に基づいて会社が独自にケースを作成します。ケース作成の手順は**図表 7―20** に示す通りです。ケース作成は手間のかかる作業ですが、しっかり作成します。

※2　ケースに対する会社としての評価（解答）

ケースに対する会社としての評価（解答）については、337 ページを参照してください。

④　コンサルタントが用意するもの

コンサルタントは、「上司の補佐」、「リーダーシップ」、「課題形成」、「人材育成」、「人事管理」、「組織運営」等、管理職の評価項目をわかりやすく説明するために PowerPoint を用意します。

⑤　研修の流れ

個人作業、グループ作業、グループ発表、フィードバックロール・プレイングのやり方は、評価者実践研修―1 の場合と同様です。

「上司の補佐」、「リーダーシップ」、「課題形成」、「人材育成」、「人事管理」、「組織運営」等、管理職の評価項目の意味は、準備した PowerPoint でしっかり説明しましょう。

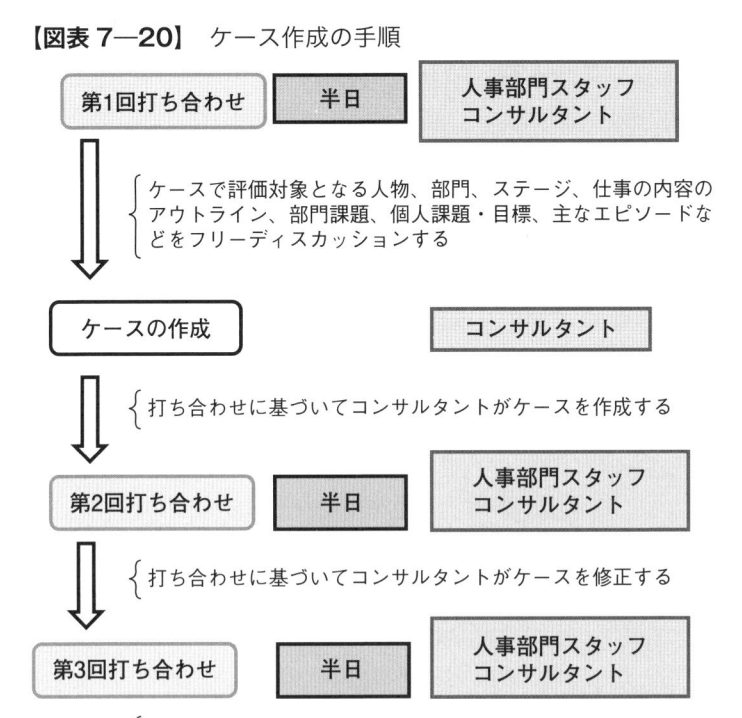

【図表7—20】 ケース作成の手順

```
┌─────────────┐  ┌────┐  ┌──────────────┐
│ 第1回打ち合わせ │  │ 半日 │  │ 人事部門スタッフ │
│             │  │    │  │ コンサルタント   │
└─────────────┘  └────┘  └──────────────┘
      ↓
      { ケースで評価対象となる人物、部門、ステージ、仕事の内容の
        アウトライン、部門課題、個人課題・目標、主なエピソードな
        どをフリーディスカッションする

┌─────────────┐           ┌──────────────┐
│ ケースの作成   │           │ コンサルタント  │
└─────────────┘           └──────────────┘
      ↓
      { 打ち合わせに基づいてコンサルタントがケースを作成する

┌─────────────┐  ┌────┐  ┌──────────────┐
│ 第2回打ち合わせ │  │ 半日 │  │ 人事部門スタッフ │
│             │  │    │  │ コンサルタント   │
└─────────────┘  └────┘  └──────────────┘
      ↓
      { 打ち合わせに基づいてコンサルタントがケースを修正する

┌─────────────┐  ┌────┐  ┌──────────────┐
│ 第3回打ち合わせ │  │ 半日 │  │ 人事部門スタッフ │
│             │  │    │  │ コンサルタント   │
└─────────────┘  └────┘  └──────────────┘
      
      { ケースの最終的な打ち合わせをする
```

Lesson Ⅶ　説明会・研修・運用指導・ソフト開発

4　一般社員向け研修

(1)　個人目標設定研修

①　個人目標設定研修の狙い

　個人目標のポイントは目標設定です。目標設定に問題があれば、目標制度をやっている意味がないと言っても過言ではありません。本研修は目標設定についての基礎を学ぶ研修です。新人事制度の運用開始までに個人目標を設定しておく必要があり、新人事制度説明会の後、部門重点施策設定研修の後に行います。本研修は一般社員を対象としていますが、目標設定の知識は管理職にも必要ですので、管理職にも出席してもらったほうがよいでしょう。

②　カリキュラム

　個人目標設定研修のカリキュラムは**図表7—21**の通りです。

③　使用するテキスト

　テキストは以下のものを使用します。c～gについては事務局が人数分用意します。

a 新人事制度解説書(出席者が持参)個人目標の箇所を説明
　新人事制度解説書の個人目標の箇所の目次例は356ページ**図表7―22**の通り
b 役割能力要件表(出席者が持参)
c 個人目標シート(387ページ**別紙―4**)
d 期待される役割チェックシート(357ページ**図表7―23**)
　ステージごとに全職掌共通期待される役割を記入したものを作成
e 必要とされる知識技能チェックシート(358ページ**図表7―24**)
　ステージごとに全職掌共通必要とされる知識技能を記入したものを作成
f 現在直面している問題シート(359ページ**図表7―25**)
g 目標設定　ワークシート(411ページ**別紙―30**)

【図表7―21】　個人目標設定研修

時　間	カリキュラム例
10:00	【オリエンテーション】
10:30	【説　明】　個人目標制度の狙い
11:00	個人目標設定の5つのアプローチ
11:30	良い個人目標設定のポイント
12:00	昼　食
13:00	【演　習】　期待される役割チェックシート
13:30	必要とされる知識技能チェックシート
14:00	現在直面している問題 　　　　　　個人目標
14:30	【発　表】　期待される役割チェックシート
15:00	必要とされる知識技能チェックシート 　　　　　　現在直面している問題 　　　　　　個人目標
15:30	
16:00	まとめ
16:30	
17:00	

④　コンサルタントが用意するもの

　コンサルタントは、新人事制度解説書の中の個人目標の箇所の図表をPowerPointで用意します。

⑤　**研修の流れ**

　個人目標に関しての説明は、新人事制度解説書の個人目標の部分を説明することになります。

　演習の進行については、「演習は全員歩調を合わせて行います。したがって、早くできても先に進まないで待っていてください」と注意して、全員の歩調を合わせるようにします。

　「期待される役割チェックシート」は、357ページ**図表7―23**のような様式のシートをステージごとに作成し、全職掌共通の部分を記入しておきます。職掌固有の期待される役割は、役割能力要件表から出席者が転記します。転記する時間がかかりますが、役割能力要件表をよく読み込んでもらうという目的がありますので、ここはあえて転記してもらうようにします。「必要とされる知識技能チェックシート」についても同様です。

　発表は時間の許す限りできる限り多くの人にしてもらうようにします。手書きの用紙をプロジェクターで映写できる装置があれば、プロジェクターで映写して行います。なければ発表者が作成した資料を人数分プリントアウトし、配付して行います。

　発表は1人ずつ次の順序で行います。

- ⅰ　期待される役割チェックシート
- ⅱ　必要とされる知識技能チェックシート
- ⅲ　現在直面している問題
- ⅳ　個人目標

コンサルタントは、各人の個人目標の発表が終わったら、コメントを加えます。各部門、各人の仕事について理解していなければ、意見を述べるのは難しいでしょう。わかっているつもりで目標の内容について突っ込んでいくと、思わぬ反感を買うことがありますので、注意してください。また、問題点を皆の前で厳しく指摘し、個人をさらし者にすることは避けたほうがよいでしょう。無難にコメントを行うコツは、目標の具体的内容に立ち入らず、目標の形式に絞ってコメントすることです。

- i 目標の形式は整っているか（ブランクの項目はないか、ウェイトは合計すると100％になっているか等）
- ii 目標項目、達成基準、実施方法の関係はしっかり理解されているか
- iii 達成基準は明確であるか
- iv 規定目標が設定されている場合、きちんと挙がっているか（※）
- v 部門目標に沿った目標になっているか
- vi 現在直面している問題として挙げたものが目標に挙がってているか

※　「規定目標」とは、目標に必ず挙げることが必要として会社が定めた目標です。例えば、営業職の売上高目標、売上総利益目標が、それに該当します。

【図表7—22】 新人事制度解説書の中の個人目標に関する箇所

Ⅳ 個人目標制度
　1　個人目標制度とは
　　(1) 目標管理の経営哲学
　　(2) 個人目標とは
　2　個人目標シート
　3　個人目標の評価対象期間および評価時期
　4　個人目標の設定
　　(1) 目標設定の手順
　　　① 目標設定の5つのアプローチ
　　　　a　成果からのアプローチ
　　　　　ⅰ 営業職の規定目標
　　　　　ⅱ 管理職の規定目標
　　　　b　自分の役割からのアプローチ
　　　　c　自分の顧客からのアプローチ
　　　　d　仕事の進め方からのアプローチ
　　　　e　自己啓発からのアプローチ
　　　② 問題から課題へ
　　　③ 課題から目標へ
　　　　a　部門目標との整合性チェックと優先順位の決定
　　　　b　達成基準・方法・スケジュールの明確化
　　(2) 個人目標シートの記入
　5　個人目標設定のポイント
　　(1) 個人目標の内容に関して
　　　① 目標は「変化・前進・改善・改革」であるべき
　　　② 目標は達成基準がポイント
　　　③ 具体的行動レベルに展開すること
　　　④ 目標は自分がコントロール可能なものであること
　　(2) 個人目標に取り組む姿勢に関して
　　　① 部門目標を十分理解すること
　　　② 組織の中で自分の役割を再確認すること
　　　③ 自分の仕事に問題意識を持って取り組むこと
　　　④ 目標は常に考えておくこと
　6　管理職の役割
　　(1) 目標内容のチェック
　　(2) 目標設定時のコミュニケーション
　　(3) 中間時のフォロー
　7　個人目標の評価
　　(1) 個人目標評価の仕組み
　　(2) 個人目標評価基準
　　(3) 個人目標得点の計算方法
　　(4) 評価時の上司と部下のコミュニケーション

【図表7—23】 期待される役割チェックシート

ステージⅠ		期待される役割　チェックシート	
職掌　　　　　部門　　　　　　氏名			
	番号	期待される役割	自己評価
全職掌共通	①	設定した個人目標を達成する	
	②	上長からの具体的指示および定められた業務手順に従い、定常業務を確実・迅速に遂行する	
	③	チームの一員として、円滑な人間関係を構築し、上司・同僚と協調・協働してチームワークに貢献する	
	④	情報の共有と「報告・連絡・相談」を適時・適切に行う	
	⑤	業務遂行に必要な基礎的知識・技能を修得する	
	⑥	自己の職責を果たし、部門業績に貢献する	
	⑦	社会的責任を自覚し、関係法令や就業規則他社内諸規程を遵守して職務を遂行する	
職掌固有	①		
	②		
	③		
	④		
	⑤		
	⑥		
	⑦		
	⑧		
	⑨		
	⑩		
	⑪		
	⑫		
	⑬		
	⑭		
	⑮		
	⑯		
	⑰		
	⑱		
	⑲		
	⑳		

期待される役割　各項目の評価
できている ⇒ ◎　ほぼできている ⇒ ○
もう一歩 ⇒ △　ほとんどできていない ⇒ ×

【図表7―24】 必要とされる知識技能チェックシート

ステージⅠ		必要とされる知識　チェックシート	
職掌　　　　　　　部門　　　　　　　氏名			
	番　号	必要とされる知識	自己評価
全職掌共通	①	業務に関する基礎知識	
	②	ビジネスマナーの基礎知識	
	③	就業規則等の基礎知識	
	④	関係法令に関する基礎知識	
	⑤	ISO9001の基礎知識	
	⑥	当社の概要に関する基礎知識	
	⑦	5Sに関する基礎知識	
	⑧	文書報告書作成に関する基礎知識	
	⑨	個人目標設定に関する基礎知識	
職掌固有	①		
	②		
	③		
	④		
	⑤		
	⑥		
	⑦		
	⑧		
	⑨		
	⑩		
	⑪		
	⑫		
	⑬		
	⑭		
	⑮		
	⑯		
	⑰		
	⑱		
	⑲		
	⑳		

期待通りのレベルで保有している ⇒ 5
ほぼ期待通りのレベルで保有している ⇒ 4
必要最低限の基本的レベルで保有している ⇒ 3
ほとんど保有していない ⇒ 2
まったく保有していない ⇒ 1

【図表7—25】 現在直面している問題シート

```
           現在直面している問題
                          氏名_____
今あなたが直面している問題を挙げてください。
```

	項　目	具体的内容
1		
2		
3		
4		
5		

（2） 被評価者研修

① 被評価者研修の狙い

　そもそも評価は何のためにやっているのでしょうか、良くやった者を高く評価して、昇給、賞与、昇格の面で優遇するのはなぜなのか、それは社員のモチベーションを高めるためと言ってよいでしょう。つまり、社員1人ひとりのモチベーションを高めて、会社の業績を向上させることが評価の大きな目的なわけです。

　また、そのモチベーションは、評価に納得しなければ高まりません。その評価を納得するのは誰かというと、評価を受ける人、つまり被評価者ですので、被評価者が評価に納得するということが重要になります。

　被評価者は、会社から受けた評価と自分が行った自己評価が同じかほぼ同じであれば、その評価に納得します。評価の制度として自己評

価制度があろうとなかろうと、被評価者は自己評価を行っているものです。会社はこれまで被評価者には評価についての教育はほとんど行ってきませんでした。したがって、被評価者は自分流で評価するしかなかったのです。

例えば、「チームワーク」という評価項目があったとします。被評価者が「チームワーク」の意味を「皆と仲良くする」という程度の意味で捉えていれば、「自分は皆と仲良くやっている」から期待通りとして「5」と評価するかもしれません。一方、会社は「チームワーク」を「円滑な人間関係をベースに、上司・同僚と協調・協働し、仕事の隙間を埋めたり、他のメンバーを助けたり、カバーしたりして、組織の構成員として組織業績達成に積極的に貢献しているかを評価する項目」と会社が定めた内容通りに捉えて評価したとします。そう捉えると、「3」という評価になるかもしれません。そうすると、自己評価は「5」、会社の評価は「3」とギャップが生じます。本人は「納得できません！」と息巻いてモチベーションを下げるかもしれませんが、これは、本人の自己評価を自分流で行っているところに問題があるのです。

ここに被評価者研修を行う意味があります。被評価者研修では、評価項目1つひとつの意味、評価のタイプ、評価の進め方、評価で陥りやすいエラー等、評価に関する基本的知識をしっかり説明し、被評価者が自己評価するときに自分流の評価に陥らないように指導します。その目的は、評価の納得性を高め、モチベーションを高め、会社の業績を上げることにあるわけです。

② **カリキュラム**

被評価者研修のカリキュラムは**図表7―26**の通りです。

【図表 7—26】 被評価者研修

時　間	カリキュラム例
10：00	【オリエンテーション】
	【講　義】評価に対して意識改革をしよう
10：30	被評価者は"評価は受ければよい"という感覚
	評価の構造、評価のプロセスでの協働
11：00	被評価者にとっての"評価のパワー"
11：30	
12：00	昼　食
13：00	【講　義】評価項目の意味（何が期待されているのかを知ろう） 　　　　　効率要素・効果要素
13：30	正確度、迅速度、顧客満足性、報告連絡相談、チームワーク、能力開発、達成志向性、知識伝達、課題形成、職場規律、個人目標
14：00	
14：30	
15：00	
	【講　義】評価に関する基礎知識
15：30	①　評価のタイプ
16：00	②　評価の進め方
	【演　習】グレーゾーン
16：30	③　評価で陥りやすいエラー
17：00	

③ 使用するテキスト

テキストは以下のものを使用します。c～e については事務局が人数分用意します。

```
a  新人事制度解説書（出席者が持参）
b  役割能力要件表（出席者が持参）
c  被評価者研修テキスト
     被評価者研修テキストの目次例は**図表 7―27** の通り
d  グレーゾーン―問題
e  グレーゾーン―会社としての判断
```

④ コンサルタントが用意するもの

コンサルタントは、被評価者研修テキストの図表を PowerPoint にしたものと、グレーゾーンの集計表の Excel ソフトを用意します。

⑤ 研修の流れ

グレーゾーンの問題・会社としての判断は、管理職向け研修の評価者基礎研修で使用したものを使います。

評価項目の意味を新人事制度解説書に基づいて１つひとつ丁寧に説明しましょう。

【図表7―27】 被評価者研修テキストの目次例

```
Ⅰ 評価に対して意識改革をしよう
  1 「評価は受けるもの」という意識を拭い去る
  2 評価を広く捉える
  3 評価の信頼性・評価の納得性
  4 評価のプロセスで評価者と協働して評価を作り上げる
  5 被評価者にも評価の知識が必要
   (1) 評価のプロセスでの協働がスムーズに進む
   (2) 評価の納得性が高まる
   (3) 「評価者の評価」に対する理解が深まる
   (4) 評価者に評価レベルを上げる努力を促す
   (5) 将来評価者になったとき、人事評価の知識はそのまま役立つ
Ⅱ 人事評価に関心を持ち、積極的に関わると『新しい風景』が見える
  1 評価のパワーとは
   (1) 能力開発
   (2) コミュニケーションの促進
   (3) モチベーションアップ
   (4) 会社の価値観を共有
   (5) 評価のパワーを支えるもの―上司・部下の信頼関係
  2 評価のパワーを生かしきる
  3 まとめ
Ⅲ 評価項目の意味（何が期待されているのか知ろう）
  1 効率要素、効果要素
  2 正確度
  3 迅速度
  4 顧客満足性
  5 報告連絡相談
  6 チームワーク
  7 能力開発
  8 達成志向性
  9 知識伝達
  10 上司の補佐
  11 リーダーシップ
  12 課題形成
     機会損失について
  13 職場規律
  14 個人目標
Ⅳ 評価に関する基礎知識
  1 評価のタイプ
   (1) 相対評価と絶対評価
   (2) 総合評価と分析評価
```

```
    （3） 評価タイプの選択
  2   評価の進め方の基礎知識
    （1） 職務行動の選択
    （2） 評価項目の選択
    （3） 評価段階の選択
  3   評価で陥りやすいエラー
    （1） ハロー効果
    （2） 対比誤差
    （3） 寛大化傾向
    （4） 逆算誤差
    （5） 中心化傾向
    （6） 期末効果
    （7） 論理誤差
```

（3） 能力評価研修

① 能力評価研修の狙い

　新人事制度を運用開始した上期が終了したところで(大体10月頃)、初めての能力評価の時期が到来します。これに向けて8月～9月に能力評価研修を行います。管理職にも同じ時期に能力評価研修を行っています。管理職の場合は、ケースに基づく実践的な研修でしたが、一般社員では能力評価の基本をしっかり学んでもらうことになります。

　能力評価の基礎になるのは役割能力要件です。役割能力要件の1つひとつがどういう意味を持っているのか、どのような行動をすることが期待され、どのような知識技能を保有することが必要とされているのかをよく理解してもらうことが必要です。役割能力要件をしっかり読むようにと説明会でも強調していますが、まず読まない社員が、ほとんどであろうと思われます。この研修で1日拘束し、その中でしっかり説明することは、役割能力要件の重要性を鑑みても意味があると思われます。ただし、役割能力要件の職掌固有のものは、人によってそれぞれ異なりますので、この研修で説明するのは全職掌共通のみにします。

本研修を通して「職務の評価ワークシート」、「知識技能力評価ワークシート」の自己評価を実地で行って、その使い方をマスターしてもらいます。

② **カリキュラム**

　能力評価研修のカリキュラムは**図表7―28**の通りです。

【図表7―28】　能力評価研修

時　間	カリキュラム例
10：00	【オリエンテーション】 【講　義】　新人事制度の全体像と能力評価の位置づけ
10：30	能力評価の基盤となる役割能力要件表 　　　　　能力評価の処遇への反映（昇給、昇格の仕組み）
11：00	能力とは何か 　　　　　能力・役割・成果の関係 　　　　　能力評価と業績評価の違い
11：30	【講　義】　全職掌共通　期待される役割の1つひとつの解説
12：00	昼　食
13：00	【講　義】　全職掌共通　必要とされる知識技能の1つひとつの解説
13：30	
14：00	【講　義】　職務の評価ワークシートの使い方
14：30	【講　義】　知識技能力評価ワークシートの使い方
15：00	【講　義】　能力評価表の構造 　　　　　　知識技能力評価、職務の評価、昇格可能性の評価 　　　　　　本人が希望する職務、今後経験させたい職務、能力開
15：30	発必要点 【演　習】　職務の評価ワークシート 　　　　　　知識技能力評価ワークシート
16：00	
16：30	【演　習】　理解度テスト まとめ/質疑
17：00	

③ 使用するテキスト

テキストは以下のものを使用します。c〜fについては事務局が人数分用意します。g、hは15：30頃に行う演習で使用する用紙です。この説明は「⑤研修の流れ」に詳述しています。

- a 新人事制度解説書（出席者が持参）
- b 役割能力要件表（出席者が持参）
- c 能力評価研修テキスト
    能力評価研修テキストの目次例は**図表7—29**の通り
- d 全職掌共通・期待される役割マトリックス表（295〜296ページ**図表6—3**）
- e 全職掌共通・必要とされる知識技能マトリックス表（298ページ**図表6—6**）
- f 全職掌共通・必要とされる知識技能の具体的内容（301〜302ページ**図表6—10**）
- g 職務の評価ワークシート（実践作業）（393ページ**別紙—10**）
- h 知識技能力評価ワークシート（実践作業）（394ページ**別紙—11**）

④ コンサルタントが用意するもの

コンサルタントは、能力評価研修テキストの図表をPowerPointにして用意します。

⑤ 研修の流れ

まず、「職務の評価ワークシート」「知識技能力評価ワークシート」は本人の役割能力要件に対応したものとする必要があります。Excelでソフトを作成することもできますが、それがない場合は、期待される役割、必要とされる知識技能を本人が書き入れることが必要です。

役割能力要件の1つひとつの説明は、役割能力要件表より人事制度再構築プロジェクトで使った全職掌共通・期待される役割マトリック

ス表、全職掌共通・必要とされる知識技能マトリックス表、全職掌共通・必要とされる知識技能の具体的内容で行ったほうがわかりやすいと思います。

最後に理解度テストを行い、研修に緊張感を与えるようにします。

【図表7—29】 能力評価研修テキストの目次例

```
1   能力評価の位置づけ
   (1) 役割能力要件の読み方
   (2) 役割能力要件と評価制度との関係
2   能力評価の処遇への反映
3   職務の評価
   (1) 職務の評価とは
   (2) 職務の評価ワークシート
   (3) 「職務の評価」評価基準
   (4) 職務の評価と業績評価の違い
4   知識技能力評価
   (1) 知識技能力評価ワークシート
   (2) 知識技能力評価評価基準
   (3) 知識技能力評価と業績評価の「能力開発」の違い
5   能力評価のポイント
6   役割能力要件
   (1) 全職掌共通・期待される役割マトリックス表
   (2) 全職掌共通・必要とされる知識技能マトリックス表
   (3) 全職掌共通・必要とされる知識技能の具体的内容
【別紙—9】  能力評価用紙
【別紙—10】 職務の評価ワークシート
【別紙—11】 知識技能力評価ワークシート
```

（4） 個人目標実践研修

① 個人目標実践研修の狙い

　本研修は目標の実例（ケース）に基づいて、どこが問題なのか、どうすればよいのか、改善後の目標はどうしたらよいかを学ぶものです。研修カリキュラムは管理職の「個人目標設定指導研修」とほとんど同じです。

　メインの演習は個人作業⇒グループ討議⇒グループ発表の順で行います。

② カリキュラム

　個人目標実践研修のカリキュラムは**図表7―30**の通りです。

③ 使用するテキスト

　テキストは以下のものを使用します。c～eについては事務局が人数分用意します。

```
a　新人事制度解説書（出席者が持参）
b　役割能力要件表（出席者が持参）
c　個人目標実践研修テキスト
　　　個人目標実践研修テキストの目次例は370ページ図表7―31の通り
d　Cさんの個人目標の問題点の指摘フォーマット(347ページ図表7―17)
e　Dさんの個人目標の問題点の指摘フォーマット(347ページ図表7―17)
f　Dさんの改善後の個人目標フォーマット（347ページ図表7―18)
```

④ コンサルタントが用意するもの

　コンサルタントは、以下のものを用意します。

a　個人目標実践研修テキストの図表の PowerPoint データ
b　個人目標ケース（A さん、B さん）（個人目標実践研修テキストに組み込む）
c　個人目標ケース（C さん、D さん）
d　個人目標ケース（C さん、D さん）の問題点の指摘の解答
e　個人目標ケース（C さん、D さん）改善後の個人目標の解答

【図表7―30】　個人目標実践研修

時　間	カリキュラム例
10：00	【オリエンテーション】 【説　明】　個人目標設定のポイント
10：30	
11：00	【講　義】　個人目標設定の実際 　　　　　・A さんの個人目標 　　　　　・複数の要因からなる目標（B さんの個人目標） 　　　　　・挙がるべき目標が挙がっていない
11：30	
12：00	昼　食
13：00	【演習・発表】　個人目標のケーススタディ 　　　　　　　C さんの個人目標の問題点
13：30	【講　義】　個人目標のケーススタディの解説 　　　　　・C さんの個人目標の問題点とその指導
14：00	【個人目標ケースの説明】　D さんの個人目標設定
14：30	【演　習】　個人目標のケーススタディ　D さんの個人目標 　　　　　個人作業（40 分）
15：00	【演　習】　個人目標のケーススタディ　D さんの個人目標 　　　　　グループ討議
15：30	【発　表】　個人目標のケーススタディ　D さんの個人目標 　　　　　グループ発表
16：00	まとめ/質疑
16：30	
17：00	

⑤ 研修の流れ

　Dさんの個人目標設定演習は、個人作業、グループ作業、グループ発表の順で行いますが、そのやり方は、管理職向け研修の評価者実践研修─1と同様です。目標の形式に関するところでは、「目標設定ワークシート」（411ページ**別紙─30**）の使い方を示しながら説明します。

【図表7─31】 個人目標実践研修テキストの目次例

```
1　個人目標設定のポイント
　（1）　個人目標の形式
　　①　「目的」「目標項目」「達成基準」「実施方法」の関係をきちんと理
　　　解する
　（2）　個人目標の内容
　　①　目標は「変化・前進・改善・改革」であるべき
　　②　目標は達成基準がポイント
　　③　具体的行動レベルに展開すること
　　④　目標は自分がコントロール可能であるものであるべきこと
　（3）　個人目標に取り組む姿勢
　　①　部門目標を十分理解すること
　　②　組織の中で自分の役割を再確認すること
　　③　自分の仕事に問題意識を持って取り組むこと
　　④　目標は常に考えておくこと
2　個人目標設定の実際
　（1）　Aさんの個人目標
　（2）　複数の要因からなる目標（Bさんの個人目標）
　（3）　挙がるべき目標が挙がっていない
　（4）　Cさんの個人目標
3　【演習】　個人目標のケーススタディ
4　【発表】　個人目標のケーススタディ
【別紙─30】目標設定ワークシート
```

5 運用指導

　人事制度の運用のスケジュールを月別に示したのが**図表7—32**です。人事制度は1年サイクルで回っているため、毎年これの繰り返しになります。運用第1年度は、まだ慣れていないところもありますので、コンサルタントがしっかり指導することが必要ですが、第2年度以降は、会社側から問われれば答える程度でよいと思います。

　能力が高く、自立心の高い人事担当者は、人事制度再構築プロジェクトを通して新人事制度をよく理解しているため、運用の面でコンサルタントを頼るということはほとんどないと思われます。中には自信がないのか、いつまでもコンサルタントに頼ろうとする人事担当者もいますが、このあたりは、先方の会社の状態を見て対応するしかありません。基本的には、先方の会社に運用は任せるということでよいでしょう。

【図表7—32】　人事制度の運用

項　目	4月	5月	6月	7月	8月	9月	10月	11月	12月	1月	2月	3月
業績評価	○	○				○	○	○				○
個人目標	○	○		○		○	○	○		○		○
部門業績	○					○	○					○
能力評価						○	○	○				
賞　与		○	○					○	○			
昇　給	○											○
昇　格	○							○	○		○	○
退職金	○											○

図表7―33は、ある会社の人事制度運用において、月別に行うことを示したものです。これは4月分のみ示していますが、4月分の右に5月、6月…と12カ月分のスケジュールが示されます。このようなものを先方の会社の人事担当者に渡し、これを見ながらしっかり運用することを求めてもよいと思います。スケジュール作成自体を先方会社の人事担当者にやってもらってもよいでしょう。

【図表7―33】　人事制度運用において月別に行うことが必要なもの（例）

項　目		4月		
		上　旬	中　旬	下　旬
業績評価	業績評価用紙印刷			
	業績評価用紙記入の案内（本人が特に遂行したいことの記入）			
	業績評価用紙配付			
	業績評価用紙に本人が特に遂行したいことを記入	上期業績評価用紙に本人が特に遂行したいことを記入		
	業績評価の案内			
	業績評価	下期業績評価		
	業績評価用紙の回収			下期業績評価用紙の回収
	業績評価入力			
	業績評価フィードバック実施			
	業績評価フィードバック実施のチェック			
個人目標	個人目標設定の案内			
	個人目標の設定	上期個人目標設定		
	個人目標設定面接実施			
	個人目標設定面接実施のチェック			
	個人目標中間時進捗状況記入（本人）			
	個人目標評価の案内			
	個人目標評価（自己評価・一次評価・二次評価）	下期個人目標評価		
	個人目標評価フィードバック			
	個人目標フィードバック実施のチェック			
部門業績	部門重点施策策定の案内			
	部門重点施策策定（部門目標策定ミーティング、部門目標分担マトリックス表作成）			
	部門目標の役員面接			上期部門目標の役員面接
	部門目標評価の案内			

項　目		4月		
		上　旬	中　旬	下　旬
部門業績	部門目標自己評価		下期部門目標自己評価	
	部門目標達成状況の役員面接			下期部門目標達成状況の役員面接
	部門目標の評価			下期部門目標の評価
能力評価	能力評価用紙の印刷			
	職務の評価ワークシート・知識技能力評価ワークシートの印刷			
	能力評価・ワークシートの案内			
	能力評価用紙の配付			
	職務の評価ワークシート・知識技能力評価ワークシートの配付			
	職務の評価ワークシート・知識技能力評価ワークシートのチェック			
	能力評価			
	能力評価用紙の回収			
	職務の評価ワークシート・知識技能力評価ワークシートの回収			
	能力評価入力			
	能力評価のフィードバック実施（職務の評価ワークシート・知識技能力評価ワークシート活用）			
	能力評価フィードバック実施のチェック			
賞与	賞与原資の確定（平均賞与支給額）			
	賞与計算			
	賞与支給			
昇給	昇給原資の確定			
	昇給計算			
	昇給実施	昇給実施		
昇格	昇格候補者の選出			
	昇格レポートの案内			
	レポートの審査			
	昇格者の確定			
	昇　格	昇格発令		
退職金	退職金ポイントの計算			
	退職金ポイントの通知		退職金ポイントの通知	

6 運用ソフト

（1） 運用ソフトの開発をどうするか

　人事制度の運用には、評価用紙印刷、評価得点の計算、評価得点に基づく昇給計算、賞与計算等があります。社員数が少なければすべて手作業でできますが、社員数が多ければコンピュータで行うほうが便利ですし、システム化は欠かせない課題です。自社でシステム要員を抱えており、自社での開発が可能であれば自社で開発します。

　問題は自社で開発できない場合、どうするかです。システム要員がいても、既存のシステムで手一杯で人事ソフト開発まで手が回らない場合や、システム要員が人事システムに興味を示さず、あまり勉強する気がないような場合も同様です（そのため、システム部門の者を人事制度再構築プロジェクトのメンバーに組み入れている会社もあります）。

　運用ソフトの開発をどうするかを示したものが**図表7―34**です。自社ではどうするかを選択する必要があります。

【図表7―34】　運用ソフトの開発

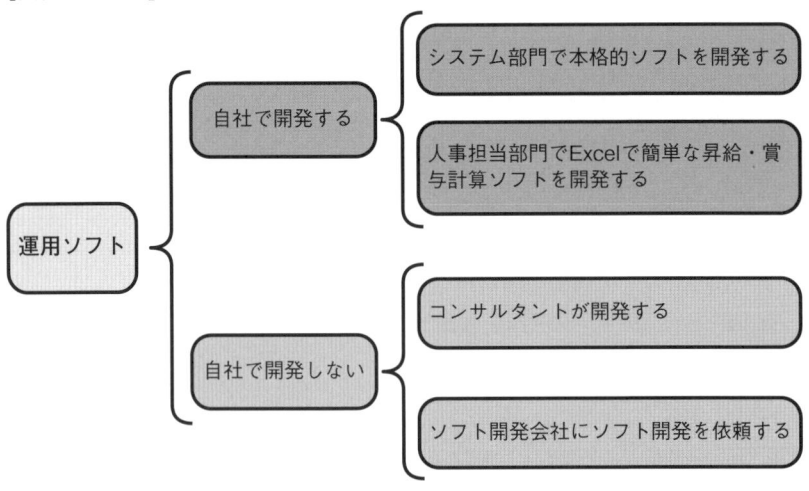

```
                    ┌─ 自社で開発する ──┬─ システム部門で本格的ソフトを開発する
                    │                    │
                    │                    └─ 人事担当部門でExcelで簡単な昇給・賞
運用ソフト ─────────┤                       与計算ソフトを開発する
                    │
                    │                    ┌─ コンサルタントが開発する
                    │                    │
                    └─ 自社で開発しない ─┤
                                         └─ ソフト開発会社にソフト開発を依頼する
```

（2） 運用ソフトの概念図

運用ソフトを開発する場合のプログラムの概念図は**図表7―35**のようなものとなります。次にそれぞれの項目について概要を説明します。

【図表7―35】 運用ソフトの概念図

```
┌─────────────────────────────────┐
│   ①業績評価      ②能力評価       │
│            ↓                    │
│   ③社員マスター ⇔ ④各種設定テーブル │
│            ↓                    │
│   ⑤昇給計算      ⑥賞与計算       │
└─────────────────────────────────┘
```

① 業績評価

a　業績評価用紙印刷
③社員マスターと④各種設定テーブルから本人のステージ・職掌の業績評価項目とウェイトを参照して業績評価用紙を印刷します。

b　業績評価入力
業績評価項目ごとの評価を入力すると、ウェイトを乗じて業績評価得点を計算できるようにします。業績評価得点は③社員マスターに送り、保管します。

② 能力評価

a　能力評価用紙印刷
　③社員マスターを参照して能力評価用紙を印刷します。

b　能力評価入力
　能力評価を入力すると、能力評価得点を計算できるようにします。能力評価得点は③社員マスターに送り、保管します。

③ 社員マスター

社員1人ひとりについて次のデータを保管します。

a　社員の基礎データ
　社員番号、氏名、ステージ、職掌、職位、部門　等

b　履歴データ
　職歴、研修履歴、通信教育履歴

c　人事管理データ
　業績評価得点、能力評価得点、賃金データ、賞与データ、年収データ、退職金ポイント　等

④ 各種設定テーブル

ソフトを動かすため、次のようなマスターテーブルを用意します。

　ステージコード、社員区分コード、職掌コード、職位コード、部門コード、部門業績コード、賃金項目、昇格基準、賞与算定基礎額の設定、役割給の下限上限、基本昇給額、退職金ポイント、業績賞与指数、業績評価項目、部門業績評価項目、能力評価項目、業績評価項目ウェイト、部門業績評価項目ウェイト、能力評価項目ウェイト　等

⑤　昇給計算

③社員マスターの評価得点等のデータに基づき、昇給条件を入力して昇給計算を行います。

⑥　賞与計算

③社員マスターの評価得点等のデータに基づき、賞与支給条件、出勤率を入力して賞与計算を行います。

⑦　その他

昇格、退職金、人事情報管理システムを加えれば、ソフトの機能は充実します。

（3）　ワークシート出力ソフトの概念図

「職務の評価ワークシート」「知識技能力評価ワークシート」は各社員のステージ・職掌・部門によって異なるため、コンピュータソフトで出力できるようにすれば便利です。

「職務の評価ワークシート」「知識技能力評価ワークシート」出力ソフトの概念図は次ページ**図表7—36**の通りです。これはExcelのVBAを使えば可能です。役割能力要件表の内容をExcelに読み込み、社員データに基づき「職務の評価ワークシート」「知識技能力評価ワークシート」を出力します。

【図表7―36】 職務の評価ワークシート・知識技能力評価ワークシート出力ソフトの概念図

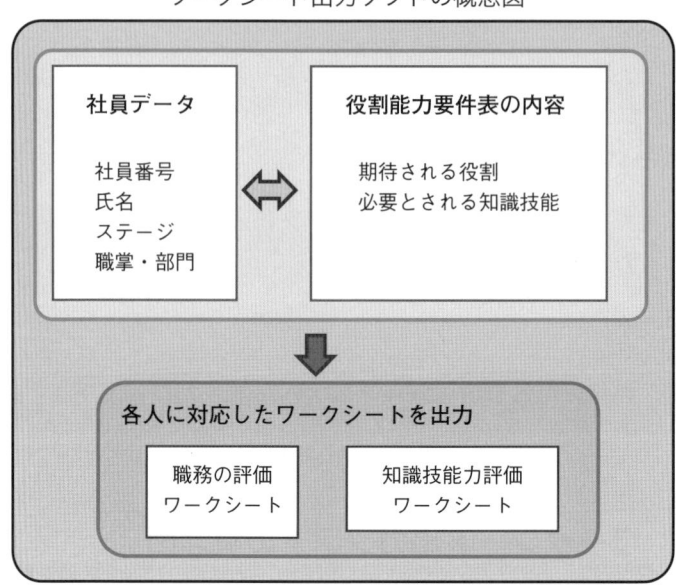

```
┌─────────────────────────────────────────────┐
│  ┌──────────────────┐    ┌──────────────────┐ │
│  │  社員データ      │    │ 役割能力要件表の内容 │ │
│  │                  │⇔  │                  │ │
│  │  社員番号        │    │  期待される役割   │ │
│  │  氏名            │    │  必要とされる知識技能 │ │
│  │  ステージ        │    │                  │ │
│  │  職掌・部門      │    │                  │ │
│  └──────────────────┘    └──────────────────┘ │
│                    ⬇                          │
│  ┌─────────────────────────────────────────┐ │
│  │   各人に対応したワークシートを出力       │ │
│  │  ┌──────────────┐   ┌──────────────┐    │ │
│  │  │ 職務の評価    │   │ 知識技能力評価 │    │ │
│  │  │ ワークシート  │   │ ワークシート  │    │ │
│  │  └──────────────┘   └──────────────┘    │ │
│  └─────────────────────────────────────────┘ │
└─────────────────────────────────────────────┘
```

巻末資料

【別表—1】 役割能力要件表　期待される役割（総務部）

ステージ	事務職 総務部 期待される役割	
ステージ Ⅳ	① チャレンジングな個人目標を設定し、これを達成する ② 部門方針を理解して、定常業務および非定常業務、判断業務を確実・迅速に遂行する ③ チームの一員として、円滑な人間関係を構築し、上司・同僚と協調・協働し、仕事の隙間を埋めたり、他のメンバーをカバーしたりしてチームワークに貢献する ④ 情報の共有と「報告・連絡・相談」を適時、適切に行う ⑤ 業務遂行に必要な一般的知識・技能を修得し、これを自らの仕事に生かし、職場拡充する ⑥ 自己の職責を果たし、部門業績に貢献する ⑦ 社会的責任を自覚し、関係法令や就業規則他社内諸規程を遵守して職務を遂行する ⑧ 社内外の顧客のニーズを把握し、質の高いサービスを提供して顧客の満足を得る ⑨ 担当業務、部門に関して問題を発見・発掘し、改善を行う ⑩ 定常業務・非定常業務について後輩の指導を行う ⑪ 自分の知識・技能を積極的に部門メンバーに伝達し、部門の知識・技能の蓄積・向上に貢献する ⑫ 率先垂範しリーダーシップを発揮する ⑬ 部門計画策定に関して必要な進言を行う ⑭ 部門の運営に関して上司の補佐を行う	① 人事に関する計画・企画立案の補助を行う ② 社内および社外行事の企画・運営を行う ③ 経理または売掛または買掛業務を行う ④ 給与計算のデータ作成、明細のチェックを行う ⑤ 依頼された仕様の内容を理解し、システムの保守・開発を行う（システム担当者） ⑥ 社内の福利施設管理を行う ⑦ 年末調整（所得税）のデータ作成、確認および明細の確認を行う ⑧ 入退社・再雇用手続を行う ⑨ 社外文書作成・届出を行う ⑩ 昇給計算の補助を行う ⑪ 賞与計算の補助を行う ⑫ 労働組合関係の業務を行う（労使協定等） ⑬ 就業規則その他社内規程の見直し・改廃等の補助を行う
ステージ Ⅲ	① チャレンジングな個人目標を設定し、これを達成する ② 部門方針を理解して、定常業務および非定常業務を確実・迅速に遂行する ③ チームの一員として、円滑な人間関係を構築し、上司・同僚と協調・協働し、仕事の隙間を埋めたり、他のメンバーをカバーしたりしてチームワークに貢献する ④ 情報の共有と「報告・連絡・相談」を適時、適切に行う ⑤ 業務遂行に必要な一般的知識・技能を修得し、これを自らの仕事に生かす ⑥ 自己の職責を果たし、部門業績に貢献する ⑦ 社会的責任を自覚し、関係法令や就業規則他社内諸規程を遵守して職務を遂行する ⑧ 社内外の顧客のニーズを把握し、質の高いサービスを提供して顧客の満足を得る ⑨ 担当業務に関して問題を発見し、改善提案を行う ⑩ 定常業務・非定常業務について後輩の指導を行う ⑪ 自分の知識・技能を積極的に部門メンバーに伝達し、部門の知識・技能の蓄積・向上に貢献する ⑫ 率先垂範しリーダーシップを発揮する	① 人事に関する業務を行う ② 社内および社外行事の企画・運営の補助を行う ③ 経理または売掛または買掛業務を行う ④ 給与計算のデータ作成を行う ⑤ 依頼された仕様の内容を理解し、システムの保守・開発の補助を行う（システム担当者） ⑥ 社内の福利施設管理の補助的業務を行う ⑦ 年末調整（所得税）のデータ作成を行う ⑧ 入退社・再雇用手続の補助を行う ⑨ 社外文書作成・届出を行う ⑩ 昇給計算の補助を行う ⑪ 賞与計算の補助を行う ⑫ 労働組合関係の補助的業務を行う（労使協定等）
ステージ Ⅱ	① 設定した個人目標を達成する ② 上長からの指示および定められた業務手順に従い、定常業務および非定常業務を確実・迅速に遂行する ③ チームの一員として、円滑な人間関係を構築し、上司・同僚と協調・協働してチームワークに貢献する ④ 情報の共有と「報告・連絡・相談」を適時、適切に行う ⑤ 業務遂行に必要な基礎的知識・技能を修得する ⑥ 自己の職責を果たし、部門業績に貢献する ⑦ 社会的責任を自覚し、関係法令や就業規則他社内諸規程を遵守して職務を遂行する ⑧ 社内外の顧客に明るく対応し、好印象を与え、顧客と良好な関係を構築する ⑨ 担当業務に関して問題を発見し、上長に報告する ⑩ 定常業務について後輩の指導を行う	① 人事に関する業務を行う ② 社内および社外行事の準備を行う ③ 経理または売掛または買掛業務の補助的業務を行う ④ 給与計算のデータ作成を行う ⑤ 依頼された仕様の内容を理解し、システムの保守・開発の補助を行う（システム担当者） ⑥ 社内の福利施設管理の補助的業務を行う ⑦ 年末調整（所得税）のデータ作成の補助を行う ⑧ 入退社・再雇用手続の補助を行う ⑨ 社外文書作成・届出の補助を行う
ステージ Ⅰ	① 設定した個人目標を達成する ② 上長からの具体的指示および定められた業務手順に従い、定常業務を確実・迅速に遂行する ③ チームの一員として、円滑な人間関係を構築し、上司・同僚と協調・協働してチームワークに貢献する ④ 情報の共有と「報告・連絡・相談」を適時・適切に行う ⑤ 業務遂行に必要な基礎的知識・技能を修得する ⑥ 自己の職責を果たし、部門業績に貢献する ⑦ 社会的責任を自覚し、関係法令や就業規則他社内諸規程を遵守して職務を遂行する	① 人事に関する補助的業務を行う ② 社内および社外行事の準備を行う ③ 経理または売掛または買掛業務の補助的業務を行う ④ 給与計算のデータ作成の補助を行う ⑤ システムの保守・開発に必要な知識を修得する（システム担当者） ⑥ 社内の福利施設管理の補助的業務を行う

【別表―2】 役割能力要件表　必要とされる知識技能（総務部）

ステージ	事務職	
	総務部	
	必要とされる知識技能	
ステージ Ⅳ	① 業務に関する一般知識 ② ビジネスマナーの基礎知識 ③ 就業規則等の一般知識 ④ 関係法令に関する一般知識 ⑤ ISO9001の基礎知識 ⑥ 当社の概要に関する基礎知識 ⑦ 5Sに関する基礎知識 ⑧ 文書報告書作成に関する一般知識 ⑨ 個人目標設定に関する基礎知識 ⑩ 問題発見問題解決技法に関する一般知識 ⑪ OJT後輩指導に関する基礎知識 ⑫ 政治・経済・社会に関する基礎知識 ⑬ OA機器とその操作に関する基礎知識 ⑭ 労働基準法に関する基礎知識 ⑮ マネジメントに関する基礎知識	① 人事に関する一般知識 ② 経理、売掛、買掛に関する基礎知識 ③ 所得税・住民税に関する一般知識 ④ 賃金に関する一般知識 ⑤ 社内システムに関する一般知識 ⑥ システムの保守・開発に関する高度知識（システム担当者） ⑦ 社会保険・労働保険に関する一般知識 ⑧ 労働基準法に関する一般知識 ⑨ 退職金に関する基礎知識 ⑩ 労働組合に関する基礎知識
ステージ Ⅲ	① 業務に関する一般知識 ② ビジネスマナーの基礎知識 ③ 就業規則等の基礎知識 ④ 関係法令に関する一般知識 ⑤ ISO9001の基礎知識 ⑥ 当社の概要に関する基礎知識 ⑦ 5Sに関する基礎知識 ⑧ 文書報告書作成に関する基礎知識 ⑨ 個人目標設定に関する基礎知識 ⑩ 問題発見問題解決技法に関する基礎知識 ⑪ OJT後輩指導に関する基礎知識 ⑫ 政治・経済・社会に関する基礎知識	① 人事に関する基礎知識 ② 経理、売掛、買掛に関する基礎知識 ③ 所得税・住民税に関する一般知識 ④ 賃金に関する一般知識 ⑤ 社内システムに関する一般知識 ⑥ システムの保守・開発に関する一般知識（システム担当者） ⑦ 社会保険・労働保険に関する基礎知識 ⑧ 労働基準法に関する基礎知識 ⑨ 退職金に関する基礎知識 ⑩ 労働組合に関する基礎知識
ステージ Ⅱ	① 業務に関する一般知識 ② ビジネスマナーの基礎知識 ③ 就業規則等の基礎知識 ④ 関係法令に関する基礎知識 ⑤ ISO9001の基礎知識 ⑥ 当社の概要に関する基礎知識 ⑦ 5Sに関する基礎知識 ⑧ 文書報告書作成に関する基礎知識 ⑨ 個人目標設定に関する基礎知識 ⑩ 問題発見問題解決技法に関する基礎知識 ⑪ OJT後輩指導に関する基礎知識	① 人事に関する基礎知識 ② 経理、売掛、買掛に関する基礎知識 ③ 所得税・住民税に関する基礎知識 ④ 賃金に関する基礎知識 ⑤ 社内システムに関する一般知識 ⑥ システムの保守・開発に関する一般知識（システム担当者） ⑦ 社会保険・労働保険に関する基礎知識 ⑧ 労働基準法に関する基礎知識
ステージ Ⅰ	① 業務に関する基礎知識 ② ビジネスマナーの基礎知識 ③ 就業規則等の基礎知識 ④ 関係法令に関する基礎知識 ⑤ ISO9001の基礎知識 ⑥ 当社の概要に関する基礎知識 ⑦ 5Sに関する基礎知識 ⑧ 文書報告書作成に関する基礎知識 ⑨ 個人目標設定に関する基礎知識	① 人事に関する基礎知識 ② 経理、売掛、買掛に関する基礎知識 ③ 所得税・住民税に関する基礎知識 ④ 賃金に関する基礎知識 ⑤ 社内システムに関する基礎知識 ⑥ システムの保守・開発に関する基礎知識（システム担当者）

【別表—3】 必要とされる知識技能の具体的内容（全職掌共通）

	知識技能項目	基礎知識	一般知識	高度知識	参考図書
1	業務に関する知識	各部門・各職務に定められた「日常反復して行っている」定常業務の手順	各部門・各職務に定められた非定常型（突発的であるがある程度やり方が決まっている）業務の手順		各部門のマニュアル、作業標準書
2	ビジネスマナーの知識	社会人としての心構え・身だしなみ・挨拶・言葉使い・電話応対			「〇〇〇〇」□□△△著
3	就業規則等の知識	就業規則・各種届出用紙	給与規程・ステージ制度運用規程等人事管理制度関連規程		就業規則、人事制度関連規程
4	関係法令に関する知識	道路交通法、労働安全衛生法、個人情報保護法、男女雇用機会均等法、PL法（製造物責任法）等の法律の概要がわかる	道路交通法、労働安全衛生法、個人情報保護法、男女雇用機会均等法、PL法（製造物責任法）等の内容がわかる		「〇〇〇〇」□□△△著
5	ISO9001の知識	ISO9001の理念・品質方針・ISO9001の概要			当社『品質マニュアル』
6	当社の概要に関する知識	経営理念・創業・沿革・資本金・社員数・売上高・営業品目・組織・主要販売先・当社製品			会社案内 ホームページ 経営計画
7	5Sに関する知識	5Sの定義・進め方・効果			「〇〇〇〇」□□△△著
8	文書報告書作成に関する知識技能	社内文　議事録	社外文		「〇〇〇〇」□□△△著
9	個人目標設定に関する知識	個人目標制度運用規程、目標設定の5つのアプローチ			新人事制度解説書、個人目標制度運用規程
10	問題発見問題解決技法に関する知識	QC7つ道具・新QC7つ道具	QC7つ道具・新QC7つ道具を利用できる		「〇〇〇〇」□□△△著
11	OJT後輩指導に関する知識	OJTとは、OJTの進め方			「〇〇〇〇」□□△△著
12	政治・経済・社会に関する知識	一般新聞をほぼ読みこなせる程度			一般新聞、電子ニュース
13	OA機器とその操作に関する知識	メール・Word・Excelの基本操作ができる			「〇〇〇〇」□□△△著
14	労働基準法に関する知識	36協定（時間外労働・休日）労働時間・年次有給休暇など職場で必要な法規が一定程度理解できる			「〇〇〇〇」□□△△著
15	マネジメントに関する知識	リーダーシップ、コミュニケーション、PDCA、管理職の役割			「〇〇〇〇」□□△△著

【別表—4】 必要とされる知識技能の具体的内容（総務部）

	知識技能項目	基礎知識	一般知識	高度知識	参考図書
1	人事に関する知識	人事制度関連規程、および人事制度解説書の基本を理解している	人事制度関連規程、および人事制度解説書を理解している		人事制度関連規程
2	経理、売掛、買掛に関する知識	仕訳伝票作成等で必要な勘定科目の知識がある			「〇〇〇〇」□□△△著
3	所得税・住民税に関する知識	「源泉徴収のあらまし」「年末調整のしかた」の基本を理解している	「源泉徴収のあらまし」「年末調整のしかた」を理解している		「源泉徴収のあらまし」「年末調整のしかた」
4	賃金に関する知識	就業規則、給与規程、給与計算の基本等を理解している	就業規則、関係規程および給与計算等を理解している		就業規則、給与規程、昇給管理規程、賞与管理規程
5	社内システムに関する知識	担当業務の社内システムの操作ができる	担当業務の社内システムを理解し、指導できる		社内システム端末メニュー画面
6	システムの保守・開発に関する知識	開発言語を理解している（システム担当者）	システムを理解している（システム担当者）	システムの構築ができる（システム担当者）	
7	社会保険・労働保険に関する知識	社会保険・労働保険の基本的な届出および手続きができる	社会保険・労働保険の特殊な届出および手続きができる		「社会保険事務便覧」「雇用保険のしおり」日本年金機構・労働局等のホームページ
8	労働基準法に関する知識	36協定（時間外労働・休日）労働時間・年次有給休暇など職場で必要な法規が一定程度理解できる	労働基準法全般がわかる		「〇〇〇〇」□□△△著
9	退職金に関する知識	退職金規程			退職金規程
10	労働組合に関する知識	労働協約、関係書類および資料の作成			労働協約

【別表—5】 役割能力要件表（監督職—係長）

ステージ	監督職	
	係 長	
	期待される役割	必要とされる知識技能
ステージ Ⅲ・Ⅳ	所属する部門・職掌のステージⅢ・Ⅳに期待される役割に加えて ① 社長方針、経営計画を理解し、部署目標達成のための実行計画を作成し、実行する ② 部署目標を部署内に周知させる ③ 部署内の人員配置の段取りを行う ④ 率先垂範しリーダーシップを発揮する ⑤ 他部署との調整を行う ⑥ 出席が必要な会議に出席し、他部署にも伝えるべき情報をまとめ、報告する。会議の内容を部署内に伝える ⑦ 部下が対応できない例外、突発的な事項の対処を行う ⑧ 出勤簿の管理を行う	所属する部門・職掌のステージⅢ・Ⅳに必要とされる知識

【別表—6】 役割能力要件表（管理職—課長）

ステージ	管理職	
	課 長	
	期待される役割	必要とされる知識技能
ステージ Ⅴ・Ⅵ	① 経営トップおよび上位部門の方針戦略を理解し、担当する課の機会損失の少ない目標を策定する ② 担当する課の目標の達成状況を管理し、構成員を動機づけながら達成する ③ 部門内の人員配置の段取りを行う ④ 他部門との調整を行う ⑤ 出席が必要な会議に出席し、他部門に伝えるべき情報をまとめ、伝える。会議の内容を部門内に伝える ⑥ 部下が対応できない例外、突発的な事項の対処を行う ⑦ 出勤簿の管理を行う ⑧ 部下の個人目標のチェック、フォロー、評価、フィードバックを行う ⑨ 部下の人事評価を適正に行い、必要なフィードバックを行う ⑩ 社内外関係者との情報交換と同時に人的ネットワークの構築を行う ⑪ 部下および上司とのコミュニケーションを円滑に行い、働きやすい職場風土を作る ⑫ 部下の能力・特性に応じたOJTを行い、部下を育成する ⑬ 的確な指示で部下を動かし、また部下をサポートする	所轄する部署・職掌のステージⅣに必要とされる知識技能に加えて ① 政治・経済・社会全体に関する基礎知識 ② 労務管理に関する基礎知識 ③ 評価に関する基礎知識

【別表—7】 必要とされる知識技能の具体的内容（管理職—課長）

	知識技能項目	知識技能の具体的内容	参考図書
	所轄する部署・職掌のステージⅣに必要とされる知識技能に加えて		
1	政治・経済・社会全体に関する知識	一般新聞、日本経済新聞を読みこなし、得た情報から敏感に変化を読み取り所属部門の戦略に活用できる	一般新聞
2	労務管理に関する知識	賃金・解雇・残業・休日出勤・年次有給休暇・育児・介護休暇など労働基準法で定められていることを理解しており、日常起こり得る様々な労務管理上の問題を事前に予防し、もしくは起こった問題について適切な解決法を知っている	「○○○○」□□△△著
3	評価に関する知識	評価の手順、評価エラー、評価の心構え、フィードバック、評価項目の意味等の理解	「○○○○」□□△△著

【別紙―1】 部門業績評価表

部門業績評価表

年　　期

部門業績評価項目	ウェイト	番号	目標項目	ウェイト	達成基準	実施方法	結果	結果評価 自己評価	結果評価 第一次評価	結果評価 委員会評価	得点
部門名						経営企画課				部門責任者名	
部門重点施策	45	1									
		2									
		3									
		4									
		5									
定常業務の質と量	25		『定常業務の質と量』評価用紙で評価								
他部門への支援度	10		『他部門への支援度』評価用紙で評価								
全社売上高目標達成率	10		全社売上高目標		千円		全社売上高実績	千円	全社売上高目標達成率	%	
全社営業利益目標達成率	10		全社営業利益目標		千円		全社営業利益実績	千円	全社営業利益目標達成率	%	
計											

【別紙—2】 定常業務の質と量　評価表

番号	業務項目	業務項目の具体的内容	遂行結果検討 / 評価に影響する具体的事実	自己評価
1				
2				
3				
4				
5				
6				
7				
8				
9				
10				
11				
12				
13				
14				
15				
自己評価総合				
第一次評価				
評価委員会評価				

【別紙—3】 他部門への支援度　評価表

遂行結果検討 / 評価に影響する具体的事実	自己評価
第一次評価	
評価委員会評価	

【別紙―4】 個人目標シート

個人目標シート （　年　　期）	区分	目標項目	ウェイト	達成基準	実施方法	中間時 進捗状況	結　果	評価 本人／一次／二次			評価 得点
所属 ステージ								本人	一次	二次	
職位 氏名	1										点
計画時　年　月　日 一次／二次	2										点
中間時　年　月　日 一次／二次	3										点
評価時　年　月　日 一次／二次	4										点
	5										点
上司への要望事項							上司への了解事項		得点合計		点

【別紙―5】 業績評価表（役割期待シート）

年期 業績評価		所属	商品開発課	職位	III		第一次評価者 ◇◇◇◇				
		ステージ		氏名	○○○○		第二次評価者 □□□□				
評価項目	ウェイト	評価項目の定義	上司が特に期待すること（上司記入）	本人確認	中間時進捗状況（本人記入）	結果（本人記入）	評価 本人	評価 一次	評価 二次	評価得点
---	---	---	---	---	---	---	---	---	---	---
個人目標	30	個人目標の評価結果								
部門業績	10	部門業績の評価結果		○○						
顧客満足性	10	社内外の顧客に明るく対応して好印象を与えており、またそれらの人々のニーズを的確に把握し、質の高いサービス（顧客の期待を上回るサービス、提案、すばやいアクション等）を提供して、顧客の満足を得ていたかを評価する項目	要点をついた話ができなくて、お客様がイライラすることがある	○○						
報告連絡	5	指示事項の結果報告は適時・適切に行われていたか、業務上の連絡は適時・適切に行われていたかを評価する項目	報告は先に結論を言うなど手短に的確に行うこと	○○						
チームワーク	5	円滑な人間関係をベースに、上司・同僚と協調・協働して、仕事の隙間を埋めたり、他のメンバーを助けたり、カバーしたりして、組織の構成員として組織業績拡大に積極的に貢献していたかを評価する項目	△△君について、できないところがあれば、気を利かせて助けてやってほしい。カバーしてほしい	○○						
能力開発	10	職務関連知識・技能の開発を自主的に行い、それを自らの仕事に生かして職務拡充を図り勉強していたかを評価する項目	原価計算関連知識の習得は良い目標だ。自分の意思を的確に伝える話し方についてもう少し勉強する必要がある	○○						
達成志向性	10	個人目標の設定において、チャレンジングな目標を設定し、それを最終的に達成するまで諦めずに粘り強く取り組み、様々な方法を駆使して質的あるいは量的に目標以上の成果を目指して取り組んでいるかを評価する項目	個人目標は部門目標に沿ったものであり、チャレンジングである。達成に向かって粘り強く頑張ってほしい	○○						
知識伝達	10	自らが獲得した知識・技能を自分だけのものとしまい込んでしまわずに、積極的に部門内外の関係者に伝達し、組織全体の知識蓄積・知識向上に貢献したかを評価する項目	営業との月1回の新商品勉強会は引き続き○○君が中心になって行ってほしい。△△君の指導を頼む	○○						
課題形成	10	会社および部門の運営、自分の業務について、常に問題意識、当事者意識をもって当たり、問題を発見・発掘しているか、必要な情報は感度良く収集し、分析しているか、機会損失のない部門計画や提案を行っているかを評価する項目	商品開発は提案が命である。その点で物足りない。様々なことに好奇心を持って、もっと提案をしてもらいたい	○○						
職場規律	—	職場規律を守っているかを評価する項目（減点）	特になし	○○						
							得点合計			

フィードバック面接　　　年　月　日　　本人　　　　　　印

【別紙―6】 チャレンジ加点申告書（プロジェクト加点申告書）

_____年　　プロジェクト加点申告書

プロジェクト名		プロジェクトリーダー	

プロジェクトの期間	プロジェクトで達成した内容	自己評価	委員会評価
プロジェクトの開始 　年　月　日 プロジェクトの完了 　年　月　日			

プロジェクトメンバー

プロジェクトでの役割	氏　名	ステージ	所　属	貢献の程度	加　点
リーダー					

※　各人の加点はプロジェクトの内容に基づく加点を上回らないものとする。
　　プロジェクトの内容に基づく加点がBランク、5点であった場合は、各人の加点は5点以下になる。
　　当然、貢献度が低い場合は、メンバーであっても加点はないこともある。

【別紙—7】 チャレンジ加点申告書（パーソナル加点申告書）

_____年　　パーソナル加点申告書

部門		ステージ		氏名	

当期、あなたが上げた成果について、チャレンジ加点（パーソナル加点）事項があれば申告してください。

	内　容	自己評価	一次評価	委員会評価
1				
2				

一次評価者所見

一次評価者	

【別紙─8】 チャレンジ加点申告書（エクセレント加点申告書）

_____年　　エクセレント加点申告書

部門		ステージ		氏名	

当期、あなたが上げた成果について、チャレンジ加点（エクセレント加点）事項があれば申告してください。

	目　標	実　績	達成率	合算達成率	自己評価	委員会評価
売上高	百万円	百万円	％	％		
粗利益						

一次評価者所見

一次評価者	

【別紙—9】 能力評価用紙

年度
能力評価

社員番号		ステージ	職位	職掌
氏名			所属	

	評 価		コメント
	一次評価	二次評価	
知識技能力評価			

				一次評価	二次評価
職務の評価		5	現在本人が担当している職務は、本人のステージより上回っている		
		4	現在本人が担当している職務は、本人のステージよりやや上回っている		
		3	現在本人が担当している職務は、本人のステージに見合っている		
		2	現在本人が担当している職務は、本人のステージよりやや下回っている		
		1	現在本人が担当している職務は、本人のステージより下回っている		
昇格の可能性の評価		5	上位ステージへ昇格するための能力は十分備わっている		
		4	上位ステージへ昇格するための能力はほぼ備わっている		
		3	上位ステージへ昇格するための能力は備わってきつつある		
		2	上位ステージへ昇格するための能力は現状やや不十分である		
		1	上位ステージへ昇格するための能力は現状不十分である		

本人が希望する職務	今後経験させたい職務	能力開発必要点

一次評価者	二次評価者
印	印

【別紙―10】 職務の評価　ワークシート

職務の評価ワークシート

社員番号		ステージ	I	職位		職掌	事務職
氏　名				所属	総務部	評価者	

番号	期待される役割	自己評価	上司評価
1	設定した個人目標を達成する		
2	上長からの具体的指示および定められた業務手順に従い、定常業務を確実・迅速に遂行する		
3	チームの一員として、円滑な人間関係を構築し、上司・同僚と協調・協働してチームワークに貢献する		
4	情報の共有と「報告・連絡・相談」を適時・適切に行う		
5	業務遂行に必要な基礎的知識・技能を修得する		
6	自己の職責を果たし、部門業績に貢献する		
7	社会的責任を自覚し、関係法令や就業規則他社内諸規程を遵守して職務を遂行する		
8	人事に関する補助的業務を行う		
9	社内および社外行事の準備を行う		
10	経理または売掛または買掛業務の補助的業務を行う		
11	給与計算のデータ作成の補助を行う		
12	システムの保守・開発に必要な知識を習得する（システム担当者）		
13	社内の福利施設管理の補助的業務を行う		
14			
15			
16			
17			
18			
19			
20			
21			
22			
23			
24			
25			
26			
27			
全体評価		—	

期待される役割　各項目の評価
　　できている ⇒ ◎　　ほぼできている ⇒ ○　　もう一歩 ⇒ △　　ほとんどできていない ⇒ ×

全体評価
　　現在本人が担当している職務は、本人のステージより
　　上回っている⇒ 5　　やや上回っている⇒ 4　　見合っている⇒ 3　　やや下回っている⇒ 2　　下回っている⇒ 1

【別紙—11】 知識技能力評価　ワークシート

知識技能力評価ワークシート

社員番号		ステージ	Ⅰ	職　位		職　掌	事務職
氏　名				所　属	総務部	評価者	

番号	必要とされる知識技能	自己評価	上司評価
1	業務に関する基礎知識		
2	ビジネスマナーの基礎知識		
3	就業規則等の基礎知識		
4	関係法令に関する基礎知識		
5	ISO9001の基礎知識		
6	当社の概要に関する基礎知識		
7	5Sに関する基礎知識		
8	文書報告書作成に関する基礎知識		
9	個人目標設定に関する基礎知識		
10	人事に関する基礎知識		
11	経理、売掛、買掛に関する基礎知識		
12	所得税・住民税に関する基礎知識		
13	賃金に関する基礎知識		
14	社内システムに関する基礎知識		
15	システムの保守・開発に関する基礎知識（システム担当者）		
16			
17			
18			
19			
20			
21			
22			
23			
24			
25			
26			
27			
28			
29			
全体評価（全体評価のみ 0.5 刻みの評価を認める）		―	

期待通りのレベルで保有している ⇒ 5　ほぼ期待通りのレベルで保有している ⇒ 4
必要最低限の基本的レベルで保有している ⇒ 3　ほとんど保有していない ⇒ 2　まったく保有していない ⇒ 1

【別紙—12】 全社員の賃金データ

社員番号	社員名	男女	生年月日	入社年月日	部門	役職	等級	号	賃金 基本給	賃金 ○○手当	賃金 ○○手当	賃金 ○○手当	賃金 ○○手当	賃金 合計	賞与 ○年夏期	賞与 ○年冬期	昇給	年収	時間外 時間	時間外 手当

【別紙—13】 インタビューの案内

　　　　　　　　　　　　　　　　　　　　　　　　　　年　月　日
　_____殿

　　　　　　　　　インタビューの実施について

　　　　　　　　　　　　　　　　　　　　　　　　　　　　社　長

　今般、当社では社員人事制度の見直しを行うことになり、これを効果的・効率的に行うため○○○○にお手伝いしていただくことになりました。
　人事制度は、皆さん方の仕事や処遇に直結するだけに、当社の風土に合ったものにする必要があります。当社の風土や皆さん方の考えをよく把握するために、インタビューを実施することになりました。インタビューは本来全員に行いたいのですが、日程の都合上、一部の方に実施することになりましたのでご了承ください。
　あなたのインタビューは次の通りの日時ですので、よろしくお願いします。

氏　名	インタビューの日	インタビューの時間	インタビューを受ける場所
	月　日（　）	：　〜　：	

　　　※　時間は若干前後することがあります。
　　　　　もし、その日時に都合が悪い場合は、早めに申し出てください。

インタビューを受けるにあたって、気をつけていただきたいことは次の通りです。
① インタビューのために特に用意することはありません。
② コンサルタントの質問には率直に意見を述べてください。
③ 日頃、仕事のこと、職場のことについて思っていることを何なりとコンサルタントにお話していただいて結構です。
④ 話の内容はコンサルタント以外の人に漏れる心配はまったくありません。

　　　　　　　　　　　　　　　　　　　　　　　　　　　　以　上

【別紙—14】 インタビュースケジュール—1

	場所	9:00〜10:30	10:30〜12:00	13:00〜14:30	14:30〜16:00	16:00〜17:30
	月 日（ ）					
1	月 日（ ）					
2	月 日（ ）					
3	月 日（ ）					
4	月 日（ ）					
5	月 日（ ）					
6	月 日（ ）					

インタビュー スケジュール―1

【別紙―15】 インタビュースケジュール―2

	場　所	9:00〜10:00	10:00〜11:00	11:00〜12:00	13:00〜14:00	14:00〜15:00	15:00〜16:00	16:00〜17:00
	月　日　（　）							
1								
2								
3								
4								
5								
6								

インタビュー スケジュール―2

【別紙—16】 議事録

プロジェクト名称		人事制度再構築プロジェクト（第○回）			
開催日		○○年○月○○日（○）	時間	○○:○○〜○:○○	
議　題			場　所		
配付資料			議事録作成		
次回開催			事務局		
次回までの宿題			コンサルタント		

	プロジェクトメンバー			出欠		プロジェクトメンバー			出欠
1	(部門)	(氏名)	(役職)		8				
2					9				
3					10				
4					11				
5					12				
6					13				
7					14				

摘録欄（決定事項を重点に的確に記述する）

※　2枚目以降

摘録欄（決定事項を重点に的確に記述する）

【別紙—17】 業績評価項目とウェイト　ワークシート

【基本項目】

区分		個人目標	部門業績	計	役割期待													計	総合計
					正確度	迅速度	報告連絡相談	チームワーク	能力開発	知識伝達	問題発見提案	上司の補佐	リーダーシップ	課題形成	人材育成	人事管理	組織運営			
Ⅸ	本部長			0															0	0
Ⅷ	本部長			0															0	0
	部長			0															0	0
	専門職			0															0	0
Ⅶ	部長			0															0	0
	課長			0															0	0
	専門職			0															0	0
Ⅵ	課長			0															0	0
	専門職			0															0	0
Ⅴ	課長代理			0															0	0
	係長			0															0	0
	技術職			0															0	0
	営業職			0															0	0
	事務職			0															0	0
Ⅳ	係長			0															0	0
	職長			0															0	0
	技術職			0															0	0
	営業職			0															0	0
	事務職			0															0	0
Ⅲ	職長			0															0	0
	技術職			0															0	0
	営業職			0															0	0
	事務職			0															0	0
Ⅱ	技術職			0															0	0
	営業職			0															0	0
	事務職			0															0	0
Ⅰ	技術職			0															0	0
	営業職			0															0	0
	事務職			0															0	0

【別紙―18】 新規に設定する業績評価項目

5	
4	
3	
2	
1	

【別紙―19】 部門業績評価項目とウェイト　ワークシート

										合計
										0
										0
										0
										0
										0
										0
										0
										0
										0
										0

【別紙—20】 部門業績の把握方法　ワークシート

部門業績評価項目	部門業績の把握方法

【別紙—21】 部門業績評価基準　ワークシート

部門業績評価項目	評価基準					
	6	5	4	3	2	1

【別紙—22】 全職掌共通・期待される役割マトリックス表

全職掌共通・期待される役割マトリックス表

役割項目	ステージⅠ	ステージⅡ	ステージⅢ	ステージⅣ
1				
2				
3				
4				
5				
6				
7				
8				
9				
10				

【別紙—23】 全職掌共通・必要とされる知識技能マトリックス表

知識技能項目	ステージⅠ	ステージⅡ	ステージⅢ	ステージⅣ
1				
2				
3				
4				
5				
6				
7				
8				
9				
10				

全職掌共通・必要とされる知識技能マトリックス表

【別紙—24】 全職掌共通・必要とされる知識技能の具体的内容

知識技能項目	基礎知識	一般知識	高度知識	参考図書
1				
2				
3				
4				
5				
6				
7				
8				
9				
10				

全職掌共通・必要とされる知識技能の具体的内容

【別紙—25】 職掌固有・期待される役割マトリックス表

職掌名	部門名		職掌固有・期待される役割マトリックス表	
役割項目	ステージI	ステージII	ステージIII	ステージIV
1				
2				
3				
4				
5				
6				
7				
8				
9				
10				

【別紙—26】 職掌固有・必要とされる知識技能マトリックス表

職掌名　　　　　部門名											
職掌固有・必要とされる知識技能マトリックス表	ステージⅠ										
	ステージⅡ										
	ステージⅢ										
	ステージⅣ										
知識技能項目	1	2	3	4	5	6	7	8	9	10	

【別紙―27】 職掌固有・必要とされる知識技能の具体的内容

職掌名＿＿＿＿＿＿　部門名＿＿＿＿＿＿

知識技能項目	職掌固有・必要とされる知識技能の具体的内容			
	基礎知識	一般知識	高度知識	参考図書
1				
2				
3				
4				
5				
6				
7				
8				
9				
10				

【別紙―28】 現行人事制度と新人事制度の変更点

		現行人事制度と新人事制度の主な変更点	
番号	項　目	現　行	新
1			
2			
3			
4			
5			
6			
7			
8			
9			
10			

【別紙—29】　部門目標分担マトリックス表

部門名＿＿＿＿＿＿＿＿

部門重点施策	○○課長	鈴木	近藤	林	上田	
1						
2						
3						
4						
5						

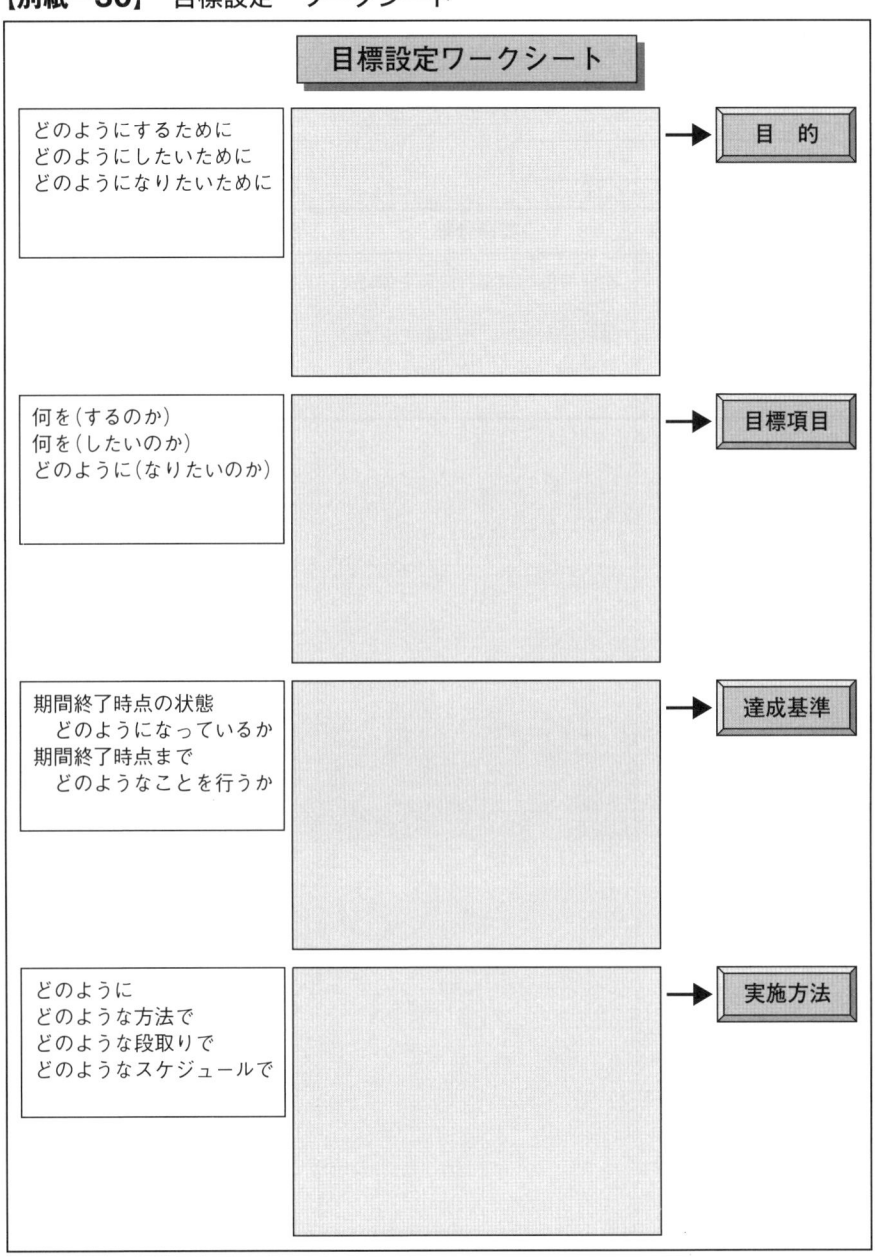

【別紙―30】 目標設定 ワークシート

目標設定ワークシート

記入観点	記入欄	項目
どのようにするために どのようにしたいために どのようになりたいために		→ 目 的
何を（するのか） 何を（したいのか） どのように（なりたいのか）		→ 目標項目
期間終了時点の状態 　どのようになっているか 期間終了時点まで 　どのようなことを行うか		→ 達成基準
どのように どのような方法で どのような段取りで どのようなスケジュールで		→ 実施方法

【別紙—31】 部門の目的設定　ワークシート（その1）

年　月　日

部門の目的設定ワークシート（その1）

部門名　　　　　　　　　　　　　氏　名

大切にしたい価値観	業務分掌	顧客の期待
自分の部門にとって大切な価値観は何ですか。	自分の部門の業務分掌を挙げてください。業務分掌とは、その部門が行うべきこと、その部門に期待されている役割をいいます。	自分の部門にとっての顧客とは誰を指しますか。その顧客は自分の部門に何をしてほしいと期待しているのですか。

【別紙—32】 部門の目的設定　ワークシート（その2）

年　　月　　日

部門の目的設定ワークシート（その2）

部門名 ｜　　　　　　　　　　　　　　　　氏　名 ｜

　組織は『共通の目的』『協働意欲』『コミュニケーション』の3つの要素で成立するといわれています。したがって、組織には必ず『目的』があります。組織を作ろうとするときに「何をする組織なのか」は考えているはずです。この「何をするのか」が「目的」です。部門の業務分掌は、部門が行うことを列挙していますが、これは必ずしも「目的」を表わしているとは限りません。多くは組織の「目的」を実現するための「手段」が列挙されています。部門の目的とは、これら「手段」を実施して実現しようとする「何か」なのです。基本的には、経営理念と経営戦略から、その部門に期待される役割、部門の使命（ミッション）が導き出されます。この役割、使命（ミッション）がその部門の目的です。また部門の目的を見つける時、次の3つのアプローチも有効です。試してみてください。そしてその部門の目的を的確に設定してください。
1　価値観からのアプローチ
2　業務分掌からのアプローチ
3　顧客の期待からのアプローチ

経営理念　｜　経営戦略

価値観からのアプローチ

部門にとって大切な価値観、今後大切にしたい価値観が明確になりました。それでは、そもそもこれら価値観を守り、大切にしようとするのは「何」のためなのですか。「何」をするために必要なのですか。この「何」が部門の目的です。

業務分掌からのアプローチ

部門の業務分掌は、部門が行うことを列挙していますが、これは必ずしも「目的」を表わしているとは限りません。多くは組織の「目的」を実現するための「手段」が列挙されています。部門の目的とは、これら「手段」を実施して実現しようとする「何か」なのです。

顧客の期待からのアプローチ

部門にとっての顧客とは誰を指しますか。
その顧客は部門に何をしてほしいと期待しているのですか。
顧客満足の観点から、部門の目的を見つけてください。

部門に期待される役割　｜　部門の使命（ミッション）

部門の目的

索引

※ 太字は主に説明してある箇所。

あ	新しい評価観	72
い	移行格付け	137 269
	一次評価	80
	一般社員の成果	64
	インストラクター・マニュアル	24 26
	インタビュー	186
	インタビューの案内	188 396
	インタビュースケジュール	188 397
う	運用指導	371
	運用ソフト	374
え	衛生要因	58
	エクセレント加点	103 391
	X理論	85
か	会社としての評価	337
	外発的動機づけ	83
	家族手当	213
	課題解決の施策	198
	課題形成	57 69
	加点	75
	管理職に期待される役割	55 310
	管理職の成果	55 60
	管理職 必要とされる知識技能	311
	管理職 必要とされる知識技能の具体的内容	311
き	企画書	172
	議事録	249 399
	期待される役割	46 48 160
	期待される役割チェックシート	357
	基本業務	67
	基本構想	200
	基本昇給額	143
	基本賞与	151 217
	基本賃金	211
	給与規程	242 247 270 284
	教育研修制度	209
	教育研修制度運用規程	284
	狭義の評価	71 72
	業績賞与	151 154
	業績賞与指数	151
	業績評価	50 66 162
	業績評価項目とウェイト	65 67 259 400
	業績評価制度運用規程	242 247 259 284
	業績評価得点の計算	77

※ 太字は主に説明してある箇所。

	業績評価表（役割期待シート）	70 **388**
	共通の目的	92
	協働意欲	92
く	グレーゾーン	331 334 **362**
け	ケース作成の手順	351
	経営課題	195
	経営目標	160
	経営計画	161
	経営トップ	238 248 **276** 277
	経営理念	160
	現行人事制度と新人事制度の主な変更点	273 324 **409**
	減点項目	76
こ	降格	109 **123**
	広義の評価	71 **72**
	個人目標	67 **82** 161
	個人目標シート	84 **387**
	個人目標制度運用規程	242 247 255 **284**
	個人目標設定研修	352
	個人目標設定指導研修	343
	個人目標実践研修	368
	コミュニケーション	59 **92**
	コンサルタント	19 **27** 29 37 276
	コンサルタントの役割	276
	コンサルティング	20 **27**
さ	財務分析	227
し	時間外勤務割増手当	214
	資金調達・運用表	229
	自己実現	59 **82**
	仕事の焦点化	87
	自己評価	359
	シミュレーション	283
	事務局	236 **247**
	社員構成	202
	社会保険労務士（社労士）	29 **31** 167
	若年層の昇給	148
	就業規則	284
	春眠不覚暁	196
	情意考課	208
	昇格	20 **117** 163 205
	昇格可能性の評価	116 **163**
	昇格基準	119
	昇格昇給	149 **215**
	昇給	142 **163** 215
	昇給管理規程	242 247 **271** 284
	昇給計算	142
	昇給原資	148

※ 太字は主に説明してある箇所。

	昇給評価	52
	昇給評価得点の計算	143
	賞与	150　163　**217**
	賞与管理規程	242　247　**284**
	賞与算定基礎額	151　**153**
	賞与評価	**52**
	職位手当	**136**
	処遇システム	**117**
	職掌	46　**294**
	職掌固有・期待される役割マトリックス表	257　304　**406**
	職掌固有・必要とされる知識技能マトリックス表	257　306　**407**
	職掌固有・必要とされる知識技能の具体的内容	257　307　**408**
	職能資格手当	**214**
	職能本給	**211**
	職場規律	75　**162**
	職務調査	**291**
	職務の評価	50　**104**　163
	職務の評価　ワークシート	111　340　365　**393**
	職務の割当	**106**
	審査	**122**
	人事考課	**207**
	人事評価	**278**
	人事の基本ファクター	**42**
	新人事制度解説書	273　**285**
	新人事制度諸規程	273　**284**
	新人事制度説明会	**324**
す	ステージ	**45**
	ステージ係数	**145**
	ステージ呼称	136　**269**
	ステージ制度	**45**
	ステージ制度運用規程	242　247　269　**284**
	ステージ手当	**135**
	ステージと職掌・職位の関係表	46　136　**308**
せ	成果主義	**42**
	成果とは	**54**
	成績賞与	**217**
	成績考課	**208**
	絶対評価	**148**
	説明会	**324**
	セミナー	**168**
	セルフコントロール	**82**
	全社員の賃金データ	184　202　218　**395**
	全職掌共通・期待される役割マトリックス表	254　295　**403**
	全職掌共通・必要とされる知識技能マトリックス表	254　298　**404**
	全職掌共通・必要とされる知識技能の具体的内容	254　300　**405**
	専門職　期待される役割	**312**

※ 太字は主に説明してある箇所。

	専門職　必要とされる知識技能	312
	専門職　必要とされる知識技能の具体的内容	312
そ	総額人件費管理	21　227
	粗業績賞与	154
	組織活性化	56
	組織成立の三要素	92
	損益分岐点	228
た	退職金	156　163　223
	退職金規程	242　247　**271**　284
	大切にすべき価値観	160
	達成志向性	69　90
	他部門への支援度	97　386
	多忙への逃避	196　348
ち	知識技能の具体的内容	300　307　382　383
	知識技能力評価	50　**112**　163
	知識技能力評価　ワークシート	115　341　365　394
	チャレンジ加点	75　99　162
	チャレンジ加点申告書	389　390　391
	チャレンジ加点制度運用規程	242　247　**267**　284
	中小企業診断士	27　29　167
	調査概要	194
	調整手当	140　273
	著作	169
	賃金構成	124
	賃金水準	218
	賃金制度	210
	賃金組替	138　271
	賃金表	127
て	定期昇給（定昇）	124　127
	逓減率	146
	定常業務	67
	定常業務の質と量	96　386
と	等級	45
	等級制度	20
	動機づけ要因	57
	トライアングル人事システム	42
	ドラッカー	82
な	内発的動機づけ	82
に	二次評価	80
ね	年齢給	212
の	能力	42　45
	能力考課	207
	能力主義	42
	能力評価	104　162
	能力評価研修	340　364
	能力評価制度運用規程	242　247　**267**　284

417

※ 太字は主に説明してある箇所。

	能力評価表（能力評価用紙）	341　**392**
は	ハーズバーグ	**58**
	パーソナル加点	**101**　390
	バーナード	**92**
ひ	PDCA	**71**
	必須業務	**67**
	必要とされる知識技能	46　**49**
	必要とされる知識技能チェックシート	**358**
	被評価者研修	**359**
	評価委員会	**103**
	評価期間	**78**
	評価基準	**70**
	評価項目の定義（意味）	**70**
	評価システム	**66**
	評価者基礎研修	**330**
	評価者実践研修	**335**　348
	評価者と被評価者の協働	**72**
	評価で陥りやすいエラー	**360**
	評価の進め方	**360**
	評価の段階	**70**
	評価の納得性	**360**
	評価のプロセス	**71**
	評価のプロセスでの協働	**72**
ふ	フィードバック	71　**73**　335　348
	付加価値	**227**
	付加価値と人件費グラフ	**230**
	部門活性化推進者	**56**
	部門業績	67　**91**
	部門業績責任者	**55**
	部門業績の把握方法	**94**　265　402
	部門業績評価	**92**　161
	部門業績評価基準	**95**　265　402
	部門業績評価項目・ウェイト	**94**　265　401
	部門業績評価制度運用規程	242　**247**　265　284
	部門業績評価得点の計算	**98**
	部門業績評価表	328　**385**
	部門貢献利益目標達成率	**95**
	部門重点施策	**96**　98
	部門重点施策設定研修	**327**
	部門の目的	**91**　160
	部門の目的設定　ワークシート	328　**412**　413
	部門目標	**161**
	部門目標分担マトリックス表	328　**410**
	プロジェクト	**246**
	プロジェクト加点	**100**　389
	プロジェクトチーム	**198**　234

※ 太字は主に説明してある箇所。

	プロジェクトの約束事	250
へ	ベースアップ（ベア）	124　127
	変化・前進・向上・改善・完成	67　88
ほ	ポイント制	157
	報告会	231
	補正比率	148　154
ま	マグレガー	85
	マズロー	58
み	見える化	84
も	目標管理	82
	目標設定　ワークシート	255　328　411
	モデル別賃金・年収	221
	モチベーション	359
や	役職手当	214
	役割	42　45
	役割期待	67　161
	役割期待評価項目	70
	役割給	124
	役割主義	42
	役割能力要件	20　53
	役割能力要件表	46　160　380　381
	役割能力要件表構築	290
	やったことの確認	70
	やっていることの確認	70
	山青花欲然	197
	やること	161
	やることの確認	70
	やるべきこと	54
よ	予備診断	184
	予備診断報告書	194
	理解度テスト	324　331　367
れ	レーダーチャート	228
ろ	労働組合	235　237
わ	Ｙ理論	85

参考文献

P・F・ドラッカー　『現代の経営』（ダイヤモンド社　野田一夫監修・現代経営研究会訳）
A・H・マズロー　『人間性の心理学』（産業能率大学出版部　小口忠彦訳）
D・マグレガー　『企業の人間的側面』（産業能率大学出版部　高橋達男訳）
C・I・バーナード　『新訳　経営者の役割』（ダイヤモンド社　山本安次郎・田杉競・飯野春樹訳）
F・ハーズバーグ　『仕事と人間性』（東洋経済新報社　北野利信訳）
エドワード・L・デジ/リチャード・フラスト　『人を伸ばす力』（新曜社　桜井茂男監督訳）
河合克彦　『被評価者のための評価の基礎知識』
河合克彦　『評価者になったら読む本　改訂増補版』
河合克彦　『管理部門生産性向上システム』
河合克彦・石橋　薫　『役割目標によるマネジメント』（以上、日本生産性本部）
河合克彦　『一生懸命やっているのに評価されないと感じたとき読む本』
河合克彦　『真実の成果主義』（以上、中央経済社）
河合克彦・石橋　薫　『一次評価者のための目標管理入門』（日本経済新聞出版社）
河合克彦　『要員・総額人件費マネジメント』（社会経済生産性本部）
河合克彦　『賃金決定のための部門業績評価』
河合克彦　『業績貢献度測定マニュアル』
河合克彦　『業績貢献度別人事活用マニュアル』（以上、経営書院）
大藤裕康　『統合的人材活用システム』（ぎょうせい）

著者紹介

河合　克彦（かわい　かつひこ）
㈱河合コンサルティング代表取締役
＜略　歴＞
1967年　京都大学経済学部卒業後、㈱富士銀行に入行。
1980年　㈱富士ナショナルシティ・コンサルティング（FNCC）続いて㈱富士総合研究所に出向し、経営コンサルティング業務に従事する。
1997年　㈱富士銀行退職。㈱河合コンサルティング設立。
＜主な著書＞
「被評価者のための評価の基礎知識」
「評価者になったら読む本　改訂増補版」
「管理部門生産性向上システム」
「役割目標によるマネジメント」（以上、日本生産性本部）共著
「一生懸命やっているのに評価されないと感じたとき読む本」
「真実の成果主義」（以上、中央経済社）
「一次評価者のための目標管理入門」共著
「一次評価者のための人事評価入門」（以上、日本経済新聞出版社）
「要員・総額人件費マネジメント」
「役割・業績・能力基準人事賃金システム」（以上、社会経済生産性本部）
「総額人件費管理マニュアル」
「賃金決定のための部門業績評価」
「業績貢献度測定マニュアル」
「業績貢献度別人事活用マニュアル」（以上、経営書院）
＜ビデオ・CD監修・著＞
「被評価者のための評価面談の基礎知識」
「一次評価者のための目標管理入門」
「CD-ROM　一次評価者のための人事評価アシストパック」
「【ディスカッション教材】一次評価者のための人事評価」
「一次評価者のための人事評価入門」（以上、日本経済新聞出版社）
＜連絡先＞
　株式会社河合コンサルティング
　〒103-0028　東京都中央区八重洲1丁目7番17号
　　　　　　　八重洲ロータリービル9階
　Tel 03-3272-7832　　Fax 03-3272-7833
　E-mail　kc@kawai-con.co.jp　　ホームページ　http://www.kawai-con.co.jp

人事・賃金コンサルティング入門	平成26年8月20日 初版発行	

日本法令

〒 101-0032
東京都千代田区岩本町1丁目2番19号
http://www.horei.co.jp/

	検印省略	
著 者	河　合　克　彦	
発行者	青　木　健　次	
編集者	鈴　木　　　潔	
印刷所	三　報　社　印　刷	
製本所	国　宝　社	

（営　業）　TEL　03-6858-6967　　Eメール　syuppan@horei.co.jp
（通　販）　TEL　03-6858-6966　　Eメール　book.order@horei.co.jp
（編　集）　FAX　03-6858-6957　　Eメール　tankoubon@horei.co.jp

（バーチャルショップ）　http://www.horei.co.jp/shop
（お詫びと訂正）　http://www.horei.co.jp/book/owabi.shtml

※万一、本書の内容に誤記等が判明した場合には、上記「お詫びと訂正」に最新情報を掲載しております。ホームページに掲載されていない内容につきましては、FAXまたはEメールで編集までお問合せください。

・乱丁、落丁本は直接弊社出版部へお送りくださればお取替えいたします。
・Ⓡ〈日本複製権センター委託出版物〉本書の全部または一部を無断で複写複製（コピー）することは、著作権法上での例外を除き禁じられています。また、本書を代行業者等の第三者に依頼してスキャンやデジタル化することは、たとえ個人や家庭内での利用であっても一切認められておりません。

Ⓒ K. Kawai 2014. Printed in JAPAN
ISBN 978-4-539-72380-7

ビジネスガイド 定期購読のご案内

ホームページ　http://www.horei.co.jp/bg/

定期購読にするととってもおトクです！

ビジネスガイドとは？

ビジネスガイドは，昭和40年5月創刊の労働・社会保険や人事・労務の法律を中心とした実務雑誌です。企業の総務・人事の実務担当者および社会保険労務士の業務に直接影響する，労働・社会保険の手続，労働法等の法改正情報をいち早く提供することを主眼としています。これに加え，人事・賃金制度や就業規則・社内規程の見直し方，合同労組・ユニオン対策，最新労働裁判例のポイント，公的年金・企業年金に関する実務上の問題点についても最新かつ正確な情報をもとに解説しています。

「定期購読会員」とは？

● ビジネスガイドの年間定期購読（1年または2年）の申込みをし，弊社に直接，下記の定期購読料金をお支払いいただいた方をいいます。

定期購読会員特典

① 会員特別価格でご購読いただけます。

| 1年間（12冊）10,457円 ／ 2年間（24冊）18,629円（いずれも税別・送料無料） |

② 毎月の発売日（10日）までに，ビジネスガイドがお手元に届きます。
（※）配達業者等の事情により一部到着が遅れる場合がございます。

③ 当社発売の書籍・CD-ROM商品等を，会員特別価格で購入することができます。

④ 当社主催の実務セミナーを，会員特別料金で受講することができます。

お申込み方法

【初めて申込みをする場合】

● 下記にご連絡いただければ専用郵便払込用紙をお送りいたしますので，必要事項をご記入のうえ，郵便局で購読料金をお振り込みください。

● 定期購読料金のお振り込みが確認され次第，ご希望の号数から発送を開始いたします。
（※）バックナンバーからの購読をご希望の場合は，定期購読会員係【電話：03-3249-7178】に在庫をご確認のうえ，お申込みください。

【定期購読契約を更新する場合】

● 定期購読終了の際に，「購読期間終了・継続購読のご案内」とともに，新たに専用の郵便払込用紙を送付いたしますので，郵便局で定期購読料金をお振り込みください。
（※）定期購読期間中の中途解約は，原則としてお受けいたしかねます。

■ 定期購読に関するお問い合わせは，**日本法令** 定期購読会員係【電話：03-6858-6960】まで
　E-mail kaiin@horei.co.jp

法令・実務・顧客開拓・事務所経営
開業社会保険労務士専門誌 SR
定期購読のご案内

定期購読にするととってもおトクです！

ホームページ http://www.horei.co.jp/bg/sr.html

● 開業社労士専門誌「SR」とは？

労働・社会保険,税務の官庁手続＆人事・労務の法律実務誌「月刊ビジネスガイド」の別冊として,平成17年より発行を開始いたしました。

本誌は,すでに開業をしている社会保険労務士やこれから開業を目指す社会保険労務士を対象に,顧客開拓や事務所経営,コンサルティング等に関する生きた使える情報を豊富に盛り込み,実践的に解説をした開業社会保険労務士のための専門誌です。

実務への影響が大きい法改正情報はもちろんのこと,就業規則,是正勧告,あっせん代理,退職金,助成金,特定社会保険労務士制度等にかかわる最新の情報やノウハウについても,正確かつ迅速に提供をしています。本誌を読むことで,多くのビジネスチャンスを得るためのヒントを手に入れることができます。

●「定期購読会員」とは？

- ●「SR」の定期購読会員（年4回発行）の申込みをし,弊社に直接,下記の定期購読料金をお支払いいただいた方をいいます。
- ●定期購読会員は 未刊号を含む 連続した4号分にて承ります。（会員期間はご注文4号目の発売日まで）

● 定期購読会員特典

① 会員特別価格でご購読いただけます。
　4冊【4号分（未刊号を含む）】セット：5,333円（税別・送料無料）
　※1冊（定価1,714円（税別））ずつ購入するより1年間で1,500円以上お得！

② 毎回の発売日までに,「SR」がお手元に届きます。
　※年4回（2,5,8,11月の原則5日）発行です。

③ 当社発売の書籍・CD-ROM商品等を,会員特別価格で購入することができます。

④ 当社主催の実務セミナーを,会員特別料金で受講することができます。

● お申込み方法

【初めてお申込みをする場合】
- ●下記にご連絡いただければ専用郵便払込用紙をお送りいたしますので,必要事項をご記入のうえ郵便局で購読料金をお振り込みください。未刊号を含む連続した4号分にて承ります。
- ●定期購読料金のお振り込みが確認され次第,ご希望の号数から発送を開始いたします。
　（※）バックナンバーからの購読をご希望の場合は,定期購読会員係【電話:03-3249-7178】に在庫の有無をご確認のうえ,お申込みください。

【定期購読契約を更新する場合】
- ●定期購読終了の際に,「購読期間終了・継続購読のご案内」とともに,新たに専用の郵便払込用紙を送付いたしますので,郵便局で定期購読料金をお振り込みください。

（※）定期購読期間中の中途解約は,原則としてお受けいたしかねます。

■ 定期購読に関するお問合せは,**日本法令 定期購読会員係**【電話：03-6858-6960】まで
E-mail kaiin@horei.co.jp